보 험 론

– 이론과 실제 –

김 희 길 · 이 기 환

탑북스

머리말

보험계약의 법적 성질 중 하나는 불요식의 낙성계약이다. 불요식의 낙성계약이지만 실제에서는 대부분 철저하게 요식화되어 있다. 이러한 이론과 실제와의 괴리를 좁힐 수 있도록 하는 점을 염두에 두고 저서명을 설정하였다. 보험은 분야도 다양하지만 보험종류별로 그 내용상의 깊이에도 많은 차이가 있다. 보험의 전문가들이 접하는 재보험이 있는가 하면 생명보험처럼 수많은 피보험자가 집단을 이루는 보험도 있다. 보험이론을 완벽하게 가진 보험자와 보험이론에 무지한 다수의 보험계약자가 대등한 입장에서 보험계약을 체결하고 있는 것이 현실이다. 이러한 현실을 감안할 때 복잡다기한 보험이론과 이에 관련한 실제적 사실들을 어느 쪽에 중점을 두어 기술하는 것이 합리적인지 고려하면서 내용을 설정하였다. 보험자와 보험계약자 측이 상호 다른 입장에서 보험의 공급과 수요를 창출시키고 있기 때문에 이 점을 고려하는 것도 독자들이 보험을 이해하는데 도움을 주리라고 본다.

실제의 중심에 자리잡고 있는 것은 보험 상품이며, 이 상품과 직접적 연관성을 갖는 것은 각 보험 상품의 약관이다. 주요 보험 상품 몇 가지 약관을 사례로 들어 이론과 실제를 연결시켜 보았다. 합리적인 경제주체라면 오늘날의 경제생활을 영위해 가는데 있어서 경제적 불확실성에 대한 문제와 이에 대한 대처방안을 생각하지 않을 수 없을 것이다. 가정경제를 책임진 가장이나 기업을 경영하는 경영자가 가정이나 기업에서 발생할 수 있는 경제적 리스크에 관한 관심이나 이에 관한 지식을 갖고 있지 않다면 어떻게 될까? 한마디로 무지이며, 무책임의 극치가 될 것이다.

개인, 기업, 기관 등이 경제적 활동을 해 나가는 데는 많은 리스크가 산재해 있다. 즉, 인적 위험(신체상의 위험) · 물적 위험(재산상의 위험) · 손해배상책임위험 등이다. 자기 자신의 건강을 잃을 위험 또는 실직에 대한 위험,

뜻하지 않은 사고에 의하여 소유하고 있는 재산을 상실할 위험과 예기치 않은 실수로 손해배상책임을 부담해야 할 위험 등 열거하기 힘들 정도의 많은 리스크들이 우리의 안정적이고 예측 가능한 경제생활을 위협하고 있다. 다만 이러한 위험들이 항상 상존하고 있기 때문에 우리는 그저 무감각하게 지나고 있을 뿐이다.

위험을 인지하고 이에 대한 대처를 한다고 했을 때, 우리는 필연적으로 위험으로 인한 여러 가지 문제들을 극복할 종합적이고 합리적인 판단능력과 이에 상응한 제도가 요구되어진다.

상품의 소개는 우리나라 상법 보험편에서 대분류한 손해보험과 인보험 종목에서 비교적 보험소비가 많은 종목을 선택하였다. 한 종목, 종목이 단행본을 구성해야 하는 분량이지만 독자의 편의를 위하여 최대한 그 내용을 압축시켜 책의 내용을 구성하여 보았다. 이론과 실무적 실례를 연관시켜 보험지식을 필요로 하는 이들에게 좀 더 쉽게 다가갈 수 있는 보험서가 될 수 있도록 시도하여 보았다.

보험의 이론들은 실제에 있어서는 그 쓰임새가 상당부문 다르고 그 내용과 깊이 또한 다르다. 이러한 연유로 보험의 이론과 실제를 단행본으로 서술한다는 것은 어불성설인지도 모른다. 그러나 대다수의 국민이 이용하고 있는 보험제도에 관하여 전반적 소개를 하는 것도 유익한 것이라 보아 책을 출간하게 되었다. 졸저의 출간에 도움을 주신 김광식 사장님과 이신정 주간님에게 감사의 인사를 전한다.

2018년 8월

저 자

차 례

Part 1 보험이론

제1장 위험과 대책

제2장 보험과 보험제도

제3장 보험의 역사

제4장 보험의 분류 및 보험의 유사제도

제5장 보험의 기본원리

제6장 보험자의 위험부담과 면책

제7장 손해보험의 보상원리

제8장 재보험

Part
2 주요보험상품 및 해설

제1장 화재보험

제2장 자동차보험

제4장 무역보험

Part 1

보험이론

무형의 보험상품들이 다양한 종류로 판매되고 있고, 특정한 보험은 의무적으로 가입하지 않으면 정상적인 경제생활을 영위해 갈 수 없을 정도다. 우리나라 상법 보험편에서 보험의 종류를 크게 손해보험, 인보험으로 구분하고 다시 손해보험은 화재보험, 운송보험, 책임보험, 해상보험, 자동차보험으로 구분하고 있다. 그리고 인보험을 생명보험과 상해보험으로 구분시키고 있다. 또한 상법에서 분류하지 않고 있는 항공보험이나 재보험 등 너무나 많은 종류들의 보험이 있다.

이러한 보험종류들에 대에 각론적인 서적들이 나와 있는 보험종류도 있고 전혀 그렇지 않는 보험종류들도 있다. 제1편에서는 이러한 특성을 고려하여 보험의 전반에 관한 보편적이고 일반적인 이론들을 이해할 수 있도록 내용을 구성하였다. 특히 경제의 주체들이 손해보험상품과 인보험상품을 혼용하여 구매하고 있는데 그 내용에는 상당한 차이가 있다. 이 점도 고려하여 그 내용을 기술하였다.

제1장 위험과 대책

1. 위험의 개념

우리는 일상생활에서 남녀노소를 불문하고 위험이란 용어를 광범위하게 사용하고 있다. 대다수의 사람들이 의식적 또는 무의식적으로 사용하는 '危險'이란 단어는 일상적으로 여러 가지 의미로 사용되고 있다. 예를 들어 사전적으로 "좋지 않은 일이 생길 걱정이 있어 위태하고 험악함"이란 의미를 가지며 '위험한 것', '안전하지 않은 것', '위해 또는 손실이 발생할 수 있는 것' 등으로 사용되고 있다.

또 영어에서도 위험에 상당하는 단어로 risk, hazard, peril, danger, jeopardy, unsafety, adventure, chance, exposure 등이 사용되고 있다.

이와 같이 위험이라고 하는 단어가 가지는 의미는 다양하기 때문에 사회과학 분야에서나 자연과학 분야에서 각각의 정의가 내려지지만 그것을 일률적으로 정의한다는 것은 쉬운 일이 아니다.

이 위험을 생각하면 우리는 필연적으로 불확실성(uncertainty)을 생각하지 않을 수 없다. 우리가 사는 세상은 여러 가지 사안들이 불확실성으로 가득 차 있다. 여기서 불확실성이란 단지 미래에 어떤 일이 일어날지를 정확하게 파악할 수 없다는 뜻만이 아니다. 어떤 특정 사안들에 한정해서 그 사안의 여러 가지 경우가 일어날 각각의 확률을 합리적으로 계산할 수 있는데, 경제학자들과 보험학자들은 이를 '위험'이라 부른다.

실제로 경제주체들이 경제생활을 영위해가는 과정에서 겪게되는 여러 가지 측면(사망, 질병, 화재, 상해, 보상책임 등)에 포함된 위험을 계산할 수 있는 능력이 보험제도의 토대를 구성할 수 있는 근간이 된다. 즉, 고려대상이 되는 위험은 인간의 행동과 관련되고 인간의 활동으로부터 해명 가능한 것에 지나지 않는다. 이러한 모든 요소를 고려하여 위험을 간략하게 정의하여 보면 "위험이란 손실발생에 대한 불확실성(uncertainty concerning the occurrence of a loss)"이라 정의할 수 있다고 하겠다.

2. 위험의 분류

1) 순수위험과 투기위험

A. H. Mowbray는 위험을 성질에 따라 순수위험(pure risk)과 투기위험(speculative risk)으로 분류하였다. 순수위험은 일단 발생하기만 하면 반드시 손해만을 발생시키는 위험(loss only risk)인데 대하여, 투기위험은 그것이 발생하면 이익 또는 손해를 가져오는 위험(loss or gain risk)이다.

이렇게 순수위험과 투기위험을 '손해'만을 초래하는 위험인가 또는 '손해 또는 이익'을 초래하는 위험인가에 따라서 분류하는 방법 이외에도, 미국의 Athearn은 순수위험을 '손해(loss) 또는 현상유지(no change)하는 위험'으로, 투기위험을 '손해, 이익(gain) 또는 현상 유지하는 위험'으로 구분하고 있다. 여기서 현상유지라 함은, 예컨대 옆 공장에서는 화재가 발생하였으나 해당기업은 아무런 피해를 입지 않았거나 또는 환율의 변동이 있었으나 선물환거래에 의하여 손해를 입지 않는 경우를 의미할 것이다. 그러나 여기서 옆 공장에서 화재가 발생하였더라도 해당기업은 아무런 피해를 입지 않은 경우는 위험이 실제로 발생한 것이 아니고, 선물거래에 의해 손해를 입지 않은 경우는 위험이 발생하였으나 이 위험에 의한 손해를 상쇄시킨 것이다. 결국 현상유지(no change)란 위험이 발생하지 않았거나 또는 발생하였더라도 이에 대한 대비방법에 의하여 완화 또는 상쇄시킨 것을 의미한다.

순수위험은 손해만을 초래하는 위험으로서, 발생하는 손해의 형태에 따라 인적 위험, 물적 위험, 책임위험 등으로 분류된다. 또 그것은 부보가능성의 유무에 의해 부보가능위험과 부보불능위험으로 구분될 수 있다. 투기위험은 모험적 행위, 기업경영과 도박거래에 따르는 위험으로서 그 대표적인 것은 시장위험이다. 순수위험과 투기위험의 중요한 차이는 다음과 같다.

① 순수위험은 대수의 법칙을 적용하기가 용이하여 보험의 적용이 쉬운 반면, 투기위험은 이의 적용이 쉽지 않다. 왜냐하면 순수위험은 장래에도 동일한 상황이 주어지면 일반적으로 재발하므로 대수의 법칙에 따라 손해발생에 대한 예상을 할 수 있기 때문이다. 따라서 순수위험은 보험제도내에서 이를 대비할 수 있는 가능성이 높은데 비하여 투기위험은 보험화의 가능성이 낮다고 볼 수 있다.

② 투기위험의 경우에는 개별기업이 가령 손해를 입더라도 사회 전체적으로는 이익을 가져 올 수가 있다. 그러나 순수위험의 경우에는 기업이 손해를 입으면 사회 전체적으로도 손해를 입게 된다.

③ 순수위험은 그 범위를 예측하기가 어렵지만, 투기위험은 그 범위를 측정할 수 있다. 즉, 손해의 발생과 우연적인 사고는 그 범위가 불명확하지만 신제품의 개발, 판매, 광고 등에 대한 예산집행은 그 범위가 한정적이다.

④ 순수위험은 보통 우발적으로 발생하지만 투기위험은 통상 사전적인 징후를 동반하고 일정기간에 걸쳐 발생한다.

⑤ 순수위험은 통제가 곤란하지만 투기위험은 통제가 가능하다.

사라지는 '홀인원 보험'

- **교통사고 · 면허취소 등 '위로금 특약'도 폐지**
  ("손해에 대해서만 배상하라" 4월부터 팔지 않기로, 이미 가입한 상품은 보장)

다음 달부터 골프에서 '홀인원'을 하면 100만~300만원의 축하금을 주는 홀인원 보험이 사라진다. 이 상품은 홀인원을 했을 때 기념식수(植樹)를 하거나 동반자와 주변 사람들에게 '한턱'을 내는 데 필요한 돈을 지급하는 상품으로, 지금까지는 손해보험사가 골프보험이나 장기보험의 특약형태로 판매했었다.

24일 보험업계에 따르면, 손해보험사들은 새로운 회계연도가 시작되는 4월부터 홀인원보험처럼 실제 손해액과 관계없이 미리 정해진 보험금을 지급하는 정액(定額)제 보험을 팔지 않기로 했다. 올해부터 '우연한 사건으로 실제로 발생하는 손해'에 대해서만 보험금을 지급할 수 있도록 관련 법률(보험업법)이 바뀌었기 때문이다. 작년까지는 손해보험상품에 대한 별도의 정의가 없었다. 서창석 금융감독원 손해보험팀장은 "바뀐 보험업법에 따라 손해보험사들은 앞으로 실손(實損 : 실제발생한 손해)만큼만 보장하는 보험상품을 판매해야 한다"고 말했다. 홀인원보험처럼 실질적으로 발생하는 비용 이상으로 돈을 주는 것은 보험이 아니라 복권과 같다는 것이다. 홀인원을 한 후 골프장 기념식수나 트로피 제작비용 등 실제 드는 비용이 200만원인데, 300만원으로 보험금을 받게되면 100만원은 부당이익이 돼 보험으로 간주할 수 없다는 설명이다.

홀인원보험뿐 아니라 교통사고나 면허취소·정지에 대해 미리 정한 위로금을 지급하는 각종 위로금 특약도 사라진다. 하지만 보험업법 개정안은 소급 적용되지 않기 때문에 이미 가입한 홀인원보험이나 각종 위로금 특약은 보험계약기간이 만료될 때까지 보장을 받을 수 있다.

〈2011년 3월 25일 금요일 10판 조선일보〉

2) 인적 위험, 물적 위험, 책임위험

위험의 성질에 따라서 위험을 순수위험과 투기위험으로 분류한 다음 순수위험을 다시 인적 위험(personal risk), 물적 위험(property risk), 책임위험(liavility risk)으로 분류하는 경우가 있다.

인적 위험은 주로 사람의 사망, 상해 또는 질병의 발생 가능성 및 시기에 관한 위험이다. 인간의 사망은 명백한 사실로 불확실성은 없지만 그것의 발생시기는 불확실하다. 또한 우발적 상해, 질병, 노령에 의한 경제활동불능의 위험(risk of incapacity)이 존재한다. 이와 같은 인적 위험은 다시 생명위험(life risk)과 건강위험(health risk)으로 분류할 수 있다.

물적 위험은 재산을 위협하는 화재, 폭풍, 홍수 등의 사고로서 직접손해(direct loss)를 일으키는 것 외에도 이익, 임대료 상실 등의 간접손해(indirect loss)를 일으키는 위험도 있다. 물적 위험은 재산상 위험으로서 경제주체들이 갖는 대표적인 위험이다. 물적 위험은 재산적 위험이라고도 한다.

책임위험은 법률상의 손해배상책임으로부터 생기는 것으로서, 제3자위험(third-party risk)이라고도 한다. 책임위험은 대인배상위험(bodily injury risk)과 대물배상위험(property damage risk)으로 나누어진다. 손해의 분류방법 중 재산손해, 수익손해, 책임손해, 비용손해로 분류하는 경우에는 인적 위험, 물적 위험, 책임위험으로 위험을 분류하는 방법과의 관계가 문제될 수 있다. 인적 위험은 통상적으로 비용손해를 초래하지만 수익손해와 책임손해를 초래하는 경우도 있다.

예를 들면 주요 인사(key man)의 사망 등에 의해서는 수익손해가 발생하고, 산업재해로 인정되는 사람의 사상은 책임손해를 발생시키게 된다. 이렇게 되면 인적 위험과 책임위험과의 관계가 불분명해지게 된다. 물적 위험에 의해서는 재산손해, 수익손해, 책임손해 및 비용손해의 네 가지 형태의 손해가 발생할 수 있다. 책임위험이 발생하면 책임손해를 발생시킨다.

3) 주관적 위험과 객관적 위험

Greene과 Dorfman은, 개인의 정신・심리상태에 의한 것인지의 여부에 따라 주관적 위험(subjective risk)과 객관적 위험(objective risk)으로 분류하였다.

(1) 주관적 위험

주관적 위험은 개인의 정신적 태도와 심리적 상태로부터 발생하는 위험으로서, 보통 정확하게 측정할 수 없는 위험이다. 이러한 주관적 위험은 개인의 위험에 대한 인식에 따라 달라진다. 예를 들면 두 사람이 화재에 의해서 소실될 가능성이 있는 동일한 위험대상(exposure)을 보유하고 있더라도 한 사람이 다른 사람보다도 사고에 관한 불확실성을 더 크게 느낄 수가 있다. 보다 큰 불확실성을 느끼는 사람은 다른 사람보다도 비교적 큰 주관적 위험을 가지고 있다고 볼 수 있다. 주관적 위험은 보험화하기 어려운 위험이므로 보험제도내에서 상품화할 수 없는 위험이다.

(2) 객관적 위험

객관적 위험은 우연과 불가항력에 의해 생기는 위험으로서 대량관찰의 통계적 분석에 의하여 측정이 가능하고 대수의 법칙을 적용할 수 있는 위험을 의미한다. 즉, 객관적 위험은 손해의 가능성(chance of loss)에 의해 측정될 수 있는 자연적 상태 또는 현실적 위험(actual risk)으로서, 예상되는 손해의 가능성과 결과 간의 변동을 의미하는 개념으로서, 통계적으로 측정될 수 있는 위험으로서 예상손실과 실제손실의 차이로 정의된다.

예

A라는 보험회사에 상해보험계약에 체결된 피보험자가 10,000명이 있다고 하자. 그리고 과거의 상해에 관한 자료를 통계적으로 분석한 결과 1년에 평균 100명 정도의 피보험자가 상해를 입을 것이라고 예상되어진다. 이때 통계적으로 예상되는 상해가 100명(100/10,000=1%)이라는 수치가 정확하게 산출되더라도 실제로는 110명이 상해를 입을 수도 있고 90명이 상해를 입을 수도 있을 것이다. 이러한 경우에 예상되는 상해(100명)와 실제 발생된 상해(110명 또는 90명)의 차이는 10명이 될 것이다. 이와 같이 예상된 상해와 실제 발생된 상해와의 차이를 객관적 위험이라고 한다.

4) 정태적 위험과 동태적 위험

Alan H. Willet는 위험을 그 발생형태에 따라 정태적 위험(static risk)과 동태적 위험(dynamic risk)으로 분류하였다.

(1) 정태적 위험

정태적 위험은 사회・경제의 정태적인 상태(stationary state)에 있어서의 위험이다. 예를 들어 낙뢰, 서리 피해, 지진, 홍수, 폭풍우 등과 같이 자연적 원인으로부터 발생하는 위험과 화재, 파산, 질병, 상해, 조기사망, 경영파탄 등과 같이 인간의 부주의로부터 발생하는 위험 및 방화, 사기 등과 같이 도덕성 결여에서 발생하는 위험 등이 정태적 위험이다.

(2) 동태적 위험

동태적 위험은 유행과 수요의 변화라는 소비자의 소비형태의 변화에서 생기는 위험 및 생산방식의 변화와 신기계의 발명이라는 생산자 측에서 야기되는 위험 등이다.

이러한 분류방법과는 약간 다른 입장에서 기업위험(business risk)을 정태적 위험과 동태적 위험으로 분류하는 경우도 있다. 이 분류방법에 따르면 기업위험의 원천을 기업경영의 사정 내지 상태에 의한 동태적(투기적)인 것과 정태적(순수)인 것으로 구별하고, 전자를 동태적 위험(내지 투기적 위험), 후자를 정태적 위험(내지 순수위험)으로 분류하고 있다. 그리고 동태적 위험을 다시 ① 관리위험(management risk), ② 정치적 위험(political risk), ③ 기술혁신위험(innovation risk)으로 분류한 다음 이 중에서 관리위험을 더 세분화하여 마케팅 위험(시장위험)(market risk), 재무위험(financial risk), 생산위험(production risk)으로 구분하고 있다. 그리고 정태적 위험에는 ① 재산(물건)의 물리적 손실(physical damage to assets), ② 사기 및 범죄에 의한 손실(fraud and criminal violence), ③ 법의 오판에 의한 손실(법률에 기초한 손해배상 책임)(adverse judgments at law), ④ 수익의 감소에 의한 재산상의 손해(소득상실의 위험) (damage to property of others upon which the business depends for sales or raw materials), ⑤ 경영자의 사망 또는 발병의 위험(death or disability of key employers or owners)으로 나누고 있다.

정태적 위험과 동태적 위험의 구별은 매우 중요하다. 왜냐하면 이 차이는 위험정책과 위험관리의 대상을 확정할 경우에 큰 차이를 나타내고 있기 때문이다. 양자의 주요한 차이점은 다음과 같다. 첫째, 정태적 위험은 대체로 자연적 사고를 원인으로 재산(물건)의 물리적 손해를 발생시키는 위험인 데 대하여 동태적 위험은 경기의 변동, 그 중에서도 가격변동을 원인으로 하는 재산가치 상실의 위험이다. 둘째, 정태적 위험은 보통 재산의 1단위 또는 수 단위에 대해서만 작용하는 것인데 대하여 동태적 위험은 일정 종류의 재산의 전단위에 대해서 동시에 작용한다. 셋째, 정태적 위험은 개별적으로는 우연적이고 불규칙적이지만, 이것을 집단적으로 관찰하면 그곳에서 일정한 규칙성을 발견할 수 있는 데 대하여 동태적 위험은 어떠한 경우에도 그 규칙성을 발견하기 어렵다.

5) 기본적 위험과 특정위험

위험의 원인과 위험에 대한 결과가 전체적인 것인가 아니면 개별적인 것인가에 따라서 C. A. Kulp는 기본적 위험(fundamental risk)과 특정 위험(particular risk)으로 분류하였다. 기본적 위험은 ① 경제제도의 불확실성, 부정확성 또는 부조화성, ② 사회적 및 정치적 변화, ③ 자연의 이례적인 변동에 따라 생기는 위험으로서, 개인의 힘으로는 예방 또는 통제가 불가능한 위험이다. 그러나 이 양자의 분기점은 반드시 명확한 것은 아니다. 기본적 위험은 순수위험과 투기적 위험의 쌍방을 포함하지만, 특정 위험은 언제나 순수위험이다.

6) 그 밖의 분류

위험을 일반적 위험(general risk)과 개별적 위험(individual risk)으로 분류하는 방법이 있다. 여기서 일반적 위험은 본래 경영의 외부에서 발생하는 것으로서 사회경제적 변화 또는 불확실성의 결과이다. 즉, 그 효과면에 있어서 일반적인 위험을 의미한다. 예를 들면 가격수준의 변화, 경영활동 정도의 변화, 기대상태, 사회적 관습의 변화 및 생산과 판매방식의 변화 등이 있다. 이에 대하여 개별적 위험은 특정 개인과 기업에 영향을 주는 것으로서 사회적, 경제적 요인보다는 오히려 개별적 원인에 의하여 초래되는 위험이다. 화재에 의한 개인주택의 손해는 특정한 원인에 의한 개별적 위험이다. 화재, 도난, 상해, 타인의 신체나 재산에 입힌 손해에 대한 책임 등은 모두 개인적 또는 개별적 위험이다.

또, 위험을 발생 원인에 따라 자연적 위험과 인위적 위험으로 분류할 수 있다. 이 분류기준은 어느 사고의 원인이 되는 위험이 자연적인 것인가 아닌가에 의한 것으로서 자연적 사고와 불가항력적 사고 등이 전자에 속하고, 후자는 인간의 고의 또는 과실에 의하여 발생된 사고이다.

3. 위험과 관련된 주요 개념

위험(risk)은 일반적으로 "예측불능에 의한 손실의 발생가능성"이라고 정의되어진다. 그리고 위험이란 용어와 유사한 뜻을 가진 특정한 용어가 있다. 이 용어들은 위험과 유사한 개념을 갖지만 엄밀하게 말하면 다르다. 이런 연유로 용어의 개념을 명확하게 하기 위하여, Peril, hazard 그리고 loss에 대하여 그 개념을 정리한다.

1) Peril(손인)

보험학에서 peril이란 재산이나 인적 손실의 원인 또는 원천을 의미한다. 즉, peril은 손실발생의 직접적인 원인으로, 예를 들어 폭풍우, 홍수, 지진, 자동차사고, 화재, 폭발, 도난, 과실, 질병, 사망 등을 지칭하며, peril의 구체적인 형태로는 다음과 같이 구분할 수 있다.

① **자연적 peril** : 인간의 통제력을 벗어난 사건으로 자연재해(홍수, 폭풍, 지진, 해일, 가뭄 등)와 질병 등
② **인적 peril** : 사람의 행위로서 절도, 사기, 부주의 등
③ **경제적 peril** : 경제전반에 미치는 손실의 원인으로 노동쟁의, 경기침체, 기술진보 등

2) Hazard(위태)

hazard란 손실의 발생가능성을 새로이 창조하거나 증가시키는 객관적이고 실체적인 상태를 말한다.

hazard에 관하여 risk management에 있어서는, micro hazard와 macro hazard로 분류한다. 이 분류는 보험을 이용하는 경영체의 관점에서 고찰한 것이다. 그 기준은 hazard가 경영체에 있어서 제어가능한가 그렇지 않은가 하는

것이다. 여기서, 경영체의 입장에서 정도의 문제는 있지만, 제어가능한 것을 micro hazard, 그 가능성을 초월한 것을 macro hazard라고 부른다.

그러나 보험학에 있어서는, hazard를 세 가지 형태로 나누어 설명하는 것이 일반적이다. 즉, 물리적 hazard, 도덕적 hazard 및 정신적 hazard가 그것이다. 영문 보험사전에서는 hazard를 아래와 같이 정의하고 있다.

> **Hazard** : A specific situation that introduces, or increase, the probability of occurrence of a loss arising from a peril, or that may influence the extent of a loss.
>
> **Comment** : Accident, sickness, fire, flood, liability, burglary, explosion or perils. Slippery floors, unsanitary conditions, shingle roofs, congested traffic, unguarded premises, uninspected boilers are hazards.[1)]

(1) 물리적(실체적) Hazard

물리적(실체적) hazard란 손실의 발생가능성을 새로이 만들어 내거나 증가시키는 자연적이고 물리적인 조건을 말한다. 예를 들어 안전하지 못한 제동장치를 그대로 방치하는 경우 사고의 위험은 새로이 생겨날 수 있고, 안개나 폭우, 빙판도로 등은 자동차사고라는 손실의 가능성을 증대시킬 수 있으며, 주유소 등에 인화성 물질이 흩어져 있는 경우 화재의 위험은 새로이 생겨나거나 증가된다. 이 경우에 있어서 안전치 못한 제동장치, 빙판 및 인화성 물질의 방치는 물리적 hazard에 해당된다.

(2) 도덕적 Hazard

도덕적(moral) hazard란 손실의 발생가능성을 새로이 만들어 내거나 고의적으로 증가시키는 개인의 특성이나 정신적 상태를 말한다. 다시 말하면 손실을 고의로 만들어 내거나 우발적으로 발생한 손실의 정도를 증대시키는 부도덕성을 의미한다. 예를 들어, 보험금을 목적으로 한 방화행위나 교통사고에 의한 상해를 과장하는 행위 또는 음주운전 등의 도덕적 hazard는 여러 종류의 보험에서 다양한 형태로 존재할 수 있고 통제하기도 매우 어렵다. 보험자는 공제

1) *Dictionary of insurance*, Lewis e. davids, A Littlefield, Adams Quality Paperback, p. 127.

조항(deductibles), 면책조항, 예외조항(exclusions) 등 여러 가지 규정을 만들어 통제하고 있다.

(3) 정신적 Hazard

정신적(morale) hazard란 도덕적 hazard의 경우처럼 고의성은 없지만 무관심 또는 부주의 등으로 손실발생을 방관하는 정신적 태도를 말한다. 예를 들어 자동차에 키를 그대로 두고 주차해 놓았다가 차를 도난당하거나, 졸음운전을 하다가 교통사고를 내거나, 침대에서 담배를 피우다 그대로 잠이 들어 화재가 발생하는 경우는 개인의 무관심 또는 부주의가 가져다주는 손실이라고 할 수 있다. 일반적으로 이러한 무관심과 부주의는 자신의 재산이나 생명이 보험에 가입되었다고 안심하는 상태에서 비롯하는 경우가 많다.

이 같은 정신적 hazard가 도덕적 hazard와 다른 점은, 후자는 고의성이 그 주된 요인으로 작용하나, 전자는 고의성은 없고 단순히 무관심과 부주의를 그 주된 요인으로 하고 있다는 점이다.

보험시장에서의 도덕적 해이

보험에 드는 사람은 가입 당시 사고의 예방을 위해 최선의 노력을 하겠다는 암묵적 약속을 한다. 그러나 일단 가입한 다음에는 그 약속을 지킬 유인이 없어진다. 사고예방을 위한 노력에는 비용이 드는데, 사고가 나도 어차피 보상을 해주기 때문에 그 노력에서 얻을 수 있는 이득이 없기 때문이다. 이와 같은 보험가입자의 도덕적 해이는 보험에 의한 피해보상이 완벽할 때 특히 심하게 나타날 것으로 예상할 수 있다. 예를 들어 화재가 나도 모든 피해에 대해 보상을 받을 수 있다면 구태여 화재를 예방하기 위해 노력하지 않을 것이 뻔하다. 공연히 돈을 들여가며 화재경보기를 설치할 필요도 없거니와, 신경을 써서 가스불이 잘 꺼졌는지 확인할 필요도 없다.

그러므로 보험회사 측에서는 사고가 났을 때 피해액을 전부 보상해 주는 보험의 제공을 꺼리게 된다. 가입자가 피해의 일부를 부담해야만 도덕적 해이를 어느 정도 막을 수 있기 때문이다. 사고 피해액 중 처음 얼마는 가입자의 부담으로 하고 나머지만을 보상해 주는 기초공제(initial deduction)제도를 만들어두는 이유가 바로 여기에 있다. 사고 피해액의 일정 비율을 가입자가 부담하고 나머지만을 보상해 주는 공동보험(co-insurance)제도의 경우도 마찬가지다. 보험가입자의 도덕적 해이가 나타날 가능성이 있기 때문에 보험회사는 손해를 완전하게 보상해 주는 보험상품을 제공하려 하지 않는 것이다.[2]

---

2) 이준구 · 이창용, 제4판 경제학원론, 법문사, 2010. pp. 335~336.

3) Loss

손실(loss)이란 우연 사고에 의해 예기치 못한 가치의 하락이나 소실을 말한다. 여기서 말하는 손실이란 반드시 물질적 손실만을 뜻하는 것은 아니다. 기술혁신으로 인한 가치하락도 손실이라고 하겠다. 예를 들어 흑백 TV는 컬러 TV의 출현으로 비록 peril의 발생은 없었고 아무런 파손도 입지 않았으나 수요 감소로 그 값이 떨어지게 되어 자연적 손실을 가져온다. 자동차의 경우도 마찬가지다. 해마다 새로운 모델로 개량된 자동차의 출현은 peril의 발생은 없었고 비록 차체에 아무런 손해는 입히지 않았으나 구형자동차의 값이 하락하게 되는데, 이 경우 가격하락으로 인한 손해도 손실로 간주된다. 또한 기계류 같은 고정자산이나 그 밖의 유형자산은 시간이 경과됨에 따라 그 가치가 떨어지며 이런 현상도 손실로 인정된다. 그러나 이런 형태의 손실은 위험의 발생으로 인한 것이 아니며 사전에 그 손실을 비교적 정확히 예측할 수 있기 때문에 보험의 대상이 되지 않는다.

보험의 대상이 되는 손실은 위험의 발생으로 인한 것이다. 또한 우발적이며 우연적으로 발생하는 것을 말하는데 그 손실을 구분하면 다음과 같다.

① **인적손실**(personal loss) : 사망, 질병, 상해 등.

② **재산손실**(property loss) : 화재, 도난 등의 peril로 인한 손실. 재산손실은 다시 재산파손이나 도난 등의 직접적 손실과 이로 인해 파생되는 냉동재산의 부패, 손상 따위의 간접적 재산손실, 그리고 직접적 재산손실로 인해서 발생되는 소득감소나 경비증가와 같은 순소득손실로 세분된다.

③ **배상책임손실**(liability loss) : 과실이나 계약위반으로 인하여 제3자의 신체나 재산에 피해를 주어 이로부터 생기는 법적 배상책임으로 인한 자산손실, 예를 들면 의사의 오진과 같은 전문가들이 자신의 의무를 제대로 수행하지 못한 경우나 제조물의 결함, 건축 설계상의 하자, 임원이나 관리자의 잘못된 의사결정 등 다양한 분야에 존재하고 있다. 또한 상품의 디자인이나 제조과정상의 결함 혹은 적절한 사용법이나 예견될 수 있는 상해를 방지하기 위한 경고문의 미부착으로 소비자에게 물질적 손해나

신체적 손해를 입힘으로써 제조회사가 져야하는 제조물배상책임도 하나의 예이다.

4. 위험의 인식 및 대책

1) 위험의 인식 및 평가

(1) 위험의 인식

개인 또는 경제주체(가계 · 기업 등)가 직면하고 있는 위험에 대해 어떠한 조치를 취하기 전에 그 위험의 존재에 대한 인식을 하여야 한다. 경제주체의 활동이나 목적에 따라 그 경제주체가 직면하고 있는 위험도 달라지기 때문에 위험에 대비하기 위한 어떠한 대책을 일반화하기는 대단히 어렵다. 명백하게 드러나는 위험도 있지만(물론 완전히 드러나면 위험이 될 수도 없지만) 전혀 드러나지 않고 간과되기 쉬운 위험도 있기 때문이다.

(2) 위험의 평가

위험의 평가는 위험의 측정이라고 하는데, 위험의 평가는 보험자 측에서 하는 평가와 보험계약자 측에서 하는 평가가 있을 수 있다. 보험계약자 측면에서 보면, 경제주체는 일단 위험이 인식되면 위험을 평가하여야 한다. 위험평가의 과정은 손실의 잠재적 크기 및 손실발생 확률의 측정과 위험의 크기에 따른 순위결정 등을 포함한다. 예를 들어 결정적이고 치명적인 위험, 중대한 위험, 대수롭지 않는 위험 등으로 평가하는 것이다. 그리고 보험자 측면에서 보면, 보험자는 개개의 보험계약자 측이 가지고 있는 보험사고 발생의 확률을 측정하는 것을 위험평가라 한다. 인보험에 있어서 생명보험사업을 건전하게 운영하려면 위험을 정확하게 예측하여 피보험자 간의 공평성을 유지함과 동시에 수지상등의 원칙을 지켜나가지 않으면 안 된다. 생명보험에 있어서 보험사고 발생의 확률은 연령, 성별, 생활환경, 직업 등에 따라 다르다. 손해보험의 경우에도 보험종류에 따라 다르고 같은 보험종목에서도 위험평가가 다를 수 있다. 보험계약자 측은 그들이 갖고 있는 위험을 평가하여 보험자에게 전가시키려고 할 것이고 보험자는 위험을 측정하여 위험인수 여부를 결정하려고 할 것이다.

2) 위험에 대한 대책

위험에 대비하는 방법은 크게 기술적 조작(risk control)과 자금적 조작(risk financing)으로 구분할 수 있다. 즉, 일반적으로는 직접적인 기술적 조작을 통하여 위험의 빈도나 강도를 감소 또는 제거시킬 수가 있다. 그러나 아무리 통제를 완벽하게 하더라도 위험에 효과적으로 대비하기 위해서는 기술적 조작을 통한 대비방법과 위험으로 인하여 발생하는 경제적 부담에 대비하는 자금적 조작을 통한 방법을 동시에 강구해야 한다.

3) Risk Control

(1) 위험의 회피

가장 흔히 생각할 수 있는 위험대비방법의 하나가 위험회피(risk avoidance)이다. 즉, 가계와 기업이 재산을 소유함에 있어서나 개인이 갖가지 행동과 활동을 함에 있어서나 기업활동을 함에 있어서 수반하는 갖가지 위험을 검토하여 득보다 실이 많다고 판단하면 위험을 회피하는 것이 일반적이다. 영국의 유머잡지 펀치(Punch)의 '결혼을 앞둔 젊은 남자에 대한 충고'(Advice to a young man who is about to marry)란 기사에서, 충고란 한마디로 '하지마라'(Don't)였다. 결국 결혼으로부터 발생될 수 있는 각종의 위험을 피하기 위한 최선의 방법은 아예 결혼을 하지 않는 것이라고 하였다. 이는 너무 극단적이거나 소극적인 위험대비방법이라 할 수 있다.

예를 들면 가계나 기업에서 자동차의 소유, 관리 또는 운전에 수반한 위험발생가능성이 많고 이로 인한 경제적 손실이 크다고 판단되면 자동차를 아예 구입하지 않는데 이것이 곧 위험회피이다. 그러나 위험회피는 가계나 기업에게 심한 불편을 가져오게 마련이다. 따라서 이 방법은 다른 위험대비방법이 없을 때 생각할 수 있는 소극적인 대비방법이라 할 수 있다.

(2) 위험의 예방

위험에 대비하기 위해서 보험에 가입하여 위험의 발생 후에 대비하는 사후조치 대신에 위험의 발생을 미연에 방지하기 위해서 사전조치를 취할 수 있다. 즉, 건물의 내화구조화, 기계의 안전장치, 안전교육, 정기점검 등의 조치를 취하는 것이다. 이를 위험예방(risk prevention) 또는 손해예방(loss protection)이라고 한다. 사전조치에 치중하느냐 또는 사후조치에 치중하느냐 하는 문제는 이에 수반하는 여러 가지 여건, 특히 비용에 의해서 결정된다. 즉, 비용요소를 놓고 보면 가계나 기업이 위험에 대처함에 있어서 보험에 가입해서 보험료를 지출하는 것이 위험방지시설이나 설비를 하는 것보다 경비가 덜 소요될 경우가 있을 것이다. 그리고 어떤 가계나 기업에게는 위험방지시설이나 설비를 하는 편이 장기적으로 보험료를 지출하는 경우보다 유리할 수도 있을 것이다. 또한 경우에 따라서는 위험방지시설이나 설비를 하더라도 위험발생으로 인한 경제적 손실의 가능성을 완전히 배제할 수가 없기 때문에 보험을 동시에 이용할 수도 있는데, 이때 위험방지시설이나 설비를 철저히 할수록 보험료율은 상대적으로 저하될 수 있음은 물론이다.

(3) 위험의 경감

기업은 일반적으로 어떤 특정한 위험으로 인하여 입는 손해를 가능한 최소한도로 줄이기 위해서 각종 대책을 강구한다. 이를 위험의 경감 또는 손해축소(loss reduction)라고 한다. 예를 들어 화재의 발생으로 인한 피해의 정도를 줄이기 위해서 각종 소화기구나 자동 스프링클러를 설치해 놓는다. 이 경우에는 위험의 발생을 사전에 예방하는 것이 아니라 위험의 발생으로 인한 손해를 최소한도로 줄이기 위한 방법이다. 일반적으로는 한 가지의 대비방법에 의하여 위험예방과 손해감소의 효과를 동시에 얻는 경우가 많다. 예를 들어 정기검진을 받는 경우, 정기검진 그 자체만으로는 질병에 의한 손해의 정도를 줄일 수는 있어도 질병발생의 가능성을 없앨 수는 없을 것이다. 그러나 검진과정에서의 의사의 충고나 소견은 장차 질병발생의 가능성을 경감시켜 줄 수도 있을 것이다.

(4) 위험의 분산

위험의 분산(risk diversification)이란, 예를 들어 상당한 규모의 공장시설을 한 곳에 집중시키지 않고 여러 장소에 분산시켜 한 곳에서의 대화재와 같은 큰 위험발생으로 인한 경제적 손해의 가능성을 감소시키며, 아울러 위험의 정도와 빈도를 줄이는 것이다. 또한 기업의 핵심인재들을 한 비행기로 여행하지 못하게 한다든지 원자재나 완제품을 한 창고에 보관시키지 않고 방화벽장치가 된 별개의 창고 등에 보관하는 경우 등을 생각할 수 있다.

(5) 위험의 결합

위험의 결합(risk combination)은, 서로 다른 기업이 동일위험에 대하여 어떤 협정을 맺어 그 위험에 대처하는 것으로, 동일위험 하에 있는 경제단위수를 증가시키는 방법이다. 기업이 합병 또는 자회사 등으로 경영규모를 확대시키거나 cartel, trust 등을 구성할 수가 있다.

(6) 위험의 제한

위험의 제한(risk limitation)이란 법률적·계약적 위험대책을 의미한다. 예를 들어 제조물책임법을 시행할 경우 제조자의 배상책임에 대한 위험이 증가할 것이다. 이에 대하여 사용상의 실수인 경우 배상책임을 면할 수 있도록 책임범위를 법적으로 제한해 두는 방법이다. 또는 매매계약에 있어서 보증기간을 제한해 두는 것도 위험제한의 방법이 될 수 있다.

4) Risk Financing

(1) 위험의 보유

위험에 대한 대비방법의 하나로서 위험의 자기보유(risk assumption, risk retention)를 들 수 있다.

예를 들어 어떤 사람은 자기가 돌연히 사망하였을 때 가족이 당할 경제난을 충분히 잘 알면서도 경제적 능력이 부족하여 생명보험에 가입하지 않으며, 또 어떤 경우에는 위험에 대비하고 싶어도 위험대비수단으로 사용할 수 있는 보험제도가 발달되어 있지 않아서 위험을 그대로 방치하는 수도 있다. 어떤 경우에는 위험의 존재를 인식하지 못함으로써 자기도 모르는 사이에 스스로 위험을 보유하게 된다. 이러한 위험의 보유는 비계획적인 위험보유(unplanned risk assumption)의 예이다. 그러나 이와는 달리 합리적이며 조직적인 위험관리 방법의 하나로 위험을 인수하는 경우도 있는데, 이는 계획적 위험보유(planned risk assumption)이다.

위험의 보유에는 먼저 위험발생으로 인한 경제적 손실을 경상계정에서 흡수하는 방법(absorption in current operating expense)이 있다. 이는 가계나 기업에서 계획적 또는 무의식적으로 사용할 수 있으며, 위험발생의 빈도가 높고 그로 인한 경제적 손실의 정도가 비교적 크지 않는 경우에 적합한 방법이다.

준비금이나 기금(reserves and funding)을 적립하여 위험에 의한 손해를 이 기금에서 보상하는 방법도 있다. 이 방법은 기업에서 자산, 잉여금 및 운용자금 등이 불규칙적으로 발생하는 위험으로 인한 손실금 충당에 전용됨으로써 파생되는 경제적 타격이나 일상적인 경제활동에의 지장을 가급적 감소시키기 위한 것이다. 이러한 경우를 대비해서 비상기금과 같은 특별계정을 설정하거나 단순히 준비금계정을 설정하여 이러한 비상시에 대비하는 것을 말한다.

가장 합리적이며 효율적인 위험대비방법의 하나로, 중·대기업에서 흔히 활용하는 자가보험(self-insurance)이 있다. 이 방법은 기업이 소유하는 다수의 재산이나 종업원을 보험에 가입시키지 않고 보험료에 상당하는 금액을 적립시켜 손해의 보전 또는 급여자금으로 충당하는 제도이다.

(2) 위험의 전가

자금적 조작방법으로서의 위험전가란 기술적 조작의 경우와는 달리 제3자에게 위험을 전가시키고 위험이 현실화한 경우에 그 제3자로부터 손실액을 보전 받는 방법이다. 위험의 전가는 계약을 통해서 이루어진다. 즉, 어떤 위험을 수반하는 상업거래에 있어서 고용계약, 용역계약, 운송계약, 창고보관계약, 부동산·동산매매계약, 임대계약, 기타도급계약 등 각종계약을 체결하는데, 이 경우 위험전가를 위한 가장 전형적인 계약의 예는 책임면제합의(hold-harmless agreement)이다. 이는 두 거래당사자의 일방이 특정한 위험의 발생으로 인하여 타인에게 법적 배상책임을 부담하는 경우, 이로 인한 배상금은 물론 소송 및 법적 방어비용(defence costs of claims or lawsuits)까지도 다른 상대방이 부담하기로 약정하는 계약을 의미한다. 그 외에도 위험으로 인한 경제적 부담을 충당하기 위한 금융계약(credit arrangements)과 헤징계약(hedging contract) 등이 있다.

그러나 계약에 의한 위험전가방법의 한계점은 위험을 전가받은 계약상대방에서 배상금지급을 이행하지 않을 경우 궁극적으로는 본인이 부담해야 한다는 것이다.

그러나 계약에 의하여 위험을 전가시키는 가장 과학적이고 확실한 방법은 보험이다. 보험은 위험을 전가시키는 보험계약자의 측면에서 보면 위험전가의 방법으로 볼 수 있으며 반대로 위험을 인수하는 보험자의 입장에서 보면 위험결합의 방법으로 볼 수 있다. 즉, 보험계약자는 자기가 당면하고 있는 위험을 제3자인 보험자에게 전가시키고, 이를 인수하는 보험자는 대체로 위험결합을 통하여 위험발생을 예측할 수 있기 때문에 보험계약자측으로부터 위험의 전가를 받을 수 있는 것이다.

(3) 보험: 보험자에게 위험을 전가하는 방법이다.

표 1-1 / 위험처리방법 매트릭스(matrix)

손실심도 ↑ \ 손실빈도 →	저	고
고	위험회피	보험·보험 외 위험전가
저	위험보유	손실예방·위험보유

제2장 보험과 보험제도

1. 보험의 의의

보험은 위험에 대처하는 수단의 하나이다. 보험에 가입함으로써 위험은 보험자에게 전가되고, 전체적으로 볼 때 다수의 경제주체가 결합하여 위험은 축소된다.

여기서 보험이라고 하는 단어는 어떤 의미를 가질까? 우리나라에서 현재 사용되고 있는 보험이란 단어는 중국에서는 담보(擔保)로 번역되고, 특히 중국남부에서는 연소(燕梳)라고 번역되기도 하였다. 1869년 중국에서 보험으로 번역된 것이 소개되었다.

연소로 번역된 것은 문자로서 아무런 의미를 가지지 않고 insurance의 앞부분의 발음에 해당된다. 영어의 insurance는 이전에는 assurance라고 표현되었고, 그 동사 assure는 add sure, 즉 "확실함을 더한다"는 의미를 가진다.

중국에서 사용하기 시작한 보험(保險)은 保持險要, 즉 "험한 것을 요긴하게 보호하고 유지해 준다"는 의미에서 만들어진 것이다.

이상에서 보험 또는 insurance란 불안전한 인간의 생활을 안전하게 해주기 위한 목적으로 만들어진 제도라고 할 수 있다.

2. 보험의 개요

간략하게 보험을 정의하기는 대단히 힘들다고 본다. 이것은 보험 자체가 학문적으로 많은 분야에 관련되어 있고 또한 보는 시각에 따라 보험에 관한 정의가 달라질 수 있기 때문이다. 그러나 보험에 관한 일반적 정의를 하여 보면, 개인이나 기업이 경제활동을 하는데 있어서 화재・교통사고・배상책임・상해・질병・사망 등 갖가지 위험에 노출되고 있는데, 이 위험은 경제적 손실을 초래하게 된다. 보험은 이러한 위험에 대하여 다수의 사람들이 힘을 합쳐 대비하고자 하는 경제제도의 하나이다. 즉, 보험은 같은 위험에 놓여 있는 사람들이 하나의 위험단체를 구성하여 통계적 기초에 의하여 산출된 금액(보험료)을 내어 기금을 마련하고, 위험단체의 구성원 중에서 우연한 사고를 당한 사람에게 재산적 급여를 함으로써 경제생활의 불안을 없애거나 덜게 하는 제도라고 볼 수 있다. 보험에 관한 간략한 정의를 보면, 보험은 동질적인 위험의 결합을 통해 실제손실을 평균손실로 대체하는 제도라고 정의할 수 있다.[1] 위의 정의를 분석하면, 보험은 다음과 같은 내용들로 구성된다.

1) 우연성의 존재

보험이란 우연사건에 의한 경제적 불안정에 대한 대책이다. 우연성이 없으면 보험은 존재하지 않는다.

우연사건의 발생의 형태는 다음의 세 가지 종류가 있다.

첫째, 발생의 불확실성
둘째, 발생정도의 불확실성(발생한 경우의 규모)
셋째, 발생시기의 불확실성(언제 발생하느냐)

이 세 가지 모두가 불확실한 우연을 절대적 우연이라고 한다. 화재, 상해, 자동차사고 등이 여기에 해당 된다.

1) 김동훈, 제4판 보험론, 학현사, 2011, p. 37.

절대적 우연에 대하여, 발생시기만이 불확실한 우연을 상대적 우연이라고 한다. 인간의 사망이 그 대표적이 예이다. 인간은 죽음을 면할 수 없고, 죽음에 의해 무로 돌아가게 된다.

보험의 종류에서 손해보험의 대상이 되는 것이 절대적 우연이며, 생명보험이 대상으로 하는 사람의 사망은 상대적 우연이라고 할 수 있다.

2) 경제주체의 경제적 위험 제거

우연한 사건에 의한 경제주체의 경제적 불안정성을 제거하는 것이 보험제도의 목적이다.

우연사건에 의해 경제적 불안정성을 발생시키는 원인을 형태별로 분류하면 다음과 같은 것들이 있다.

첫째, 재산의 상실이다. 소유하고 있는 동산, 부동산이 화재나 홍수 등으로 인하여 소실되어 가계나 기업의 경제생활이 파탄된다.

둘째, 소득의 상실이다. 세대주의 사망, 실업, 병 등에 의해 가족이 얻게 될 소득을 잃고 경제생활이 파탄된다.

셋째, 강제적인 지출이다. 자동차운전 중 사고로 타인의 신체에 피해를 입히거나, 타인이 소유하는 물건을 파손시키면 손해배상을 하여야 한다. 이럴 경우 예상하지 못한 지출이 강제화된다.

이 세 가지는 상해나 질병으로 소득을 상실하고 치료비도 지불해야 하는 경우와 같이 두 가지 형태가 관련될 수도 있다.

3) 개별경제주체의 결합

보험에 있어서는 다수의 독립된 경제주체의 결합이 필요하다. 경제적으로 독립되어 있지 않는 사람들의 부조가 행해지고 있다고 해도 그것이 한 대가족 집단 내에서 이루어진다면 보험이 아니다.

독립된 경제주체의 결합을 보험단체라고 한다. 예를 들어, 생명보험에 있어서 보험단체는, 사망에 의한 경제적 불안정을 느끼는 사람들이 형성하는 단체이다. 이 단체는 추상적인 것으로 이것을 형성하고 있는 사람들은 그 단체에 소속되어 있다는 의식도, 연대감도 없다. 보험이론상 존재하는 단체이기 때문이다.

다수경제주체라고 하는 다수란, 단순한 복수가 아니라 대수의 법칙을 적용할 수 있을 정도의 수를 의미한다. 피보험자의 수가 많으면 많을수록, 즉 보험단체가 크면 클수록 우연사건의 발생건수 예측이 정확하게 되기 때문이다.

4) 합리적 계산에 의한 갹출

보험단체(위험단체)를 구성하고 있는 사람들은 필요로 하는 금전을 갹출한다. 이 금액은 과거의 통계를 근거로 하여 객관적으로 산출된 것이며, 보험료라고 부른다.

가입자가 지불하는 보험료(영업보험료)는 보험금 지불에 충당하는 부분의 순보험료와 사업비에 충당하는 부분의 부과보험료로 나누어진다. 순보험료는 예상되는 사고발생률에 의해 산출되며, 부과보험료는 예상되는 사업비율에 의해 산출된다.

3. 보험의 대상이 되는 위험

보험은 순수위험을 대상으로 하고 있으나 모든 순수위험이 보험의 대상이 될 수 있는 것은 아니다. 보험에 가입되어 있는 위험이 조건을 모두 충족시키고 있는 것은 아니기 때문이다. 보험의 대상이 될 수 있는 위험 또는 손실은 필수적인 조건을 갖추어야 한다. 보험의 대상이 되기 위해 위험 또는 손실이 갖추어야 할 요건은 다음과 같다.

1) 다수의 동질적 위험의 존재

첫 번째 요건은 다수의 동질적 위험단위의 존재이다. 대수의 법칙(the law of large numbers)을 적용하여 손실률을 정확히 예측할 수 있도록 하기 위해서는 다수의 위험을 결합할 필요가 있다. 대수의 법칙에 따르면 손실률 예측의 정확성은 피보험위험 단위가 많아야지만 확보가 된다. 그리고 손실률 예측을 정확히 할 수 있어야 정확한 보험료를 산정할 수 있다.

또한 공정한 보험료를 계산할 수 있기 위해서는 위험단위들이 동질적일 필요가 있다. 화재가 발생할 경우 벽돌집이 입는 손상은 나무로 된 집이 입은 손상보다 적을 것이다. 만약 벽돌집과 나무집을 같은 보험 풀(insurance pool)에 포함시켜 보험료를 책정한다는 것은 공정하지 못하다. 손실발생의 정도가 다른 위험단위들을 결합하여 보험 풀을 만든 후, 그들에게 평균손실률을 기초로 한 동일 보험료를 부과한다면 예정손실률이 낮은 집단이 점차 보험 풀을 이탈하여 보험 풀에는 위험이 높은 피보험자들만 남게 되는 역선택(adverse selection) 현상이 초래되고, 자유경쟁 경제체제하에서는 이 보험 풀은 결국 도태될 수밖에 없다.

2) 우발적 손실

두 번째 요건은 손실이 우연적이며 비고의적이어야 한다는 것이다. 만약 고의적 손실이 보상된다면 도덕적 hazard가 크게 증가하고 따라서 보험료가 크게 상승하게 되어 보험에 가입하는 사람의 수가 급격히 줄어들 것이다. 이렇게 되면 대수의 법칙을 적용하여 정확한 보험료를 계산하는데 필요한 충분한 숫자의 동질적 위험단위를 확보할 수가 없게 되어 보험 풀의 존속이 불가능해진다. 또한, 일상적 마모(wear and tear)는 발생여부를 미리 알고 있기 때문에 피보험자가 통제할 수 있고 미리 대처하는데 아무런 문제가 없으므로 통상적 영업비용으로 처리되며 보험의 대상이 되지 않는다.

3) 위험도 산정이 가능할 것

손실은 측정될 수 있어야 하는 것일 것, 즉 손실의 원인, 시간, 장소, 금액이 명확해야 한다는 것이다. 왜냐하면, 손실이 특정 기간, 특정 장소 내에서 담보위험으로 인하여 발생할 경우에 보험자가 보험금을 지급할 것을 약정하기 때문이다. 또한 손실액을 확정할 수 없으면 보험금을 결정할 수도 없다.

4) 거대 재해가 아닐 것

손실은 대재난적(catastrophic)이지 않아야 한다. 손실이 대재난적이라 함은 부보위험의 높은 비율이 한꺼번에 손실을 입는다는 뜻이다. 이러한 경우 보험자는 지급불능이 될 수 있고 보험 풀이 파괴될 수 있다.

보험자는 모든 대재난적 손실(catastrophic loss)을 피하기를 원하지만 현실적으로 이는 불가능하다. 왜냐하면, 대재난적 손실이 홍수, 태풍, tornado, 지진, 산림 화재 등에 의해 정기적으로 초래될 수 있기 때문이다.

대재난적 위험에 대처하는 방법으로는 두 가지를 들 수 있는데, 첫째는 대재난적 위험을 재보험에 가입하는 것이고, 둘째는 부보위험을 넓은 지역으로 분산시킴으로서 위험의 집중을 막는 것이다.

5) 경제적 보험료의 산정 가능

산정된 보험료는 경제적이어야 한다. 즉, 예상손실액이 피보험자에게 상당한 정도의 것이고 예상손실액에 비해 보험료의 크기는 작아야 한다는 것이다. 보험료가 보험금보다 크다면 보험을 구매할 이유가 없다. 예상손실액이 매우 작다면 보험보다는 위험보유가 선호될 것이다. 예를 들면, 사무실 내 사소한 소모품의 소실 또는 도난은 그 금액이 피보험자에게 별 부담이 안 되므로 복잡한 절차를 요구하는 보험가입보다는 경상비로 처리할 것이다. 경제적인 보험료가 되기 위해서는 예상손실액은 크지만 사고발생 확률은 낮아서, 적은 보험료로 피보험자 또는 보험계약자가 큰 부담 없이 보험을 구매할 수 있어야 한다.

6) 공서양속에 합치

보험의 대상은 공중의 양심에 반하지 않아야 한다. 보험의 법률적 조건에서 계약자유의 원칙이 적용되지만 그 내용이 공서양속(公序良俗)에 반하는 경우 그 계약은 무효가 될 수 있다.

4. 보험의 기능과 폐단

보험의 기능은 경제적 효과와 사회적 효과로 대별되며, 또한 경제적 효과는 개별 경제적 효과와 국민경제적 효과로 구분된다. 이와 같은 긍정적인 기능이 있는 반면에 부정적인 폐해도 수반되고 있다.

1) 보험의 경제적 효과

보험은 우연사고의 발생에 의한 경제상의 불안정을 제거할 것을 목적으로 하는 것이므로 다음과 같은 개별경제적 효과를 갖는다.

(1) 개별경제적 효과

① 경영의 안정

가계 또는 각 경제주체에서 보면 보험은 발생한 손해를 제거해 주는 것이라 할 수 있다. 즉, 기업이든 가계이든 각 경제주체는 보험이 있기 때문에 실제로 경영의 안정을 도모할 수 있으며 또한 경영자도 안심하고 기업경영을 하게 되는 것이다. 예를 들면 경영자가 그 사업소 및 공장에 대하여 화재보험에 가입하고 만일 화재가 발생해도 쉽게 그 사업의 복구와 재개를 할 수 있다. 더구나 사업에 수반되는 보험 중에는 사업운영의 필요상 절대적으로 불가결한 것도 있다. 예를 들면 수출입화물에 대한 해상보험 등이 그 예이다. 무역업자가 상품을 외국에 수출하는 경우 수출어음을 은행이 매입함으로써 대금결재를 받는데 이 경우 은행은 반드시 그 상품에 대한 해상보험증권의 제출을 요구한다. 은행은 어음을 매입한 후 그 어음이 수입업자에 있어 최종적으로 결제되기까지 수출업자를 위해 금융을 취급하게 되므로 그 채권을 확실하게 하기 위해 그 상품에 대해 해상보험계약의 체결을 요구하는 것이다. 따라서 동일한 보험이라도 수출입화물의 해상보험과 같은 것은 어떤 경우에도 불가결한 성질의 보험이다.

② 신용의 증대

건물, 공장, 상품 등에 대하여 화재보험에 가입하고 또한 선박・적하에 대하여 해상보험에 가입함으로써 비로소 은행, 기타의 금융기관의 금융적 지원을 쉽게 받을 수 있다는 것은 모두가 잘 알고 있는 사실이다. 특히 주택대부금의 경우 등 융자대상인 가옥에 화재보험을 계약하여 만일의 소실위험에 대처할 수 있는 것이 서민을 대상으로 한 주택대부금의 대규모보급을 가능하게 한 최대의 원인이다. 또한 추락, 침몰 등의 사고가 발생하면 한 번에 수천억원이라는 고액의 손해를 입는 점보제트기 및 LNG선박, 스페이스셔틀, 나아가 1대 수천억원 이상이나 되는 거대한 정유소 및 원자력발전소 등 위험의 정도가 높은 사업의 개시 및 계속이 가능한 것도 보험이라는 위험분산제도가 있기 때문이다. 또한 사업자에게 담보에 제공하는 아무런 재산도 없는 경우에는 그 사업자 자신이 자신의 생명에 보험을 체결하는 것에서 금융의 길을 개척할 수 있다. 나아가 최근에는 그 사업자뿐만 아니라 일반의 소비자도 자신에게 생명보험을 체결함으로서 주택자금의 차입을 비롯해 자동차, TV, 전기냉장고 등을 할부로 구입할 수 있다.

③ 사업경영의 합리화

보험에 가입함으로써 만일의 재해에 대비하기 위하여 고액의 재해적립금을 준비할 필요는 없어지게 된다. 따라서 가계나 기업은 그 만큼 사업의 합리적 경영이 가능하며 사업의 확대도 기대할 수 있게 된다.

(2) 국민 경제적 효과

① 손해발생의 방지

보험의 효과를 단지 사고발생 때의 대책으로만 파악하는 것은 충분한 인식이 결여된 것이다. 보험은 사고발생의 경우에 소정의 보험금을 지급하는 것으로, 보험가입자의 경영안정에 기여할 뿐만 아니라 사고발생 그 자체의 방지에도 도움이 된다. 즉, 사고의 발생이 감소하면 그 만큼 보험자의 부담이 경감되고 그것이 결국은 보험가입자의 부담경감이 되는 관계에 있기 때문이다. 따라서 한 국가의 보험사상의 보급, 발달 및 보험업의 융성은 그 국가의 물적·인적 자원의 감소를 저지하는 효과를 갖는다. 또한 최근에는 보험자 자신이 이 점에 대한 보험의 사명에 자각하여 그 수익의 일부를 각종의 재해방지시설(예를 들면 손해보험사업자가 오랜 기간 동안 실시하고 있는 지방자치단체로의 소방차의 기증, 소방채권의 구입 등) 및 후생사업시설(생명보험사업자가 행하고 있는 의학에 대한 각종의 연구조성, 성인병 검진차의 순회, 병원의 직영 등)에 적극적으로 투자하고 있다.

② 금융력의 증강

보험에 의해 축적된 고액의 보험료는 금융계에서 독특한 힘을 발휘하고 있다. 특히 생명보험과 같은 장기간의 보험에서는 보험가입자가 납부한 보험료가 은행예금과 같이 자유로운 환급이 허용되지 않으므로 보험자는 이것을 장기의 산업자금으로 안정적으로 활용할 수 있다. 또한 생명보험자금이 주식시장에서 독자의 힘을 발휘하는 것은 잘 알려져 있는 사실이다.

③ 국가의 재정·복지정책에의 협력

최근에는 방대한 생명보험자금의 일부가 국채의 구입, 정부보증채의 인수, 공사·공단으로의 대부를 통하거나, 손해보험의 경우에는 강제자동차보험(자동차손해배상책임보험) 등의 인수를 통해 국가의 재정정책 및 복지정책으로의 협력이 더욱 진전되고 있다.

④ 국가 노동력의 육성

이 점은 특히 건강보험 및 산재보험, 나아가 고용보험 등의 사회보험에서 현저하게 나타나는 보험의 효용이다.

2) 보험의 사회적 효과

보험은 재해를 당한 자의 사회적 몰락을 방지하는 효과를 가질 뿐 아니라, 사회보험, 생명보험 등의 융성은 직접·간접으로 국민의 건강 또는 복지의 증진에 공헌하는 바가 적지 않다.

3) 보험의 폐단

(1) 보험자 측의 폐해

보험자 측에 있어서의 중요한 폐단으로서는 도박보험의 유발과 보험자산의 남용을 들 수 있다. 즉, 전자의 경우에 보험자는 자기의 이익을 위하여 피보험이익의 가액을 과대하게 평가하거나 피보험이익(insurable interest)의 유무에 관계없이 보험을 인수함으로써 보험료 수입을 증대시키고 한편으로는 피보험자의 사행심을 자극하여 보험의 도박화를 유발시킬 수 있다.

원래 보험에 있어서 수입보험료는 보험금 지급에 대한 공동의 준비자산이며 이와 같은 의미의 공동준비재산을 형성하는 고액의 자금은 보험가입자의 이익을 위하여 적절하게 관리·운용되어야 한다. 그런데 보험제도는 과학적 기초에 근거를 두고 있기 때문에 일반대중으로는 그 원리를 이해하는 것이 매우 어렵다. 또한 보험금의 지급을 위한 준비자산은 현재보다 미래에 대한 준비자산이기 때문에 후자와 같이 때로는 그 적립을 태만히 하고 보험료 수입을 불법으로 유용할 위험성이 있다. 이렇게 되면 보험금의 지급이 불확실하게 됨으로써 가입자에게 막대한 손해를 가져다주게 되고 사회적 비용을 증가시킬 수도 있다.

그 외에도 보험사고가 발생한 경우에 보험자 측의 태만 등으로 보험금의 지급을 거절하거나 지연시킴으로써 가입자에게 손해를 주는 경우가 있을 수 있다. 또 대리점이나 모집인 등과 같은 보조자의 고의나 과실에 의하여 보험목적의 선택이나 평가가 제대로 이루어지지 못하고, 보험료의 횡령 등과 같은 부정행위에 의해 건전한 보험거래를 해치기도 하고, 보험에 대한 사회의 올바른 이해를 왜곡시키며, 부당한 경쟁에 의하여 무모하게 보험료를 인하하여 보험사업의 경영기초를 위태롭게 할 수 있다. 보험업법 등에서는 이러한 보험자 측의 폐단을 막기 위하여 보험의 모집, 보험자산의 적절한 운용 등에 대한 감독을 규정하고 있다.

(2) 보험계약자 측의 폐해

보험은 경우에 따라서는 보험가입자가 고의로 사고를 초래하기도 한다. 이런 보험가입자에 의한 고의적인 사고초래의 우려를 보험에서는 도덕적 위험(moral risk, moral hazard)이라고 부른다. 최근 특히 이 종류의 보험금사기를 목적으로 한 살인사건 및 상해사고가 빈발하는 경향이 있다. 보험이 반사회적 존재로 타락하지 않기 위해서는 이러한 보험금 사기사건에 대하여 엄격한 태도로 임할 필요가 있다. 그러기 위해서는 보험자 자신도 무모한 계약획득경쟁을 배제하고 신중한 계약인수를 행함과 동시에 각 회사 간에 적극적으로 정보를 교환하여 고액계약의 인수가 보험금사기에 이르지 못하도록 충분히 배려해야 한다.

① 보험사기의 증대

보험에서는 피보험자와 보험계약자 등이 보험금수수를 목적으로 고의로 사고를 일으키는 경우가 있다. 예를 들면 피보험자가 보험에 가입하면서 불리한 사실이나 약점을 은폐 또는 부실하게 고지하거나 허위의 사실을 보험자에게 알리거나, 의료진단에 다른 사람을 이용하거나, 보험계약체결 후에 보험금을 사취하기 위하여 방화・살상과 같은 고의적인 사고의 발생을 의도하거나, 사고의 발생을 가장・위중하는 경우, 또는 선박보험의 경우 고의로 선박을 침몰시켜 해난사고로 가장하는 경우 등을 들 수 있다. 이는 곧 보험료의 인상으로 이어지고, 이러한 보험료 인상은 선의의 피해자를 만드는 등 사회적 비용을 증대시키게 된다.

② 보험금의 과잉청구

보험은 손실발생의 크기와 보험금 청구의 규모를 크게 하는 부작용을 초래하기도 한다. 이러한 보험금의 과잉청구 역시 경제적 외부효과로서 사회전체의 부담으로 돌아온다. 예를 들어, 자동차보험의 존재는 자동차사고에 대한 진료비를 다른 종류의 상해진료의 경우 보다 훨씬 높이고 있는 것으로 알려져 있다. 특히 변호사가 고객의 이익을 위한다는 명목하에 과도하게 배상청구를 하는 사례나 일부 의사들의 과잉진료를 통해 의료비를 과도하게 청구하는 사례 또는 한 걸음 더 나아가 허위진료, 허위보험청구를 하고 있는 사례들이 알려져 있다. 과잉 배상청구나 과잉 진료도 보험사기와 마찬가지로 도덕적 위험의 한 형태로서 이를 방지하려면 요율의 세분화, 적발시 벌칙의 강화와 같은 유인통제시스템(Incentive Control System)을 보험가격이나 판매제도에 도입하여야 할 것이다. 이러한 보험금의 과잉청구도 보험사기의 경우처럼 보험료 인상을 초래하고 선의의 피해자를 낳게 하는 등의 사회적 비용을 증가시키게 된다.

5. 보험제도를 구성하는 요소

1) 보험자

보험자(insurer)란 보험계약의 당사자로서 보험계약을 인수하고 보험사고로 인하여 피보험이익에 발생한 손해를 보상할 의무를 지는 자를 말한다.

2) 보험계약자

보험계약자(policy holder)란 보험계약의 당사자로서 자기명의로 보험자에게 보험계약을 신청하고 보험료를 지급할 의무를 지는 자를 말한다. 보험계약자는 계약당사자로서 보험계약을 맺을 때에 고지의무를 지고 또 보험계약이 성립한 후 보험증권교부청구권 등 각종의 권리를 가지며, 보험료지급의무 등 각종의 의무를 진다. 보험계약자는 자기 스스로 직접 보험자와 보험계약을 체결할 수 있으며 또 대리인에게 의뢰하는 경우도 있다. 대리인으로 하여금 보험계약을 체결케 하는 경우에는 계약의 당사자는 그 대리인이 되지만 그 계약으로부터 생기는 효과는 대리인에게 미치지 않고 본인인 보험계약자에게 미친다. 보험계약자가 되기 위한 자격에 대해서는 법률상 별도의 제한도 없고 개인이건 법인이건 불문하며 다수인이 공동으로 보험계약자가 될 수도 있다.

보험계약자는 보통 자기를 위하여 보험계약을 체결하지만 타인을 위한 보험계약을 체결하는 경우도 있다. 전자의 경우에는 보험계약자는 보험금 청구권의 주체인 피보험자(손해보험의 경우) 또는 보험수익자(생명보험의 경우)와 일치하지만, 후자의 경우에는 그것이 일치하지 않고 별개의 사람이 된다.

3) 피보험자

피보험자(insured)의 개념은 손해보험과 생명보험에서 각각 다른 의미로 쓰여진다. 손해보험계약에 있어서 피보험자란 보험사고(위험)가 보험의 목적(선박, 건물, 항공기 등)에 발생함으로써 손해를 입는다고 하는 이해관계를 가지는 자, 즉 피보험이익의 주체로서 보험사고가 발생한 경우에 손해보상이라는 형식으로 보험금을 청구할 수 있는 자를 말한다. 보험계약자와 피보험자는 동일인일 수도 있고 그렇지 않을 경우도 있지만, 양자 동일인의 경우에는 그 계약을 '자기를 위한 보험계약'이라 하고, 그렇지 않은 경우의 보험계약을 '타인을 위한 보험계약'이라 한다.

생명보험계약에 있어서 피보험자란 사람의 삶과 죽음이라는 보험사고 발생의 객체가 되는 자, 즉 생명이 보험에 부보되어 있는 자를 말하며, 손해보험에서 의미하는 '보험의 목적'에 해당한다. 피보험자는 보험계약자와 동일인일 수도, 제3자일 수도 있다.

피보험자의 자격에 대해서는 손해보험의 경우에는 별도의 제한이 없지만, 생명보험의 경우에 피보험자가 될 수 있는 자는 그 성질상 자연인에 한정되며 생명의 위험이 없는 법인은 포함되지 않는다.

4) 보험수익자

보험수익자(beneficiary)란 보험금수취인이란 용어로도 쓰여지고 있는데 이것은 손해보험에서는 피보험자가 손해보상을 받으나, 생명보험에 있어서는 반드시 피보험자가 보험금의 지급을 받는 것이 아니기 때문이다.

보험수익자란 생명보험계약에 있어서 보험사고가 발생한 경우에 보험자로부터 보험금을 수취할 권리를 가지는 자를 말한다. 보험수익자가 되기 위한 자격에 대해서는 아무런 제한이 없다. 보험계약자와 보험수익자가 동일인인 경우에는 '자기를 위한 생명보험계약'이라 하고 보험계약자 이외의 제3자를 보험수익자로 하는 경우를 '타인을 위한 생명보험계약'이라고 한다. 또 보험수익자는 피보험자와 동일인이 될 수도 있고, 다른 사람이 될 수도 있다.

손해보험계약에 있어서 보험수익자는 피보험자이지만 피보험자로부터 보험금청구권을 물려받은 자를 실무상 보험수익자로 칭하는 경우도 있다. 또 피보험자, 보험수익자는 보험계약의 당사자는 아니지만 보험관계자로서 통지의무, 손해방지의무 혹은 고지의무 등을 지는 외에 경우에 따라서는 보험료지급의무도 지지 않으면 안 된다.

이상에서 보험계약은 각 1인인 것을 통례로 하나 다수인이 공동으로 보험자, 보험계약자, 보험수익자 또는 피보험자가 되는 경우가 있다. 즉,

① 다수의 보험회사가 하나의 계약을 공동으로 인수하는 경우
② 다수인이 공유하는 부동산을 보험의 목적으로 하는 경우
③ 생명보험에 있어서 피보험자가 다수인이 되는 단체보험의 경우
④ 피보험자의 다수인의 자녀가 생명보험의 보험수익자가 되는 경우 등이다.

5) 대리점 및 브로커

(1) 보험대리점

보험대리점(insurance agent)이란 일정한 보험자를 위하여 계속적으로 보험계약의 체결을 대리하거나 매개하는 것을 업으로 하는 독립된 상인이다. 보험대리점은 일정한 보험자로부터 위촉을 받아 그를 위하여만 계속적으로 대리 또는 중개를 영업으로 하는 독립된 상인이라는 점에서 보험자의 단순한 사용인과도 다르다. 보험대리점은 보험자로부터 보험계약체결의 대리권을 부여받은

계약대리점과 단순히 계약의 성립을 주선하고 매개하는 권한만을 부여받은 중개대리점으로 구분되며, 대리점이 갖는 대리권의 범위는 보험자와 보험대리점과의 계약에 의하여 정해진다.

계약보험대리점은 보험자의 대리인으로서 보험계약체결권을 가지므로 고지수령권을 비롯하여 보험료의 수령, 보험계약의 변경, 연기, 해지 등에 관한 권한을 가지는 것은 물론이고 그 대리점이 알고 있는 사실은 보험자가 알고 있는 것과 같은 효력이 있다.

이에 대하여 중개보험대리점은 보험계약의 체결을 중개하는 권한만을 가질 뿐 보험계약의 체결에 관한 대리권을 가지지 않으므로 고지수령권은 물론 보험료수령권도 가지지 않는다. 이에 따라 중개대리점을 통하여 보험계약을 맺은 보험계약자를 보호하기 위하여 어느 정도 중개대리점에게도 보험자를 위한 일정한 권한을 부여할 필요가 있다.

(2) 보험브로커

보험시장에서 보험상품을 판매하는데 있어서 대리점(agent)과 브로커(broker)가 보험거래의 중개기관으로서 중요한 기능을 다하고 있다.

양자는 상거래 중개자인 점에서는 같지만 그 법적 성격을 달리하고 있다. 즉, 한국의 중개인은 다른 사람의 상행위의 중개를 영업으로 하는 자를 의미한다. 그리고 이 경우의 중개란 당사자 쌍방 사이에 서서 그 법률행위(계약)의 성립에 노력하는 사실행위를 의미하기 때문에 중개인은 자신이 매개한 행위(계약)에 대한 당사자가 되어 권리, 의무를 취득하는 일은 없고 또 원칙적으로 당사자가 되어 권리, 의무를 취득하는 일이 없으며, 원칙적으로 당사자를 대리할 권한을 가지고 있지 않다. 이와 같은 중개인은 사실행위를 하는 데 불과하기 때문에 일정한 상인을 위해 계속적으로 그의 대리인으로서 제3자와 계약을 체결하는 계약대리점과는 다르다. 또한 중개인은 일반적으로 타인 간의 상행위에 대한 중개를 하기 때문에 일정한 상인을 위하여 계속적으로 상행위를 매개하는 대리상과도 다르다. 따라서 한국에 있어서는 대리와 중개 혹은 대리인과 중개인은 서로 전혀 다른 개념이다.

이에 대해서 영국에 있어서는 중개와 대리와의 사이에 명확한 구별이 없고, 전자는 후자에 포함되는 것으로 취급하고 있다. 영국에 있어서는 브로커에 대하여 법률적 정의가 내려져 있지는 않지만 통상 "브로커란 브로커리지(brokerage)라고 불리는 보수를 받고 무역, 상업 또는 해상에 관한 사항에 대하여 타인 간의 거래 및 계약을 성립시키기 위하여 고용되는 대리인"으로 정의되고 있다.

따라서 브로커는 단순한 매개자(middle man, intermediate negotiator)는 아니고 계약당사자의 일방 또는 쌍방의 대리인으로서 계약체결권을 가지고 있는 것이 일반적이다. 이러한 브로커는 한국의 계약대리점과 유사한 성격을 가지고 있다. 브로커는 각종의 상거래활동에 참여하고 있으나 그 중에서도 보험브로커는 특수한 성격을 가지고 있다.

영국에서 보험모집에 종사하는 자를 총칭하는 개념은 '보험중개인'(insurance intermediaries)이다. 이 중에서 특정한 하나의 회사 또는 복수의 회사의 보험상품을 판매하는 상인을 전속대리인(tied agent)이라 칭하며, 피보험자(보험청약자)의 요구에 따라 최적의 보험을 중개하는 자를 '보험브로커'(insurance broker)라고 칭하고 있다. 특히 1977년 보험브로커등록법(Insurance Brokers Registration Act 1997)에는 보험브로커등록평의회(Insurance Broker Registration Council; IBRC)에 등록된 자만이 '보험브로커'라는 명칭을 사용할 수 있다고 정하고 있으므로 영국에서는 엄격한 의미에서의 보험브로커는 보험브로커등록법상의 요건을 충족하고 보험브로커등록평의회에 등록된 자를 의미한다.

보험브로커나 보험대리점은 보험계약체결의 중개에 대하여 보험자에게 수수료를 청구하고 있지만 본래 보험대리점은 보험자의 대리인인데 비하여 보험브로커는 보험계약자나 피보험자의 대리인이라는 점에서 근본적으로 다르다. 그 외에도 다음과 같은 몇 가지 점에서 서로 다르다. 즉, 브로커가 대리점과 다른 점은 ① 브로커는 고객을 위해 보험거래의 중개를 해주는 전문가로서 이른바 전문직종에 속한다는 점, ② 그들은 가장 경제적인 조건으로 고객이 요구하는 보험상품을 얻을 수 있도록 보험시장에 대하여 광범위한 지식을 가지고 있다는 점, ③ 보험시장에서 중개활동과는 별도로 클레임(claim)서비스를 포함하여 보험에 관한 모든 문제에 대해서 고객에게 지도 및 조언을 해주는 것이 가능하다는 점, ④ 대리점에 대해서는 통상의 숙련과 주의가 요구되는 데 대하여 브로커에게는 전문가로서의 숙련과 주의가 요구된다는 점, ⑤ 대리점은 일반적으로 하나 또는 제한된 수개의 회사를 대표하지만 브로커는 특정의 보험자에게 구속되지 않는다는 점, ⑥ 보험대리점은 다른 직업과 부수적으로 운영되는 경우가 많은데 비하여 브로커는 그 브로커업무를 주업으로 삼고 있다는 점, ⑦ 대리점은 계약당사자 중 보험자 일방의 대리인인 데 대하여 브로커는 보험계약자 및 보험자 양당사자의 대리인이라는 점 등이다.

Lloyd's

로이즈조합이란 명칭의 유래가 된 Edward Lloyd 는, 17세기말 런던에서 커피하우스를 경영하였다. 로이즈커피하우스는 탬즈강 부근의 편리한 장소에 있었기 때문에 보험을 제공하는 자 및 필요로 하는 자를 포함한 해상사업관계의 상인이나 그 외의 사람들이 그 곳에서 자주 회합을 가졌다. 로이드 자신은 보험거래를 하지 않았고 로이즈조합은 보험거래를 위한 시설을 제공하지만, 로이즈조합 자신은 그곳에서 인수된 보험에 대하여 책임을 지지 않는다. 조합으로서의 로이즈는 보험의 인수를 행하지 않는다. 보험인수는 모든 개인의 보험인수회원(underwriting members)에 의해 행해지고 보험인수회원은 자신이 인수하는 보험계약에 관하여 자신의 재력의 최대한도 까지 개인적으로 책임을 진다. 따라서 Lloyd's underwriter는 상업에서 이야기 하는 개인상점(sole traders)이다. 로이즈는 1871년에 의회재정법에 따라 법인화된 조합(a society)이고, 그 회원에 대하여 보험사업을 할 수 있는 장소와 시설을 제공한다.

Syndicates

로이즈에는 2만명 이상의 underwriting members가 있다. 관여하는 사람의 크기, 그리고 현대보험거래의 복잡성 및 규모 때문에 underwriting members는 통상 특정 보험종목에 전문화된, 구성 member수가 수명에서 수백명까지의 그룹인 syndicates를 형성하고 있다. 이 member의 약 80%는, 시장에서 적극적으로 활동하고 있지 않다. 그들 멤버는 names로 알려져 있고, syndicates는 underwriting agent(보험인수대리인)가 대표를 임하고 있다. 로이즈의 각 underwriter는 인수책임분담액에 관하여 무한 개인책임이라고 하는 무거운 책임을 지고 있기 때문에 underwriting members가 되기 위해서는 엄격한 조건을 만족시켜야만 한다. 그 조건은 다음과 같다.

① 타 member에 의해 추천을 받을 것
② 평의회에 대하여 자신의 개인재산 상황을 증명할 것
③ 취급이 허가된 보험료 한도에서 다른 금액의 소정의 담보를 제공할 것

④ 수익보험료는 모두 보험료 신탁기금에 이월할 것. 이 기금에서 보험금, 사업비 및 확정이익금만이 지불됨

⑤ 보험인수를 위한 자산이 적어도 부채액에 보다 충분한 액수임을 확인시키기 위하여 매년 감사를 받을 것.

⑥ 타 member가 보험금 지불 불능이 되었을 때 보험계약자를 보호하는 중앙기금에 수입보험료의 일부를 지불할 것. 이 기금은 고액으로 underwriter의 개인책임에 대처하는 것은 아니다. 중앙기금은 보험계약자를 위한 일종의 특별담보이다.

제3장 보험의 역사

인간은 태어나면서부터 미래에 대한 불확실성 아래서 항상 불안하게 살았으며 안정(security)에 대한 욕망을 계속적으로 추구하며 왔다. 보험은 불확실성을 관리하는 수단으로서 인류의 역사와 더불어 발전되어 왔다고 할 수 있다.

보험의 생성시기와 초기형태는 지역 또는 국가마다 다르고 발전의 과정도 많은 차이를 나타내고 있다. 보험은 경제·사회적 산물로서 각 시대와 국가의 환경에 따라 그 특성을 달리하고 있기 때문에 역사적 사실도 매우 다양하고 복잡하다.

보험의 역사를 기술하기 위한 시대적 구분은 위에서 설명한 바와 같이 쉬운 것이 아니다. 여기에서는 일반적인 역사의 시대구분 방법을 활용하면서 동시에 보험의 발전적 과정을 의미 있게 구분하고 있다. 이러한 취지에 따라서 보험의 발전과정에 관한 역사적 고찰을 네 가지 단계로 구분하여 설명할 수 있다. 첫째, 보험의 생성과 초기역사, 둘째, 중세시대의 보험, 셋째, 근대적 보험의 발달, 넷째, 현대의 보험발전이다.

1. 보험의 생성과 초기 역사

보험이 언제 어디서 최초로 생성되었는가에 대해서는 정확한 역사적 기록을 찾을 수 없다. 그러나 고대문명의 여러 사회에서 보험의 시초라고 할 수 있는 원시적 형태의 리스크 전가 또는 리스크 분담을 위한 기법이 많이 활용되었다. 견해의 차이는 있으나 적어도 기원전 수천년 이전부터 보험과 유사한 제도들이 이용되고 있었다고 볼 수 있다.

전설에 의하면 양자강을 이용하여 물건을 운반하던 중국의 상인들은 운송에 따른 리스크를 분산하기 위하여 물건을 한 배에 적재하지 않고 여러 배에 나누어서 운반했다고 한다. 하나의 배에는 여러 상인의 물건이 함께 적재되었다. 만약에 한 배가 전복하면, 모든 상인이 조금씩 손실을 부담하게 되는 것이며, 따라서 물건이 전부 손실을 입을 확률은 감소하는 것이다.

이와 같은 방법은 아랍인에 의해서도 이용되었다. 그들은 사막을 여행하는 동안 물품을 여러 마리의 낙타와 대상에 분산시켜 운반함으로써 강도 또는 도적으로부터의 손실을 감소시켰다. 이와 유사한 방법은 여러 지역에서 오래 전부터 활용되었다.

보험의 리스크전가 개념은 보증제도에서 처음으로 시작되었다. 보증제도는 한 사람이 다른 사람의 행위 또는 계약의 이행을 확약하는 것이다. 이러한 보증행위는 구약성서에서도 많이 찾아 볼 수 있다. 보험의 형태를 갖춘 좀 더 정형화된 제도는 바빌론인에 의하여 활용되었으며 기원전 1750년경에 제정된 함무라비법전(Code of Hammurabi)에 기록되어 있다. 바빌론의 법들은 보험에 관한 사항들을 많이 포함하고 있다. 모험대차 및 해상보험의 원시적 형태도 함무라비법전에서 찾아 볼 수 있다. 서양문명에서 보험의 고대역사를 이해할 때 그리스시대 이전의 보험은 내용이나 형태에 있어서 유사제도에 불과하고 시기적으로 불분명한 상태였다. 그러나 그리스시대에 와서 이러한 제도들은 더욱 정교하게 발전되었고 보험으로서의 형태를 갖추기 시작했다. 그리스시대를 지나 로마시대에는 그리스의 전통을 이어 받아 모든 분야에서 더욱 발전된 제도를 다양하게 활용하였다. 그러나 고대시대의 보험은 근대 또는 현대적 형태의 보험과는 많은 차이가 있었다.

1) 그리스시대 이전

그리스시대 이전의 대표적 보험의 역사는 중동의 바빌로니아(Babylonia)를 중심으로 이루어졌다. 바빌로니아의 평야에는 기원전 5천년부터 국가와 문화를 형성한 원주민들이 살고 있었다. 바빌론시도 기원전 4천년 경에 형성되었다고 한다. 유럽, 아시아, 아프리카 등 세계의 각 지역으로 통하는 중심지역에 위치한 바빌로니아는 당시 세계의 주도적 상업국가였다. 따라서 서양문명의 역사는 중국, 인도, 페르시아, 이집트, 그리고 미국대륙을 연결하는 세계경제의 중심지인 바빌론시에 집중되었다.

바빌론의 상인들은 여러 지역으로 시장을 넓히면서 다양한 물품의 무역거래를 활발히 하였다. 상인들은 그들의 직접적인 영향 아래 무역을 하기도 했으나 일반적으로 노예, 친척, 기타의 사람을 대리인으로 내세워 원거리 무역을 하였다. 그러나 이들은 상인들에 예속한 일종의 고용인으로서 상거래에서 발생하는 이익에 참여할 권리는 없었다. 그런데 상업이 더욱 발달되면서 이들의 활동은 환경에 적합하지 못하게 되고 전문 행상인이 출현하게 되었다. 이 행상인은 상인으로부터 물품과 기타 비용을 대여받아서 이익을 취하였다. 상인은 비용과 물품을 대여하는 대가로 이익의 반을 차지했다. 이때 상인은 행상인의 신용을 확보하는 수단으로 그의 재산 또는 부인과 가족을 담보로 하였다. 만약 행상인이 신용을 지키지 않는 경우가 발생하면 상인은 재산과 가족을 처분할 권리를 가졌다.

행상인은 가족과 재산이 담보되어 있기 때문에 일반적으로 신용을 착실히 지켰으나 경우에 따라 불가항력의 사건이 발생함으로써 할 수 없이 신용을 지키지 못하게 되기도 하였다. 즉, 여행 도중에 강도, 해적, 도적, 폭풍 또는 사망 등에 의하여 상인과의 약속을 지키지 못하게 되며 이때에 행상은 억울하게 재산과 가족을 잃게 되는 것이었다. 이러한 문제를 해결하기 위하여 상인은 행상이 불가항력의 사고로 인하여 신용을 지키지 못할 때 모든 책임을 면해주었다. 그러나 행상인은 이러한 혜택을 받기 위하여 상인에게 추가적인 대가를 지불하여야 했으며, 이러한 관습이 보험의 최초형태 또는 보험의 기원이라고 할 수 있다.

이와 같은 제도에 의하여 한 때 침체되었던 상업이 다시 활기를 되찾았으며, 함무라비법전은 이러한 모험대차(bottomry and respondentia)의 개념을 공식화했다. 모험대차는 해상사업에서 선박(bottoms)과 화물(res)에 대한 임대차계약이다. 이러한 계약은 세 가지 요소로 이루어지는데, 그것들은 첫째, 선박, 화물 또는 운임에 대한 대부. 둘째, 대부에 대한 이자. 셋째, 사업의 리스크에 대한 리스크 프리미엄과 부채의 취소이다. 모험대차계약에서 채무자는 고의행위가 아닌 상황에서 담보물이 손실되었을 때 모든 부채에 대한 의무를 면제받는다. 이러한 제도는 보험의 기본적 수단이 되었으며, 이 기법은 페니키아, 로디아, 그리스, 그리고 로마 등 고대문명의 여러 지역에 파급되었다.

2) 그리스시대

기원전 750년경에 그리스시대가 시작되면서 보험의 초기역사에서 매우 중요한 의미를 갖는 몇 가지 제도들이 전개되었다. 바빌로니아시대부터 사용된 모험대차계약은 더욱 정교하게 발달되었고, 그 시대의 거의 모든 항해는 모험대차계약에 의하여 이행되었으며 계약의 이행과 관련된 법정소송도 많이 발생하였다. 이자와 함께 10~25%에 해당하는 리스크프리미엄(보험료성격)을 지불하였으며, 그 리스크프리미엄의 차이는 여러 가지의 항해관련 요인에 따라 정해졌다. 예를 들면, 계절, 선박의 종류, 화물의 종류, 항로, 선장의 경험 등이 리스크프리미엄을 결정하는 주요 원인이었으며, 이러한 방법은 현대의 해상보험에서 활용하고 있는 것과 비슷한 것이다. 따라서 모험대차계약은 해상보험의 원조가 되는 제도라고 할 수 있다.

모험대차와 더불어 그리스시대에 매우 발달된 개념으로 공동해손(general average)이 있다. 이 제도는 모험대차와 함께 해상사업에 필수적인 것으로 발전되었다. 공동해손의 기본적 개념은 항해 중에 있는 선박과 화물이 함께 위태로운 상황에 직면했을 때 항해의 안전을 위하여 선장의 지휘 아래 임의적으로 발생시킨 손실을 항해의 이해관계자 모두가 공동으로 책임을 지는 것이다. 이 개념은 해상사업에서 절대적으로 필요한 것이 되었고 해상보험에 많은 영향을 주었다.

그리스시대에 특기할 만한 보험역사의 또 다른 하나는 아테네에 최초의 보험교환소(insurance exchange)가 설립된 것이다. 이 교환소의 기능은 런던에 있는 로이즈(Lloyd's of London)의 그것과 유사했다. 이 곳에서는 주로 모험대차의 거래가 이루어 졌고 해상사업에 관한 정보가 교환되었다. 은행업을 하는 사람과 상인들은 해상사업과 관련된 정보를 신속히 수집하고 교환하여 사업의 발전에 많은 도움을 주었다. 해상국가 그리스는 해상사업에 필요한 보험 및 관련제도를 상대적으로 많이 발전시켰다고 하겠다.

해상사업과 관련된 보험 및 기타 제도 이외에 다른 분야에서는 특기할 만한 발전이 없었다. 단지, 종교관련 단체에서 회원의 장례행사를 위한 목적으로 정기적으로 회비를 갹출하여 적립한 후에 회원이 사망하면 그 비용에 충당하였다는 설이 있다. 이것은 생명보험의 초기 형태라고 할 수 있을 것이다. 또 이러한 형태의 제도는 이집트시대와 로마시대에도 존재했었다는 여러 증거들이 발견되었다.

3) 로마시대

그리스시대의 보험에 관련된 많은 전통들은 로마시대로 까지 연장되었다. 모험대차 및 관련계약제도 등을 활용하였으며, 보증과 공동해손에 관한 법률도 더욱 발전되었다. 아테네의 그것보다 더 발전되지는 않았지만, 로마시대에도 아테네에 있었던 보험교환소가 있었다. 로마시대의 가장 중요한 보험유산은 생명 및 건강보험의 원시적인 형태인 조직화된 장제조합이다.

장제조합(burial society)은 그리스시대에도 존재하였으나 로마시대에 와서 더욱 정교하게 발달되었다. 이 장제조합은 법에 의하여 정식으로 허가되고 규제되었으며 그 명칭은 콜레지아(collegia)로 불렀다. 콜레지아는 현대적 상호보험조합의 시초라고 할 수 있다. 회원들은 회비를 지불하고 그것은 기금으로 적립된다. 회원이 사망했을 때 장례행사를 주관하고 비용을 지급한다. 각 지방에는 군인을 위한 콜레지아가 있었고, 부유한 계층 및 가난한 계층의 콜레지아가 따로 있었다. 또 부상에 의한 장애자를 위하여 연금을 지급했으며, 군대를 제대하는 제대자에게 퇴직급여를 지급하였다. 많은 콜레지아는 환자 또는 노령자에게 급여를 지급하기도 하였다. 회원이 약속된 회비를 지불하지 않거나 자살을 하는 경우에는 모든 급여에 대한 권리를 상실하였다.

연금에 대한 개념도 로마시대에 상당히 발달되었다. 230년경에 연금가치표가 개발되어 공포되었으며 그 후 아주 오랫동안 사용되어 왔다.

콜레지아의 특성은 공식조직을 가지며 확실한 정액급여가 보장되고, 정규적인 선불 회비가 지불되었다는 것이다. 이 제도는 중세의 길드(guild), 현대의 상호보험조합의 원조가 된다. 보험수리의 기술적 수준에 대한 정확한 자료는 없으나 상당히 정확하게 회비를 산정하였다고 한다.

2. 중세시대의 보험

로마제국의 붕괴와 함께 소위 암흑시대(dark ages)의 전개는 상업의 침체를 가져왔고 자급자족의 고립된 작은 지역사회를 형성시켰다. 이러한 사회적 현상에서 보험은 발전하지 못하였고 매우 취약한 상태에 있었다. 한편 로마의 콜레지아는 중세의 길드로 발전되었다. 중세초기의 앵글로색슨(Anglo-Saxon)길드는 상호협조를 위한 하나의 가족조직에 불과하였으나, 시간이 흐름에 따라 기능을 확대하고 다양한 직업인을 포함하는 조직이 되었다. 길드는 점차로 종교적, 경제적, 정치적, 그리고 방위를 위한 조직으로 발전되었다. 그러나 농경을 중심으로 하는 많은 지역에 있어서 보험의 필요성은 크지 않았다. 보험은 상업사회에 필요한 제도로서 유럽과 아시아에서 활발한 상업활동이 재개될 때까지는 뚜렷한 발전을 찾아보기 힘들었다.

중세시대의 침체한 상업활동은 북구의 스칸디나비안에 의해서 재개 되었으며 이들은 유럽전역에 걸쳐서 국제무역을 발달시켰다. 그들은 소위 한자동맹(Hanseatic League)을 형성하여 그들의 상호이익을 보호하는데 충실하였다. 한자동맹은 13~14세기의 가장 강력한 상호이익보호 단체였다. 한자동맹은 그 절정기에 70개 이상의 지방을 포함시켰고 서쪽의 런던에서부터 동쪽의 노브고로드(Novgorod)까지, 북쪽의 베르겐(Bergen)에서부터 남쪽의 라이프시그(Leipsig)와 크라코우(Cracow)에 이르는 지역까지 확대되었다.

이와 함께 남쪽에서는 십자군에 의하여 육상의 무역통로가 개발되었다. 롬바르드 상인들은 활발히 무역에 종사하였으며 지중해를 따라서 상호보호조직을 만들었다. 롬바르드 상인의 영역은 소아시아로부터 유럽의 남쪽해안을 걸쳐서 북쪽의 런던에까지 뻗쳤다.

한자상인과 롬바르드 상인은 상업활동에 필요한 보험과 관련 제도를 발달시켰으며 특히 해상보험의 발달에 많은 기여를 했다. 영국의 해상보험은 이들에 의하여 시작되었던 것이다. 최초의 해상법전이라고 하는 비스비 법(Laws of Wisby)은 1300년경 한자동맹의 활동을 규제하기 위한 것으로 모험대차에 관한 사항이 기록되어 있다. 그 당시에 모험대차의 활용에 있어서 많은 문제가 있었던 것으로 나타나고 있다. 이 법전에는 생명보험에 관한 내용도 기록되어 있다. 즉 상인이 선장으로 하여금 선박을 보험에 가입할 것을 요구할 때 상인은 선장의 생명에 대한 보험도 제공할 의무가 있다고 했다.

중세시대에 해상보험은 한자상인 및 롬바르드 상인 이외에 이태리에 있는 여러 도시에서 많이 활용되고 발전되었다. 12세기부터 16세기까지 이태리의 베니스(Venice), 플로렌스(Florence), 그리고 제노아(Genoa)는 해상상업의 중심지였으며 해상보험계약이 성행하였다. 1347년에는 제노아에서 보험증권이 발행되었으며, 1523년에 플로렌스에서 보험증권의 법적 양식이 만들어졌다. 그 당시 보험계약의 체결은 런던의 로이드에서 이루어진 것과 비슷한 방식을 이용하였다.

해상보험은 12세기부터 14세기 동안에 발전하여 1310년경에 브라쥬(Bruges)에 보험회의소가 설립되었으며, 그 곳에서 상인들은 화물에 대한 보험에 가입하였다. 대부분의 경우에 리스크는 개인보험자에 의하여 인수되었으며 법인으로서의 보험자 개념은 발달하지 않았다. 모험대차계약은 상업활동이 재개되는 시기에 매우 활발히 사용되었으며, 보험은 모든 주요 항해의 화물운송에 있어서 기본적 요건이 되었다.

화재보험에 있어서는 그 원시형태라고 할 수 있는 하나의 관습이 1240년경 베람바흐트(Verambacht)마을에 있었다는 기록이 있다. 이 관습은 마을에 있는 사람의 집이 화재에 의하여 파괴되면 지체없이 마을에서 보상하여 주는 것이었다. 1220년경에는 지방의 박람회에서 제품을 팔고자 하는 외부의 상인들은 그들의 제품에 대한 화재 및 도난 리스크를 보험에 가입할 수 있었다.

중세시대의 상업활동은 한자상인, 롬바르드 상인, 이태리의 여러 도시 상인들과 함께 포르투갈, 스페인, 영국, 네덜란드, 프랑스 상인들에 의하여 지속되었다. 상업활동의 번영은 해상보험을 비롯하여 여러 종류의 보험을 중세시대에 존재하게 하였으나 보험사업을 위한 과학적 기반이 부족하였다. 중세시대 이전의 보험과 근대 이후의 보험을 구별하는 기준은 무엇보다도 이러한 과학적 기반의 차이라고 할 수 있다.

3. 근대적 보험의 발달

앞에서 살펴본 바와 같이 고대 또는 중세시대의 보험은 원시적 형태에 지나지 않았으며 이론적이고 과학적 기초가 매우 빈약한 상태였다. 보험이 원시적 형태를 벗어나서 체계적으로 발전을 하기 시작한 것은 17세기를 전후한 때부터라고 할 수 있다. 시기적으로 분명한 구획을 할 수는 없지만 근대적 보험의 발달은 17~18세기경에 이루어 졌다고 할 수 있다.

근대적 보험의 발달은 서유럽을 중심으로 이루어 졌고 18세기 중반부터 북미지역에서도 보험이 확대 발전되었다. 근대적 보험은 그 분야에 있어서도 다양화되어 해상보험을 비롯하여 화재보험, 생명보험 등이 본격적으로 발달되었다. 근대적 보험의 발달과정을 서유럽과 미국지역으로 나누어 살펴보면 다음과 같다.

1) 서유럽

중세시대를 거치면서 서유럽에 있어서 보험은 상당히 빠른 속도로 발달되었다. 그 발달의 원동력은 한자상인과 롬바르드 상인들이었으며 그들의 영향을 받아서 영국 및 기타 유럽국가에서 보험이 더욱 정교하게 발달되기 시작했다. 영국에서 최초로 보험에 관한 성문법이 제정된 것은 1601년이다. 이 법은 엘리자베스 여왕의 40년 통치 아래서 이루어진 것이었고 주로 해상보험에 관한 사항을 중심으로 하고 있었다. 이 법은 해상보험의 역사에 있어서 하나의 이정표를 이루고 있는 것이다. 이 법의 주요 목적은 해상보험과 관련된 분쟁을 조속히 해결하기 위한 특별 법정을 설치하는 것을 허용하는 것이었다. 엘리자베스 여왕은 또한 해상보험의 거래를 위한 보험회의소의 설치를 위한 법을 제정하였다.

17세기 초에 이르러 영국에서의 보험거래는 롬바르드 거리(Lombard Street)에 집중되었으며, 부보가 가능한 대부분의 보험종류가 이 곳에서 거래되었다. 보험거래가 빈번하게 이루어짐에 따라 이를 규제하기 위한 각 종의 법, 법령, 규칙 등이 제정되어 시행되었다.

해상보험은 보험사업 중에서 가장 오랜 역사를 가지고 있으며 오랜 역사를 통하여 꾸준히 발전되어 왔다. 해상보험의 근대적 발달을 촉진시킨 역사적 사건은 로이즈(Lloyd's of London)탄생이다. 로이즈는 17세기 종반에 커피하우스로 시작하여 세계적인 보험시장으로 발전하였다. 로이즈의 초기 형태는 커피하우스에서 상인과 해운인들이 모여서 정보를 교환하고 개인보험자들이 보험을 인수하는 것이었다. 세월이 흐름에 따라 정보를 교환하는 방식도 발전하여 1695년에는 소위 로이즈 뉴스(Lloyd's news)를 발행하였으며 도중에 정부에 의하여 발행이 정지되었다가 30여년이 지난 후에 로이즈 리스트라는 이름으로 다시 발행되기 시작하여 현재까지 계속되고 있다. 로이즈는 개인보험자들이 모여서 공동으로 보험을 인수하는 보험시장 조직이며 보험회사는 아니다. 개인보험자들은 그들이 인수한 보험에 대하여 개별적이고 독립적으로 보상책임을 지고 있는 것이다. 로이즈는 1769년에 공식적으로 이 조직의 운영규칙을 제정하였으며, 1779년에 통일된 로이즈 해상보험 증권을 채택하였다. 1871년은 로이즈 발전의 획기적인 해로서 로이즈가 의회를 통과한 법률에 따라 법인자격을 갖추게 되었다. 로이즈 법(Lloyd's Act)은 오늘날과 같은 현대의 로이즈 체계를 구축하게 하였다.

영국에서 보험회사가 처음으로 출현한 것은 1720년경이다. 그 이전 까지 보험거래는 개인보험자에 의하여 이루어졌으나 정부에서 두 개의 보험회사, 즉 London Assurance Corporation과 Royal Exchange Assurance Corporation을 허가하면서 이들에게 독점적 영업권을 부여하였다. 이 두 회사는 초기에 해상보험만을 취급하였으나 후에 화재보험과 생명보험 까지도 포함하여 사업을 하였다. 1824년에 와서 두 회사에 대한 독점권은 폐지되고, 이때부터 경쟁의 시대가 시작되었다. 영국은 기원 17세기 이후 20세기까지 선도적 상업국가였기 때문에 영국의 해상보험은 전 세계적으로 확산되고 발전되었다.

근대적 화재보험의 발달은 서기 1666년 9월 2일에 발생한 런던대화재 이후부터이다. 이 화재는 영국의 역사상 가장 큰 사고였으며 런던에 있는 가옥의 1/4 가까이를 파괴시켰다. 이 화재 이후 화재보험에 대한 필요성이 인식되고 있을 때 치과의사이며 경제학자인 동시에 건축업자이었던 Nicholas Barbon은 서기 1667년에 가옥 및 사무용 건물을 위한 화재보험 사업을 개인적으로 시작하였다. 그의 사업은 번창하여 1680년 이후까지 계속되었으며 이때에 새로운 경쟁자들이 출현하기 시작했다. 1683년에 우애조합(friendly society)이 형성되었으며, 1710년에 Charles Povey는 Sun Fire office를 개설하였고 6년 후에 그것은 Sun Insurance office라는 이름으로 법인화되었다.

그 이후로 화재보험은 영국에서 점차로 확대되었으며 산업화 과정에서 더욱 양적 성장을 이루었다. 신용경제가 시작되면서 모든 부동산에 대한 대부는 화재보험을 필수적으로 요구하게 되었다.

화재보험의 경우와 같이 생명보험도 오래 전부터 여러 가지 형태로 활용되어 왔다. 생명보험사업은 프랑스, 네덜란드, 영국에서 톤틴연금이 시행되면서부터 널리 발달되기 시작하였다. 프랑스는 1689에 처음으로 톤틴연금을 소개했고, 영국에서는 1692에 최초로 도입하였다. Lorenzo Tonti에 의하여 개발된 이 제도는 조기사망자의 기금을 생존자들이 분배하여 갖는 형태로 연금을 지급하는 것이었으며, 정부는 그 기금을 사용할 권리를 가지게 되었다.

1698에는 런던의 한 회사(Mercers Company of London)가 피보험자가 지정한 수익자에게 연금을 지급하기 시작하였고, 1699년에 미망인과 고아를 위한 하나의 상호조직(Society of Assurance for Widows and Orphans)이 이러한 제도를 운영하기 시작하였다. 그러나 이 두 조직은 결국 없어졌는데, 요율의 불충분성이 그 주요 원이이었다. 그 후 1756년에 한 회사(Old Equitable)가 설립되었는데 이 회사는 오늘날까지 세계에서 가장 오래된 생명보험회사로 남아 있다. 생명보험사업은 계속 성장하여 영국의회의 관심을 끌었고 1774년에는 영국 의회가 생명보험에 관한 법률을 제정하게 되었다. 여기서 생명보험의 피보험이익(insurable interest)에 관한 사항이 강조되었다. 18세기 중엽에 와서 생명보험에 관한 이론과 기법은 매우 과학적 면모를 갖추기 시작했지만 영업관리에 있어서 충분한 능력을 갖추지 못하였다.

근대적 보험수리학의 초기발전은 영국보다 프랑스에서 더욱 활발하게 전개되었다. 프랑스의 수학자들은 도박의 이익을 최대화하는 데 관심이 매우 컸으며 고전형태의 확률이론을 개발하였다. 1650년대에 Pascal은 확률의 기초적 이론을 정리하였으며 그 후의 많은 학자들이 17세기가 끝나기 전에 그의 연구를 이어서 이 분야에서 많은 발전을 이룩하였다. Graunt는 1661년에 사망율표를 만들었으며 이것은 생명보험의 보험료 및 평균수명을 계산하는데 사용될 수 있었다. 1671년의 De Witt 연구, 1718년의 De Moivre연구 등은 당시 사망률연구에 많은 기여를 했다. 영국에서 가장 학식이 높은 보험수리인은 Sir Richard Price이었다. 그는 1771년에 연금지급에 관한 책을 발간하였다. 보험수리의 발전은 생명보험을 보다 과학적으로 운영할 수 있게 하였으며, 18세기에 보험수리인은 상당한 사회적 신분을 인정받았고 전문직업인의 집단을 형성하였다.

근대적 보험의 발달에 지주가 되고 있는 보험관계 법률도 17~18세기에 많은 발전을 하였다. 보험관련 법률의 대가인 영국의 Lord Mansfield는 보험문제에 관한 중요한 법률적 의사결정을 많이 하였다. 그는 1756년부터 1782년까지 영국의 대법원장을 지냈으며, 보험계약, 보험대리, 피보험이익, 불법행위, 손실보상 등의 개념은 모두 Mansfield시대에 발전되었다.

2) 미국

미국이 영국의 식민지로서 영국의 지배를 받던 18세기 중반 이전까지 미국은 여러 분야에서 영국의 영향을 받았으며 보험도 예외가 아니었다. 그 때까지 보험거래는 런던에서 많이 이루어졌으며 미국 내에서도 영국의 회사가 지사 또는 지점을 통하여 보험거래를 주도하였다. 국내보험회사의 설립은 가격경쟁으로 인하여 매우 어려운 문제였기 때문에 미국의 보험자들은 국내보험을 이용할 것을 애국적인 견지에서 호소하였다. 그 결과 원거리에 따른 여러 가지 거래의 불편과 통화사용의 불편 등을 이유로 국내보험의 이용이 확대되어 갔다.

영국이 미국식민지에서 가장 먼저 시작한 보험사업은 해상보험이다. 영국의 주요 보험자를 대리하는 대리점들이 필라델피아, 뉴욕, 보스톤 등에 진출하였고, 많은 보험거래가 로이즈를 통하여 이루어졌다. 1776년 미국이 독립되기까지는 국내보험시장의 형성을 위한 경제적 여건이 성숙되지 않았다.

최초로 주식회사형태의 보험회사가 미국에 설립된 것은 1792년이다. 이 회사의 상호는 Insurance Company of North America이며 해상보험 및 화재보험을 인수하였다. 1794년에는 Insurance Company of the State of Pennsylvania가 설립되었다. 이 두 회사의 설립에 따라 다른 도시에서도 보험회사들이 계속하여 설립되었다. 이 회사들은 거대한 자본을 투입하여 설립되었기 때문에 리스크를 담보하는 능력이 매우 컸다.

미국에서 화재보험은 일찍부터 발달하기 시작하였다. 1630년의 보스톤 화재, 1730년의 필라델피아 화재, 1740년의 North Carolina화재 등은 화재에 대한 보장의 필요성을 급격히 증가시켰다. 이에 따라 18세기 초에 영국에서 발달된 화재보험은 미국식민지에서 많은 활동을 하였다. 1735년에 하나의 우애조합으로서 최초의 화재보험회사가 케롤라이나의 Charleston이 설립되었으나 1741년의 대화재가 발생한 후에 문을 닫았다. Benjamin Franklin은 화재방지에 대하여 많은 연구를 하였으며, 1750년 그는 화재보험을 필라델피아에 소개하였다. 처음에는 특정단체에만 한정된 사업을 하였으나 2년 후에 새로운 조직(Philadelphia Contributionship for the Insurance of Houses from Loss by Fire)을 만들어 일반대중에게 공개하였다. 이 회사는 런던의 Amicable Contirbutionship of London을 모방하여 만들어졌다. 이 두 회사의 운영방식은 독특하였다. 영구증권이 발급되며, 모든 회원은 거액을 조직에 기여하고 기금은 조직에 의하여 투자되었다. 투자이익을 이용하여 손실을 보상하고 조직을 운영하였다. 모든 회원들은 그들의 집에 회사에서 제공한 일종의 표지를 부착하여 계약자임을 나타내었다.

미국 식민지에서 화재보험사업은 순조롭게 출발할 수 있었다. 그 이유는 런던의 보험회사들이 미국에서 화재보험을 인수하는 것은 금지되었기 때문이다. 따라서 현지의 화재보험시장이 개발될 수밖에 없었다. 당시에 화재보험회사의 형태는 모두 상호회사조직이었다. 1820년까지 화재보험회사는 많지 않았으나 1835년 뉴욕 대화재 이후 점차로 증가했다. 또한 이때부터 화재보험회사의 경영에 대한 감독 규제가 엄격하게 되었다.

식민지시대에 있었던 최초의 생명보험계약은 선장과 그 밖의 선원들에 대한 단기 보험이었다. 미국의 최초 생명보험회사는 서기 1759년에 필라델피아의 장로회의(Presbyterian Synod of Philadelphia)에 의하여 조직되었다. 이 조직의 목적은 성직자들에게 경제적 도움을 주기 위한 것이었다. 생명보험을 통하여 적어도 그들의 부양가족에 대한 생계보장을 추구하였다. 벤자민 프랭클린은 이 조직을 설립하는 데 선도적 역할을 하였고 Francis Alison목사가 이 사업을 제기했다. 최초의 생명보험계약은 종신보험(whole life policy)이었으며, 현대의 보험과 매우 유사했다.

남북전쟁을 전후로 하여 생명보험회사들이 생기기 시작했다. 서기 1835년에 Mutual of New York이 생보사업을 종합적으로 추진한 최초의 회사로 설립되었다. 많은 회사들은 경영의 부실로 오랫동안 유지되지는 못했다.

식민지시대로부터 19세기말까지 미국의 보험발달은 대체로 영국의 보험을 새로운 환경에 이전한 것이라고 할 수 있다. 초기에는 런던의 보험자들이 대리점을 통하여 제한적이고 소규모로 사업을 운영하였다. 미국에서 보험산업의 성장과 발전은 전쟁, 대화재, 도시화, 산업혁명, 그리고 대기업의 출현 등으로부터 많은 영향을 받았다.

4. 현대적인 보험의 발달

보험의 역사적 발전과정에 있어서 현대적 의미를 가지기 시작하는 시기는 명확히 구분할 수 없으나 대체로 19세기 후반부터 20세기에 걸친 시기라고 할 수 있다. 19세기 후반경 세계의 주요 선진국들은 보험의 여러 분야에서 상당한 발전을 이루고 있었으며 현대보험의 기반을 확립하였다. 보험제도가 다양하게 개발되고 제도의 운영을 뒷받침하는 이론이 상당한 수준에 이르렀으며 보험기업도 다양한 형태로 발달하였다. 또한 보험경영에 있어서 마케팅 측면의 발전은 보험기업의 성장을 위한 기틀을 만들기도 하였다. 또한 보험산업의 성장과 발전은 학문적 연구의 필요성을 자극하여 보험학의 연구와 교육을 위한 제도적 장치가 마련되기 시작했다.

근대적 해상보험의 기초를 확립한 영국의 로이즈는 지금까지 괄목한 만한 성장을 거쳐 세계보험의 중심적인 역할을 하고 있다. 해상보험을 포함하여 모든 종류의 보험이 거래되고 있으며 특수 리스크를 대상으로 하는 보험도 다양하게 개발하여 왔다. 1871년 로이즈법이 제정된 이후 1982년의 개정을 포함하여 여러 차례의 개정을 통하여 오늘날의 체제를 구축하였다. 로이즈는 세계 각 지역에 로이즈 대리인(Lloyd's agents)을 두고 선박의 등급결정, 보험금 지급을 위한 손실조사, 정보의 수집 등 로이즈의 활동을 지원하는 업무를 담당하도록 하고 있다.

해상보험의 분야에서 전 세계적으로 가장 영향을 많이 미치고 현재까지 해상보험의 기초를 이루고 있는 것이 1906년에 제정된 영국의 해상보험법(Marine Insurance Act of 1906)이다. 이 법은 해상보험에 관한 종합적 입법의 최초형태이며 해상보험의 발달에 지대한 영향을 미쳤다.

이후 세계경제의 중심이 20세기를 전후하여 미국으로 이동함에 따라 보험시장도 같은 변화를 보였다. 따라서 20세기초부터 현재까지의 보험의 발전과 성장은 미국을 중심으로 진행되어 왔다고 할 수 있다. 해상보험을 비롯하여 화재보험, 생명보험, 상해보험, 자동차보험, 항공보험 등이 많은 변화와 동시에 새롭게 개발되고 발전되어 왔다. 1871년과 1872년에 있었던 시카고 대화재와 보스턴 대화재는 미국의 화재보험산업에 커다란 변화를 가져왔으며 그 결과 화재보험은 여러 가지 측면에서 획기적 발전을 하였다. 또한 샌프란시스코 대화재의 발생에 기인하여 1910년경에 뉴욕에 설치된 메리트 위원회(Merritt Committee)의 보고서는 보험사업에 대한 대중의 인식을 제고시키며 화재보험을 발전시키는 데 크게 기여하였다.

1860년대부터 1900년대 초기까지 미국의 생명보험분야는 상당한 변화와 어려움을 겪었다. 미국의 보험회사들이 캐나다, 유럽 등 해외로 진출하고 경쟁은 심화되었으며, 판매질서의 교란현상이 나타났다. 그로 인하여 대중의 생명보험에 대한 인식이 악화되었으며 보험에 대한 각 주의 감독규제도 강화되기 시작하였다. 생명보험산업의 문제를 조사하기 위하여 뉴욕에 암스트롱 위원회(Armstrong Committee)가 1905년에 설립되었다. 이 위원회의 조사결과에 따라 뉴욕주는 매우 강력한 보험규제법을 갖게 되었고 기타 지역에서도 그 영향을 받았다. 이 위원회의 활동은 생명보험의 발전에 크게 기여하였다. 1930년대의 대공황을 경험한 미국은 새로운 형태의 사회보장제도가 필요하다는 것을 인식하고 사회보장법(Social Security Act)을 1945년에 제정하였다. 이 법의 제정과 함께 여러 가지 사회보험(Social Insurance) 프로그램이 실시되어 민영보험 뿐만 아니라 공영보험이 실시되는 등 모든 종류의 보험이 더욱 발전하는 계기가 되었다. 특히 사회보험의 발달과 함께 단체보험의 개발이 활발하였으며 생명보험사업에서 중요한 비중을 차지하게 되었다.

보험의 주요 분야의 하나로서 비교적 늦게 출발한 재해보험(Casualty Insurance)은 20세기에 와서 급속히 발전하였다. 생명보험분야의 한 영역으로서 상해보험과 건강보험이 19세기 말부터 시작되었으며, 1888년경에는 자동차보험이 처음으로 등장하였다. 자동차의 수는 급격히 증가하였고 이에 따라 자동차배상책임보험이 급속한 성장을 보이기 시작했다. 처음에 보험자들은 이러한 리스크를 인수하기 꺼려했으나 그 필요성이 점차로 대중화되면서 다양하게 발전되어 갔다. 1920년대에는 각종의 재해보험과 내륙운송보험(Inland Marine Insurance)이 빠른 속도로 성장하였다.

세계의 보험시장은 20세기 중반 이후로 새로운 보험수요에 부응하며 착실히 성장하였다. 미국을 비롯하여 영국은 오래 동안 보험의 국제시장으로서의 역할을 해오고 있다.

20세기를 전후하여 급속히 발전하는 과학·기술과 경제적, 사회적 환경의 변화는 새로운 보험제도에 대한 필요성을 증가시켰다. 이에 따라 현대사회의 모든 활동영역에 있어서 보험은 가장 필수적 제도의 하나나로 인식되고 되었으며 경제·사회의 발전과 더불어 계속 성장, 발전해 나갈 것으로 기대된다.

5. 한국 보험의 발달

우리나라에서 보험은 1870년대 이후 조선이 대외적으로 문호를 개방하여 선진국들의 기업이 국내에 진출하면서 거래되기 시작하였다. 교역활동이 증가됨에 따라 보험의 수요는 점증하였으나 국내에는 보험회사가 존재하지 않았기 때문에 외국보험회사의 대리점이 설립되어 보험거래가 이루어지기 시작했다. 초기에는 영국 보험회사의 대리점이 주축을 이루었으며 일본의 여러 보험회사의 대리점도 진출하였다.

영국 보험회사의 대리점은 1900년경에 우리나라에 진출하였다. 1900년경에 영국 보험회사의 대리점으로서 Commercial Union Assurance, Imperial Fire Insurance, Low Union and Rock Insurance, Royal Exchange Assurance 등 4개의 보험회사가 영업을 시작하였고, 독일 보험회사의 대리점도 있었다. 일본의 동경해상보험은 1880년에 처음으로 부산에 대리점을 설치하였다. 그 후 1890년대에 일본화재, 메이지화재가 부산과 인천에 각각 대리점을 설치하였고, 제국생명은 처음으로 생명보험 대리점을 부산에 설치하였으며 그 후 여러 생명보험대리점이 각 지방에 설치되었다. 일본의 식민통치 아래에 있었던 시기를 전후하여 우리나라는 신설되는 많은 일본 보험회사의 시장이 되었다. 1910년 한일합병 이후 일본 보험회사의 활동은 더욱 두드러졌으며 1914년에 경성생명보험동업회가 조직되었다.

제1차 세계대전 이후 우리나라에서 모든 산업이 성장할 수 있는 여건이 조성됨에 따라 국내에 보험회사를 설립하게 되었다. 1921년에 조선생명보험주식회사가 설립되었고 그 다음 해에 조선화재해상보험주식회사가 발족하였다. 조선생명은 우리나라 사람들이 대주주가 되었으며 오랫동안 영업을 하다가 6.25 동란으로 영업을 중지하였고 1955년 한국생명보험주식회사로 상호를 변경하고 재기하려고 했으나 성공하지 못했다. 조선화재해상은 조선은행, 조선식산은행 등이 대주주가 되어 설립된 회사였다. 따라서 이 회사는 일본계보험회사로서 8.15 해방까지 영업을 계속하다가 미군정하의 귀속재산이 된 후 상호를 동양화재해상보험주식회사(메리츠화재)로 개칭하여 지금까지 사업을 계속하고 있다.

식민통치 아래서 재산보험시장은 화재보험이 중심이 되었고, 해상보험은 쌀을 주로 하는 적하보험의 비중이 컸다. 그 밖에 신용보험, 자동차보험, 도난보험, 삼림보험 등이 있었으나 규모는 매우 작았다. 생명보험은 개인보험이 주가 되었으며 조선생명의 영업규모는 크지 못했다. 1929년에 조선총독부 체신국이 주관한 간이생명보험이 생겼다. 1930년대 국내에 지점 또는 대리점을 설치한 생명보험 회사는 19개사, 재산・책임보험회사는 16개사였다.

1945년 독립과 함께 조선화재를 비롯하여 일본보험회사의 국내지점들은 군정청의 관리를 받게 되었다. 한편, 국내의 화재해상보험회사들이 1946년부터 설립되기 시작하였다. 그 당시에 설립된 회사 가운데 많은 회사들이 현재까지 존속하고 있다. 생명보험회사도 조선생명 이외에 새로운 회사들이 1946년부터 설립되기 시작했다.

6.25 동란을 거치며 그 이후 상당한 기간 동안 보험사업은 침체 또는 휴업상태에 있었고 화재보험만 취급하던 국내회사들이 해상보험의 인가를 받고 또한 해상보험을 위한 신규회사들이 1950년대에 설립되었다. 생명보험 분야는 1950년 대 중반부터 서서히 사업을 재기하였으며 여러 개의 신규회사들이 계속하여 설립되었다. 그러나 사업의 규모는 아직 미미한 상태였다.

1960년대에 진입하여 보험사업은 성장의 기틀을 마련하기 시작하였다. 5.16 혁명 이후 1962년에 보험업법이 제정되고 경제개발을 위한 자원동원의 수단으로 생명보험산업을 육성하도록 하였으며, 재산・책임보험의 분야에서도 산업의 구조를 정비하기 시작하였다. 국영 대한손해재보험회사가 1963년에 원수보험사의 반대에도 불구하고 설립되어 해외재보험을 독점하였다. 이 회사는 1978년에 완전히 민영화되었다. 자동차보험은 한국자동차보험공영화가 발족하였고 1963년에 자동차 손해배상보험법이 제정되어 성장의 기틀을 마련하였다. 전업회사로서는 대한보증보험주식회사가 1969년에 설립되어 현재까지 보증보험을 독점판매하고 있다. 이 밖에도 재산·책임보험 분야에서 경제발전과 무역의 증대에 따라 다양한 보험상품들이 개발되었다.

우리나라의 보험산업은 1960년 대 이후 세계에서 유래를 찾아 볼 수 없을 정도로 급속한 양적 성장을 하였다. 이러한 양적 성장은 경제성장과 더불어 정부의 육성정책에 많은 힘을 얻었으며 보험산업의 경영노력도 주요한 요인의 하나다. 우리나라의 보험역사는 비교적 짧으나 비교적 빠른 성정을 하였으며 앞으로도 양적 질적 성장이 크게 기대되고 있다.

제4장 보험의 분류 및 보험의 유사제도

1. 보험의 분류

1) 편의적 분류

(1) 손해보험과 인보험

손해보험과 인보험은 우리나라 상법, 프랑스 보험법 등에서 채용하여 분류하는 방법으로, 손해보험(non-life insurance)은 보험사고로 인하여 생길 피보험자의 재산상의 손해를 보상할 것을 목적으로 하는 보험이고, 인보험(personal insurance)은 사람의 생명 또는 신체에 관하여 보험사고가 생길 경우에 보험계약이 정하는 바에 따라 보험금액이나 기타의 급여를 행하는 보험이다.

(2) 장기보험과 손해보험

영국의 보험회사법은, 보험사업을 long term business와 general business로 분류하고 있다. 생명보험은 전자에 속하고 그 외의 보험이 후자에 속하며 대부분 손해보험에 해당된다.

(3) 생명보험, 화재・해상보험, 재해보험

미국의 여러 주의 법률에서는 생명보험, 화재・해상보험 이외의 모든 보험을 재해보험이라고 한다. 따라서 자동차보험, 상해보험, 도난보험 등은 모두 재해보험에 속한다.

(4) 생명보험, 손해보험, 상해보험

독일의 보험계약법에 의한 분류 방법이다.

2) 이론적 분류

(1) 물보험(재산보험)과 인보험

보험사고가 발생하는 객체 혹은 보험보호의 대상이 물건(재산)인가 사람인가에 따른 분류이다. 화재보험, 도난보험, 자동차차량보험 혹은 선박과 적하에 관한 해상보험, 운송보험 등은 물보험(property insurance)에 속하고, 생명보험과 상해보험은 인보험(personal insurance)에 속한다. 그리고 책임보험과 비용보험 등은 물보험이나 인보험의 어느 것에도 속하지 않기 때문에 물보험 대신에 이들 보험을 포괄하는 재산보험을 인보험에 대립시켜서 분류하는 경우도 있다. 또한 이와 같이 넓은 의미의 재산보험 중에서도 물보험과 그 외의 재산보험에서는 분손의 유무 등의 차이가 있기 때문에 물보험 이외의 재산보험을 협의의 재산보험으로 하고, 물보험, 재산보험 및 인보험의 세 가지로 분류하는 방법도 있다.

(2) 임의보험과 강제보험

임의보험과 강제보험은 보험가입(보험계약의 체결 또는 보험관계의 성립)이 법률에 따라 강제되는가 아닌가에 의한 분류이다. 공보험중의 사회보험은 그 대부분이 강제보험이지만 산업보험은 원칙적으로 임의보험이고, 또 사보험분야에서는 자동차손해배상책임보험이 강제보험인 것 외에는 모두 임의보험이다.

강제보험으로는 산업재해보상보험, 원자력손해배상책임보험, 자동차손해배상책임보험, 신체손해배상특약부화재보험, 창고화재보험, 도시·고압가스사업자의 손해배상책임보험, 국제여행주선업자의 여행자배상책임보험, 항공보험 등이 있으며, 그 밖에 국민건강보험법, 군인보험법과 선원보험법에서 당연적용피보험자, 적용대상자 또는 피보험자는 당연히 보험가입자로 하여 보험가입을 강제하고 있다.

또한 특정한 종류의 영업에 대해서는 일반 화재보험과 배상책임보험의 부보가 인허가의 요건으로 되어 있는 경우도 있다.

(3) 공보험과 사보험

공보험과 사보험은 국가경제적 입장에서 국가의 정책수행을 위해 운용되는 보험인가 사적인 개별경제적 입장에서 운용되는 보험인가를 기준으로 하는 분류이다. 이러한 공보험(public insurance)과 사보험(private insurance)의 분류는 사업주체가 국가・지방공공단체 등의 공법인가 사영기업 등의 사법인가를 기준으로 하여 분류하는 공영보험, 민영보험의 분류와는 이론적으로 다르다. 그러나 실제로는 생명보험이 사보험이면서 동시에 국가기관에서 의하여 운용되는 공영보험인 경우 등의 예외를 제외하고는 일반적으로 공보험은 공영보험이고, 사보험은 민영보험이다.

공보험은 기술한 바와 같이 국가의 정책수행을 위해 운용되는 보험으로서 국가가 직접 관장하는 경우가 많지만 지방공공단체나 특수 공법인이 경영하는 경우도 흔히 있으며, 더욱이 사법인에게 운용을 위탁시키고 국가가 그 경비를 부담하거나 또는 재보험으로 인수하는 방식을 취하는 경우도 있다. 그리고 공보험의 보험계약관계는 행정법상의 법률관계인 경우가 많지만 민법상의 계약관계인 경우도 적지 않다. 결국 직접적 또는 간접적으로 국가재정에 의한 원조가 예정되어 있다.

공보험에는 사회보험과 산업보험이 있고, 특히 사회보험의 분야에서는 보험가입이 강제되는 경우가 많다.

사보험은 사적인 개별 경제적 입장에서 운용되는 보험으로서 보험업법에 따라 보험회사에 의해 시행되는 각종 손해보험, 생명보험 또는 상해보험이 포함된다. 이들 사보험은 국가재정에 의한 보조가 없으며 또 가입도 강제되지 않는 것이 원칙이지만, 오늘날 보험의 발전과 더불어 공보험은 반드시 국가나 공공기관에 의하여 운용되고 사보험은 개인만이 운용할 수 있는 것은 아니다. 예를 들면 자동차손해보상보장법에 따르는 자동차손해배상책임보험은 보험회사에 의하여 운용되고 있으나 가입이 강제되어 있기 때문에 공보험적 성격을 동시에 지니고 있다. 또 우체국보험은 임의보험으로서 일종의 사보험에 속하나 국가가 운용하고 있다는 점에서 어느 정도는 공보험적 색채가 인정된다. 이러한 결과는 보험이 하나의 위험단체를 전제로 위험을 효율적으로 분산시키고, 공동의 힘으로 위험에 대비하기 위하여 이용되는 경제제도로서 사회보험, 산업보험 그리고 사보험이 경제적 실체를 같이 할 뿐 아니라 그 법률적 성질도 크게 다르지 않다는 데 기인한다.

(4) 가계보험과 기업보험

사보험 중에서 다시 일반 가계가 이용하는 보험인가 기업이 이용하는 보험인가에 따라서 가계보험(home insurance)과 기업보험(business insurance)으로 분류된다.

가계보험인가 기업보험인가는 반드시 엄격하게 구별할 수 없는 경우도 많다. 가계보험의 주요 종류로는 화재보험, 주택종합보험, 개인용자동차보험, 개인의 생명보험・상해보험 등을 들 수 있다.

기업보험으로는 해상보험, 운송보험, 항공보험, 건설공사보험, 기계보험, 조립보험, 원자력보험, 산업재해보상책임보험, 선객상해배상책임보험, 신용보험, 점포종합보험, 선주책임보험, 기업연금보험, 키맨보험(keyman insurance) 등을 들 수 있다.

가계보험과 기업보험을 반드시 엄격하게 구별할 수 있는 것은 아니지만, 적어도 전형적인 가계보험에 있어서는 보험계약자를 보호해야 할 필요성이 크며, 입법과 약관의 설정에 있어서 이점이 배려되어야 한다는 데 이 분류의 의의가 있다. 즉, 가계보험에 있어서는 사적 자치의 원칙이 그대로 적용되지 않고 보험계약자 등의 이익보호를 위한 배려가 요구되고 있다.

(5) 공영보험과 민영보험

공영보험과 민영보험은 보험사업의 주체가 국가나 지방공공단체 등의 공법인인가 사법인인가에 따른 분류이다.

공영보험으로는 공보험의 대부분이 이에 속하고, 사보험이지만 국가가 운용하는 우체국보험은 공영보험에 속한다. 또 민영보험(private enterprise insurance)에 속하는 것으로서는 사보험을 들 수 있다.

(6) 손해보험과 정액보험

보험급부의 내용이 손해의 보상인가 약정금액의 급부인가에 의하여 손해보험(insurance against loss or damage)과 정액보험(insurance of fixed sums)으로 분류할 수 있다. 손해보험은 보험사고로 인하여 피보험자가 입은 재산상의 손해액에 따라서 보험자가 보험금을 지급하는 보험이고, 정액보험은 보험사고가 발생한 때에 계약에서 정한 보험금액을 지급하는 보험이다. 생명보험은 정액보험에 속하고, 가령 손해보험 가운데서도 보증보험의 경우 정액보상을 하기로 정하는 보험이 있다. 또 정액보험이라고 해도 신체장해의 정도에 따라서 사전에 정해진 일정 비율을 보험금액에 곱하여 지급보험금을 정하는 상해보험과 같은 이른바 계층적 정액보험도 있다.

또한 이 두 가지 보험 중 손해보험에 대하여는 다시 물건이나 채권에 대한 보험과 같은 적극적 재산의 상실에 대처하는 적극보험과 책임보험이나 비용보험과 같이 채무나 비용의 부담에 대처하는 소극보험으로 구분하는 경우도 있다. 이렇게 구분하는 경우의 이점은 전자에 있어서는 보험가액이 인정되기 때문에 일부보험, 초과보험 등의 문제가 생기는 것에 대하여 후자의 경우는 원칙적으로 보험가액이 인정되지 않는다는 점에 있다.

또 정액보험에 있어서도 그 보험급부의 방법에 따라 보험금을 일시에 지급하는 자금보험과 이것을 매년 지급하는 연금보험으로 구분하는 외에 또 순수정액보험과 계층적 정액보험으로 구별하기도 한다.

(7) 원보험과 재보험

보험은 위험의 분산의 기능을 하고 있다. 따라서 한 보험자가 인수한 위험에 대하여 그 보험사고가 생긴 경우에 보험가입자에게 발생하는 보험금지급책임의 일부 또는 전부를 다른 보험자에게 전가시킬 수 있다. 이 경우 전자를 원보험(direct insurance, original insurance)이라 하고 후자를 재보험(reinsurance)이라 한다.

재보험은 보험자 간의 협정에 의하여 국내외적으로 이루어지고 있는데, 보험자가 자기가 인수한 위험을 다른 보험자에게 인수시키는 것을 출재보험이라 하고, 반대로 인수하는 것을 수재보험이라 한다. 재보험은 보험금지급, 책임의 부담이라는 손해를 보상하는 보험이기 때문에 책임보험이며 따라서 손해보험에 속한다.

3) 제도상 분류

(1) 우리나라 상법에서의 분류

우리나라 상법 제2편 상행위에서 기본적 상행위로서 보험을 명시하고 있다.[1] 상법 제4편은 보험으로 손해보험(제2장)과 인보험(제3장)으로 분류하고 있다. 손해보험은 보험사고로 인하여 생길 피보험자의 재산상의 손해를 보상할 것을 목적으로 하는 보험이다(상법 제665조). 인보험은 사람의 생명 또는 신체에 관하여 보험사고가 생길 경우에 보험계약이 정하는 바에 따라 보험금액 기타의 급여를 하기로 하는 보험이다(상법 제727조). 인보험 가운데도 생명보험을 제외하고 상해보험, 질병보험 등에서는 보험사고로 피보험자가 지출한 치료비 또는 휴업보상비 등을 지급하는 것은 손해보험의 성질을 갖고 있어, 보험을 손해보험과 인보험으로 뚜렷하게 구분하기는 힘들지만 우리나라 상법은 손해보험과 인보험으로 구분하고 있다.

표 4-1 / 우리나라 상법상 보험의 분류

구 분	종 류
손해보험	화재보험 · 운송보험 · 해상보험 · 책임보험 · 자동차보험
인보험	생명보험 · 상해보험

손해보험과 인보험은 그 내용상에 차이점이 있으며, 〈표 4-2〉의 내용과 같이 손해보험과 인보험의 차이점을 요약하여 볼 수 있다.

1) 상법 제46조(기본적 상행위) 제17호(보험)

표 4-2 / 손해보험과 인보험의 주요 차이점

구 분	손해보험	인보험
상법상의 구분	화재 · 운송 · 해상 · 책임 · 자동차 보험	생명 · 상해보험
보험계약의 당사자	보험자 · 보험계약자 · 피보험자	보험자 · 보험계약자 · 피보험자 · 보험수익자
보험의 목적	경제상의 재화	자연인의 생명 또는 신체
보험사고의 특징	우연한 사고이며 발생되지 않을 수도 있음	사망 · 상해 · 만기 등이며, 사망사고는 반드시 발생함
피보험이익 개념 도입여부	필요	불필요
보험가액	유	무
보험금액의 특징	실제 손해액	정액
보험기간	주로 단기	주로 장기
보험자 대위	대위권 인정	대위권 불인정

(2) 우리나라 보험업법에서의 분류

우리나라 보험업법에서 "'보험상품'이란 위험보장을 목적으로 우연한 사건 발생에 관하여 금전 및 그 밖의 급여를 지급할 것을 약정하고 대가를 수수하는 계약이다."라고 정의하고 있다. 보험업법에서는 보험상품을 크게 3가지 형태로 분류하고 있다.2)

① **생명보험상품**

위험보장을 목적으로 사람의 생존 또는 사망에 관하여 약정한 금전 및 그 밖의 급여를 지급할 것을 약속하고 대가를 수수하는 계약으로서 생명보험계약과 연금보험계약(퇴직보험계약)을 말한다.

② **손해보험상품**

위험보장을 목적으로 우연한 사건(질병 · 상해 및 간병은 제외)으로 발생하는 손해(계약상 채무불이행 또는 법령상 의무불이행으로 발생하는 손해를 포함한다)에 관하여 금전 및 그 밖의 급여를 지급할 것을 약속하고 대가를 수수하는 계약이다.

2) 우리나라 보험업법(법률 제10394호.2010.7.23.일부개정) 제2조(정의) 및 보험업법 시행령(대통령령 제22637호. 2011.1.24. 일부개정) 제1조의2(보험상품) 참조

손해보험상품으로 화재·해상·자동차·보증·재보험·책임·기술·권리·도난·유리·동물·원자력·비용·날씨보험 등이 있다.

③ **제3보험상품**

위험보장을 목적으로 사람의 질병·상해 또는 이에 따른 간병에 관하여 금전 및 그 밖의 급여를 지급할 것을 약속하고 대가를 수수하는 계약으로서 상해보험, 질병보험, 간병보험이 있다.

(3) 공보험·사보험에 기준한 분류

① **공보험**(公保險)

국가 그 밖의 공공단체가 사회정책 또는 경제정책의 실현수단으로서 영위하는 보험이 공보험이다. 이 공보험은 다시 사회보험과 경제정책보험으로 나누어 볼 수 있다. 사회보험은 사회정책적인 입장에서 실시하고 있는 보험으로서 우리나라에서는 산업재해보상보험, 건강보험, 고용보험 등이 대표적인 사회보험이다. 경제정책보험은 산업의 보호·육성을 목적으로 경제정책적인 입장에서 실시되는 보험으로서 수출보험이 여기에 해당된다. 무역보험에서 운송중의 위험을 담보하는 해상적하보험과 더불어 결제상의 위험을 담보하는 수출보험이 대표적인 무역보험이다.

② **사보험**(私保險)

사보험은 공공보험(국영보험)이 아니고 기업의 사경제적인 입장에서 영위하는 보험으로서 영리보험과 상호보험으로 구별된다. 우리나라에서는 대부분이 주식회사로서 영리보험의 형태를 취하고 있다. 그러나 일본의 경우에 있어서는 생명보험사의 경우 상호보험회사가 중요한 지위를 차지하고 있으며, 대형보험사는 대부분 상호보험사이다.

표 4-3 / 공보험과 사보험의 요약

대분류	중분류	소분류	비 고
공보험(公保險)	사회보험	고용보험	사회정책적 보험
		건강보험	
		국민연금	
		산업재해보상보험	
		장기요양보험	
	공영보험	수출보험	경제정책적 보험
		우체국보험	
	공제사업	농협공제	유사(類似)보험
		수협공제	
		화물자동차 공제 등	
사보험(私保險)	손해보험	화재보험	물건보험 · 책임보험의 구분
		해상보험(항공 · 운송보험)	
		자동차보험	
		보증보험	
		재보험	
		책임보험	
		기술보험	
		권리보험	
		도난보험	
		유리보험	
		동물보험	
		원자력보험	
		비용보험	
		날씨보험	
	인보험(人保險)	생명보험	
		연금보험	
	제3보험상품	상해보험	
		질병보험	
		간병보험	

(4) 위험소재 기준에 의한 분류

① 해상보험

해상보험은 해상사고에 관한 사고로 선박 또는 적하 등에 생긴 손해를 보상하기로 하는 보험이다(상법 제693조). 해상보험은 선박과 적하에 대한 해상위험에 대비하는 보험이나, 오늘날에는 수송약관(창고간약관 포함)[3] 또는 운송약관[4]

에 의하여 화물운송을 시작하는 곳에서부터 수하인에게 인도되기까지의 내륙에서까지의 위험을 담보하기도 한다.

② 육상보험

육상에서의 사고에 대비하기 위한 보험으로서 해상보험이나 항공보험에 속하지 아니하는 보험으로서 화재보험, 운송보험, 자동차보험 등이 이에 속한다.

③ 항공보험

항공기의 운항 또는 항공(航空)과 관련한 사고로 인하여 생기는 손해(직접적 재산손해를 보상하는 것과 타인에 대한 손해배상책임으로 인한 손해를 보상하는 것)의 보상을 목적으로 하는 보험의 총칭이다. 즉, 항공기 기체와 항공화물, 항공기 탑승승객에 관한 사고로 인한 손해를 보상하기로 하는 보험이다. 기체보험, 항공화물운송보험, 여객·승무원상해보험, 항공배상책임보험 등이 항공보험의 범주에 속한다. 우리나라 상법 보험편은 항공보험에 관하여 별도의 규정을 두고 있지 않다.

(5) 보험가입단위별 분류

① 기업보험

기업보험은 기업인이 기업을 경영하는데 수반되는 위험에 대비하기 위하여 이용하는 보험으로서 해상보험, 항공보험, 재보험 등이 이에 속한다. 기업보험(insurance of industrial risks)은 보험자와 보험계약자가 다 같이 기업형태로서 서로 대등한 보험관련 지식과 경제력을 가지고 있으므로 어느 정도 계약당사자 사이의 사적 자치의 원칙을 인정할 필요가 있으며, 실제적으로는 사적 자치의 원칙에 입각하고 있다(상법 제663조 단서조항 참조).

---

3) 구협회적하약관 제1조로서, 이 보험은 화물이 보험증권에 기재된 지역에서의 창고 또는 장치장에서 수송개시를 위하여 떠날 때부터 담보가 개시되고 통상의 수송과정중에 계속되며,.......

4) 신협회적하약관 8 8.1로서, 이 보험은 화물이 운송개시를 위하여 이 보험증권에 기재된 지역의 창고 또는 보관장소를 떠날 때에 개시되고 통상의 운송과정중에 계속되며,......

② 가계보험

가계보험은 가계의 안정을 위하여 이용하는 보험으로서 생명보험, 상해보험, 주택의 화재보험 등이 이에 속한다. 가계보험의 보험계약과 관련하여서는 사적 자치의 원칙이 그대로 적용되지 아니하고 보험계약자 등의 이익보호를 위한 법적 배려가 요구되고 있다(상법 제663조 참조).

③ 개별보험 · 집합보험 · 단체보험

개개의 물건 또는 사람을 보험의 목적으로 하는 것을 개별보험이라 하고, 다수의 물건 또는 사람을 하나의 집단으로 하여 보험의 목적으로 하는 것을 집합보험이라 한다. 또한 특정한 직장에 다니는 종업원들이 하나의 단체로 보험에 가입하는 경우와 같이 사람의 단체에 관한 보험을 단체보험이라고 한다.

(6) 위험인수에 따른 보험자기준 분류

① 원보험 또는 원수보험(原保險, 元受保險, direct insurance)

보험은 위험의 분산을 그 기능으로 하고 있다. 최초의 한 보험자가 인수한 위험을 가지고 그 보험사고가 발생한 경우에 보험계약자(인보험의 경우는 보험수익자, 손해보험의 경우는 피보험자)에게 지급하여야 할 보험금 지급책임의 일부 또는 전부를 다른 보험자에게 전가시킬 수 있다(상법 제661조). 이 경우 최초의 보험자가 인수한 보험을 원보험(原保險) 또는 원수보험(元受保險)이라 하고 보험자가 다른 보험자와 체결한 보험을 재보험이라 한다. 이러한 재보험은 보험자 사이의 협약에 의하여 국내외적으로 이루어지고 있다.

② 재보험(再保險, reinsurance)

보험의 보험이라고도 할 수 있는 것으로 최초의 보험계약자로부터 보험을 직접 인수한 원수보험자 또는 원보험자가 원보험계약상의 책임의 일부나 전부를 다른 보험자, 즉 재보험자에게 인수시킨 보험이다.

③ 재재보험(再再保險, Re-insurance)

재보험을 인수한 재보험자가 그 보험계약상의 책임의 일부나 전부를 또다시 다른 보험자에게 인수시킨 것이 재재보험이다.

(7) 보험가입의 강제성 여부에 따른 분류

① **임의보험**(任意保險, voluntary insurance)

임의보험은 보험계약체결의 여부가 계약당사자의 자유의사에 맡겨져 있는 보험이다. 사보험에 있어서 영리보험은 대부분 임의보험이다.

② **강제보험**(强制保險, compulsory insurance)

강제보험은 법률상 보험계약자의 보험가입이 강제되고 보험자도 특별한 사유가 없는 한 그 계약체결을 거절할 수 없는 보험이다. 사회보험은 강제보험에 속한다. 사영보험에 있어서도 보험강제가 이루어지는 것이 있다.

(8) 보험기간(책임기간 · 위험기간)별 분류

① **단기보험**

보험기간이 짧은 것으로, 손해보험에서 판매하는 보험상품은 주로 단기보험의 형태이다.

② **중기보험**

인보험에서 주로 생명보험과 관련한 보험이다(생 · 사혼합보험의 형태).

③ **장기보험**

보험기간이 대단히 긴 보험으로서, 인보험 또는 손해보험분야에서 판매하는 상품 중 연금보험은 장기보험에 속한다.

(9) 보험금지급기준별 분류

① **지급기준**

실손보험(실제로 발생된 손해를 기준, 손해보험의 물적 보험이 여기에 해당된다.) · 정액보험(약정된 보험금액, 주로 인보험에 해당된다.)

② **지급시기기준**

일시지급보험 · 분할지급보험 · 연금보험

2. 보험의 유사제도

1) 저 축

사람은 경제생활의 안정을 위하여 수입의 일부를 적립하는 방법으로 저축을 하는 경우가 많다. 그러나 저축은 반드시 우연한 사고에 대비하기 위한 것이 아니며, 또 다수의 경제주체와의 단체적 결합관계를 통하여 행해지는 것이 아니라 각자가 단독으로 재산을 축적하여 가는 것이다. 따라서 저축의 경우에는 그 저축금의 사용・처분을 개인이 자유롭게 할 수 있다. 보험 가운데 가령 생명보험의 경우 저축적인 요소도 있으나, 이것은 생존 또는 사망이라는 우연한 사고를 대상으로 하고 있고, 보험단체를 전제로 하고 있다는 점에서 순수한 저축과는 다르다.

2) 도 박

도박 또는 복권은 우연한 사건의 발생에 의하여 당사자 사이의 급부반대급부의 관계가 생겨난다는 점에서 보험과 비슷한 점이 있다. 특히 복권의 경우에는 다수인이 낸 금전을 소수인에게 분배하기 위하여 통계적인 계산에 기초를 두고 있다는 점에서 대수의 법칙을 이용하는 보험과 비슷한 점이 있다. 그러나 보험은 위험단체를 통하여 위험을 분산시켜 우연한 사고의 발생에 따른 경제생활의 불안정에 대비하기 위한 것이고, 도박이나 복권은 요행을 기대하여 부의 축적을 목적으로 위험을 새롭게 창조한다는 점에서 양자는 구별된다. 또 한 가지 다른 점은 도박이나 복권을 통해서는 이득을 볼 수 있지만 보험을 통해서는 이득을 볼 수 없다는 점이다.

3) 자가보험

자가보험(self-insurance)은 가령 한 사람이 일정한 형태의 수많은 시설을 이용하고 있는 경우에 그 시설에 생기는 손해를 보상하기 위하여 그 설비의 이용으로부터 생기는 이익의 일부를 합리적인 계산에 의하여 적립하는 것이다. 구자동차손해배상보장법은 일정 수 이상의 자동차를 가진 정부관리기업체가 건설교통부장관으로부터 자동차손해배상자가 보장의 허가를 받은 자동차의 운행으로 타인의 생명 또는 신체를 사상하게 한 경우의 손해배상책임에 관하여 이른바 자가보장을 하도록 한 적이 있었는데, 이것을 일종의 자가보험이라 할 수 있다.

그러나 보험이 성립하기 위해서는 위험의 전가(transfer of risk)와 위험의 분산(spread of risk)이 있어야 하는데, 만일 위의 기업체가 수만 대의 차량을 가지고 있다면 위험의 분산은 존재하나 타경제주체로의 위험의 전가가 없기 때문에 자가보험은 보험과는 구별된다.

4) 보 증

보증이란 제3자가 채권자에 대하여 주채무자의 채무이행을 담보하는 일종의 채권담보제도이다. 대표적인 것으로 보증인이 채권자에 대하여 주채무자가 이행하지 아니하는 채무를 이행할 의무를 지는 보증채무를 들 수 있다. 그리고 보증인이 피보증인인 피용자의 행위로 사용자가 입을 수 있는 손해를 배상하기로 하는 신원보증도 보증에 속한다. 그 밖에도 상품매매에 있어서 일정한 기간 동안 품질에 대한 보증을 하는 품질보증도 있는데, 이것은 매도인의 하자담보책임에 속하는 것이다.

이러한 민법상의 보증은 보증인과 피보증인 사이의 개별적인 관계에서 이루어지고, 품질보증은 상품의 매매에 부수해서 생겨나는 것으로서 종속적인 것이며, 또한 보증은 일반적으로 무상으로 제공되는 점에서 하나의 위험단체를 전제로 위험분산을 꾀하고 있는 독립적인 보험과는 구별된다.

※ 보험과 보증보험의 차이

보 험	보증보험	비고
우연한 사고발생을 전제	채무불이행의 불발생을 전제	
사고발생의 개연성에 기인하여 위험부담의 대가로 보험료 징수	취급수수료의 성격(보증료)	
우연성, 불확실성	사고발생가능시 인수거절	
손해의 보상을 목적	주채무자의 채무변제	
제3자에 대한 대위권(代位權)	구상권(변제액회수)	

5) 공 제

공제는 보험의 유사제도 중 보험에 가장 근접하는 제도이다. 같은 직장, 직업 또는 지역에 속하는 사람들이 조합을 만들어 조합원 또는 그 가족 등의 길흉사가 있을 때 공제금을 지급하는 등 상호구제를 목적으로 하고 있다. 이러한 공제제도는 다수의 조합원이 단체를 구성하고 우연한 사고를 당한 조합원에게 공제금을 지급하는 점에서 보험과 비슷하나, 공제는 일정한 직장, 직업 또는 지역적으로 한정하여 그에 가입할 수 있도록 한다는 점에서 보험과 다르다. 그러나 오늘날 농업협동조합, 수산업협동조합 등에서 공제의 이름으로 운용되는 생명공제, 화재공제, 어선공제, 가축공제, 자동차공제 등은 일종의 보험이라 할 수 있고, 이를 유사보험(quasi-insurance) 또는 조합보험(cooperative insurance)이라 부를 수 있다.

제5장 보험의 기본원리

1. 보험료

우발적인 경제적 필요를 충족시키는데 필요한 비용, 즉 보험의 원가를 개개의 보험계약에 할당한 것을 보험료(premium)라고 한다.

보험요율(premium rate)과 보험료(premium)라는 용어는 서로 다른 의미를 가지지만 가끔 혼용되기도 한다. 보험료를 보험금액에 대한 백분율로 표시한 것이 보험요율이다.

보험요율산정은 보험회사의 가장 중요한 업무 중 하나이다. 만약 요율이 너무 낮으면 보험회사는 인수손실을 보게 되며 지급불능 상태를 초래할 수도 있다. 반면에 요율이 너무 높으면 보험회사는 더 낮은 요율을 제시하는 다른 회사에게 계약을 빼앗기게 될 수 있다.

1) 보험요율산정의 목적

보험요율산정의 가장 큰 목적은 적절한 가격체계를 창출하는 데 있다. 적절한 가격체계란 보험료가 보험금 지급과 회사의 사업비를 충당할 수 있으며 또 적정한 이윤을 산출하는 데 충분한 정도의 가격체계를 말한다. 이윤이 높을수록 경쟁력은 약화되므로 이윤은 적정선에서 책정되어야 한다. 보험요율산정의 목적은 크게 사업적 성격을 띤 것과 정부 규제적 성질을 띤 것으로 나누어 볼 수 있다.

(1) 사업상 목적

보험회사는 보험요율을 결정할 때 사업상 목적을 위해 다음과 같은 점을 고려하여야 한다. 그러나 이러한 요건들은 서로 상충될 수도 있다. 예를 들어 안정된 요율은 변화에 적절히 반응하지 못할 수도 있다. 따라서 모든 요율산정제도는 절충적이 될 수밖에 없는데, 경우에 따라서는 한 요건을 중요하게 여겨 다른 한 요건을 충분히 고려하지 못할 수도 있다.

① 안정성

보험요율은 상당기간 안정적이어야 한다. 만약 요율이 자주 바뀌게 되면 보험가입자들에게 혼란을 가져다 줄 수 있으므로 요율은 상당기간 안정적일 필요가 있다.

② 탄력성

요율의 탄력성은 요율산정의 기본 목적인 경쟁력을 잃지 않는 적정선에서 요율이 정해져야 한다는 점을 고려할 때 필수적이다. 그러한 기본 목적에 부합되기 위해서 요율은 손해가 증가했을 때 증가되어야 하며 반대로 손해가 감소했을 때는 감소되어야 한다. 만약 물가상승으로 인해 배상책임 청구액이 증가한다면 해당 증가액을 충당하기 위해 보험요율은 인상되어야 한다. 또한 도시가 발달됨에 따라 교통량 및 교통사고가 증가되므로 그러한 증가된 손해를 담보할 수 있도록 자동차보험요율도 인상되어야 한다는 것이다.

③ 손실통제 촉진

요율체계는 보험계약자들로 하여금 손실방지에 적극적으로 참여할 수 있도록 만들어져야 한다. 손실통제는 보험업계에는 물론 사회적으로도 중요한 의미를 가진다. 손실통제에는 손해발생 빈도의 감소와 손해액의 경감을 시도하는 모든 활동이 포함된다. 보험은 사고를 당한 개인의 부담을 감소시켜 주지만 사회 전체에 그 부담을 전가시키는데 비해, 손실통제는 사회 전체의 부담을 감소시킨다. 손실통제는 보험자에게도 중요한데, 손해를 방지함으로써 요율이 적정한 선에서 유지되며 수익도 보장되기 때문이다. 따라서 요율체계는 손실통제를 권장하도록 설계되어야 한다.

④ **단순성**

요율체계는 간단해야 한다. 요율체계의 단순성은 모집인들이 고객에게 요율을 제시할 때 생길 수 있는 혼란과 경비를 최소화하기 위해 필요하다. 이는 특히 개인보험에서 중요시되는데, 그 이유는 개인보험의 경우 비교적 보험료가 저렴하므로 보험료 견적을 내는데 시간과 경비가 많이 필요하다면 보험회사의 입장에서 수지타산이 맞지 않기 때문이다. 또한 요율체계가 간단하면 보험구매자들은 자신의 보험료가 어떻게 결정되었는지 알 수 있고 어떻게 하면 자신의 보험료를 절약할 수 있는지도 알 수 있다.

(2) 규제상의 목적

보험요율은 일반적으로 정부당국의 감독을 받는다. 따라서 규제상의 목적은 이러한 정부의 감독이나 규제에 부응하도록 요율이 결정되어야 한다는 것을 의미하며, 보험소비자를 보호하기 위한 것이다. 이러한 규제상의 목적에 부합하기 위해서 보험요율은 다음과 같은 요건을 만족시켜야 한다.

① **충분성**

요율이 충분해야 한다는 요구는 보험회사 간의 무책임한 요율경쟁을 방지하여 보험회사들이 지불불능 사태에 빠지지 않도록 하기 위하여 마련된 것이다. 그러나 요율이 충분하다 하여 지불불능 사태가 발생하지 않는다는 보장은 없다. 왜냐하면 보험회사의 경우에는 투자의 미숙 등 여러 재정적 파탄요인이 있기 때문이다. 그러나 불충분한 요율이 장기간 지속된다면 결국에는 지불불능의 사태가 발생하게 된다.

일반적으로 투자수익을 감안한 후 수입보험료가 예상보험금과 경비를 지급할 수 있으면 충분한 요율이라 인식되고 있다. 요율의 충분성은 지불불능을 방지하는 장치로서 뿐만 아니라, 대형 보험회사가 경쟁력이 약한 보험회사들을 쓰러뜨리기 위해 약탈이라 할 수 있을 만큼 낮은 가격을 적용하는 것을 방지하기 위한 것이기도 하다.

② **적정성**

적정성은 요율이 과도하지 않아야(not excessive) 한다는 요건인데, 보험구매자들이 지나치게 비싼 보험료를 부담하지 않도록 보호해주기 위한 것이다. 대개의 산업은 독점금지법에 따라 가격협정이 금지되어 있으나 보험회사들은 가격협정을 통해 요율을 정하는 것이 허용되어 있기 때문에 이 규정은 특히 중요성을 갖는다.

어떤 요율이 비록 고도의 이익을 내고 있다 할지라도 적절한 정도의 경쟁이 이루어지고 있으면 과도한 요율로 간주될 수 없다. 적절한 정도의 경쟁에 대한 정의는 법에 명시되어 있지 않으나, 적절한 경쟁이 존재하느냐 않느냐를 결정하는 요소는 해당 지역에서 보험을 판매하고 있는 회사의 수, 경쟁 보험회사들 간의 가격 다양성 정도, 보험회사들의 상대적 시장점유율 등이다. 단지 소수의 보험회사들만이 시장에서 활동하고 있거나 모든 보험회사들의 보험료가 같거나 또는 몇 개의 보험회사가 시장을 지배하고 있다면 적절한 경쟁이 존재한다고 볼 수 없다.

③ **공정성**

공정성의 요건은 보험요율이 지나치게 차별적이어서는 안 된다(not unduly discriminatory)는 것인데, 이는 위험의 정도가 같으면 동일요율이 부과되어야 한다는 뜻이다. 이 규정은 부당한 차별을 금지한다는 것을 의미한다. 차별이라는 용어가 불공정하다는 의미를 내포하고 있지만 공정한 차별은 가능하며 요율산정에도 반영되고 있다. 도시에 살고 있는 자동차 소유자들은 시골에 살고 있는 자동차 소유자들보다 더 높은 요율을 부담하고 있다. 그 이유는 경험상 도시의 운전자들에게 더 많은 사고가 발생하기 때문이다. 이러한 요율상의 차별은 공정한 차별에 속한다.

2) 보험요율의 규제

보험사업은 다수의 보험계약자로부터 보험료를 징수하여 관리하고, 보험계약에서 담보된 사고가 발생한 경우 보험금을 지급하는 제도이다. 보험사업이 적절하게 운영되고 있는가의 여부는 보험자뿐만 아니라 보험계약자에게도 매우 중요하다. 따라서 보험회사에 의한 보험사업 및 보험의 모집에 대하여 엄격한 감독이 행해지고 있고, 보험요율에 대한 규제도 이러한 감독의 일환이다. 보험계약 체결시점에서는 보험계약의 원가를 알 수 없고 보험기간이 종료하여 보험금이 모두 지급될 때까지는 원가를 모르기 때문에 보험요율의 산정을 보험회사의 자유에 일임하게 되면 보험계약의 인수를 증가시킬 목적으로 요율덤핑 경쟁이 발생할 수 있다.

일반기업에서 원가 이하로 상품을 판매하는 것은 특별한 경우를 제외하고는 있을 수 없지만 보험은 그 특수성 때문에 보험요율을 얼마든지 낮게 결정할 수 있다. 이러한 불건전한 과당경쟁에 빠진 경우에는 보험회사의 지불능력을 악화시켜 사고발생 시에 보험금을 지급할 수 없는 사태를 초래할 수 있다. 이렇게 보험회사의 과당경쟁에 의해 보험소비자에게 예측하지 못한 손실을 주는 일은 과거부터 실제로 발생하여 왔던 일이다. 적정한 보험요율을 산정하여 보험회사의 지급능력을 확보하는 것은 보험계약자의 이익보호뿐만 아니라 보험사의 생존과도 직결되는 문제이다.

따라서 보험요율에 대해 규제 및 감독이 행해질 필요가 있으며, 실제로 다른 선진국이나 우리나라에서도 정부에 의한 보험요율의 규제 또는 감독이 각각의 방법으로 시행되고 있다.

3) 급부반대급부균등의 원칙과 수지상등의 원칙

보험이 하나의 제도로서 계속적으로 운영되기 위해서는 고유의 기술개발과 활용이 필요하다. 그것은 보험료결정의 기초가 되는 보험료율의 산정기술, 우연사고나 불행한 사태발생 시 보험금지불에 충당할 수 있는 금전을 보유하기 위한 책임준비금 산정기술, 보험단체가 수지에 상응하여 성립할 수 있는 경영기술, 그리고 대수의 법칙을 바탕으로 확률계산을 효과적으로 활용할 수 있을 만큼 보험가입자수를 증가시켜 단체를 형성할 수 있는 기술 등 다양한 보험기술의 존재를 의미한다.

(1) 급부반대급부균등의 법칙

보험기술의 개발에 있어서 기초가 되는 보험의 원칙으로 필요불가결한 것이 급부반대급부균등의 원칙이다. 이것은 개개의 보험계약에서 각 가입자가 지불해야 할 보험료는 보험사고 발생 시에 수취하는 보험금의 수학적 기대치와 같아야 한다는 것을 나타내는 것으로 'Lexis의 원칙'이라고도 부르며, 다음의 등식으로 표시된다.

$$P = wZ$$

P : 순보험료 w : 확율 Z : 보험금액

보험계약자가 지불하는 보험료는 과대 또는 과소하지 않고 적정하여야 한다. 급부반대급부균등의 원칙은 개개의 보험계약자에 있어서 사고발생률(w)이 높거나 보험금액(Z)이 큰 경우에 보험료도 그에 비례하여 높아야 한다는 것이다. 이는 보험료 산출에 있어서 보험료의 공평 혹은 공정의 원칙을 설명하고 있다.

(2) 수지상등의 법칙

수지상등의 원칙(principle of equivalence)은 보험가입자 전체가 지불하는 보험료총액은 보험자가 지불하게 되는 보험금의 총액과 같아야 한다는 원칙이다. 동일한 위험을 모아 형성되는 보험단체에 있어서 필요한 보험금의 총액, 즉 보험자의 지출과 개개의 보험료의 총액, 즉 보험자의 수입이 과부족 없이 계산되어야 한다는 것이다. 이 같이 보험집단에 있어서 지급된 보험금 총액과 수입보험료 총액이 상등해야 한다는 것은 개별적으로는 우연이라도 전체적으로 필연이고, 개별적인 수지는 불균형이라도 집단의 전체수지는 균형을 유지하는 전체적인 수지상등의 원칙을 의미한다.

급부반대급부균등의 등식에서 사고의 확률 w를 전체의 확률 r/n(r은 보험금의 수급자수, n은 가입자수)로 변환한다면 다음과 같은 수지상등의 원칙의 식이 성립된다.

$$nP = rZ$$

즉, 보험사업의 수입보험료 총액 nP는 보험사고 발생에 따른 지불보험금 총액 rZ와 같아진다는 원칙이 성립된다.

4) 대수의 법칙

대수의 법칙(the law of large numbers)이란 어떤 독립적으로 발생하는 사상에 대하여 그 관찰대상을 늘리면 늘릴수록 그리고 관찰의 빈도수를 늘리면 늘릴수록 어떤 사상의 발생확률의 실제 결과는 점점 예측에 가까워지는 현상을 말하며, 평균법칙(the law of average)이라고도 한다. 예를 들면, 한번 주사위를 던져 1에서 6까지의 숫자 중 어떤 숫자가 나올지 전혀 알 수가 없다. 그러나 수십, 수백 회 계속해서 던지면 각각의 숫자가 나올 확률은 예측한 1/6에 가까워진다. 즉, 독립적으로 발생하는 사상에 관하여 대량으로 관찰하면 어떤 사상의 발생확률은 어느 일정한 값에 한없이 가까워진다.

개인의 생활이나 기업의 활동에 영향을 미치는 우연사고 중 특히 경제적 손실을 초래하는 불확실성 혹은 위험은 경제사회에 수없이 존재하고 있다. 이들 위험 가운데 어떤 특정 위험이 특정 개인에게 발생할 지 여부에 관해서는 전혀 알 수 없어도 일정기간 또는 범위를 확대하여 다수인을 대상으로 대량관찰하면 일정한 발생확률을 얻을 수 있게 된다는 것이다. 화재의 발생률, 교통사고의 발생률 및 연령별 사망률 등의 사회현상은 일정기간 동안 대량으로 관찰하면 개개인에게 있어서의 발생은 아주 우연적이라고 하여도 집단적으로는 거의 일정한 확률로 발생하므로 장래의 발생확률을 예측할 수 있다. 이와 같이 사회현상을 광범위하게 대량으로 일정기간동안 관찰하면 하나의 통계적 법칙은 위험발생률의 측정과 위험의 수치화를 가능하게 하며 과거의 발생률로 미래의 발생확률을 예측가능하게 한다.

어떤 특정의 가옥에 대하여 향후 1년 내에 화재로 인한 소실여부를 예측하는 것은 거의 불가능하지만 관찰대상을 넓히고 장기간에 걸쳐서 화재발생의 실적을 관찰하면 거기에 일정한 규칙성이 존재한다는 사실을 알 수 있다. 즉, 발생빈도에 관한 확률을 통계적으로 파악할 수 있다는 것이다. 또한 손해보험에 있어서 화재나 교통사고와 같은 위험이나 생명보험에 있어서 사망사고의 위험 등도 어떤 특정인에게는 알 수 없지만 이들 위험이 다수 결합되면 될 수록 대수의 법칙이 보다 잘 작용하여 불확실성을 감소시킬 수 있다. 이같이 개개의 경우만을 본다면, 그 발생이 우연적이고 불확실하여 전혀 예측이 불가능한 경우에도 이것을 장기간에 걸쳐 대량으로 관찰해 보면 그 발생에 대한 일정한 확률을 파악할 수 있다.

그러나 지진이나 풍수해와 같이 거대한 이상재해의 위험 혹은 인공위성 발사의 위험과 같이 동종 동질의 계약이 대량으로 획득될 수 없는 경우에는 대수의 법칙 적용이 어려워 위험분산의 기능도 작용하기 힘들게 된다.

2. 보험기간

보험기간(duration of risk)이란 보험자의 위험부담책임의 존속기간을 말한다. 즉, 보험자가 보험사고가 발생한 경우에 손해보상 또는 일정금액을 지불해야 할 책임이 개시한 후 종료할 때까지의 기간을 의미한다. 보험자는 보험기간 중에 발생한 위험, 즉 보험사고에 의해서 생긴 손해를 보상할 책임을 진다. 따라서 손해가 보험기간 개시 이후에 발생하더라도 그 원인이 되는 위험이 보험기간의 개시 이전에 발생한 것이라면 보험자는 그 손해를 보상할 책임을 지지 않으며, 반대로 보험기간 중에 위험이 발생하고 그에 따라 손해가 보험기간 종료 후에 발생하더라도 보험자는 그 손해를 보상할 책임을 지게 된다.

1) 보험기간의 설정

보험기간은 다른 약정이 없는 한 최초의 보험료를 받은 때로부터 개시하여 그 종료일까지로 한다. 그러나 실무상으로는 보험자의 책임기간을 명백히 하고 또 당사자 사이의 분쟁을 막기 위하여 특약에 따라 보험기간의 설정을 달리 하고 있다.

첫째, '○년 ○일부터 1년간 또는 ○년 ○일부터 ○년 ○일까지'와 같이 일시(日時)로 정하는 경우로 가장 많이 사용되고 있는 방법이다. 주로 화재보험이나 자동차보험에서 이용되고 있으며 보험기간은 1년의 경우가 많지만 최근에는 5년, 10년의 장기보험도 이용되고 있다. 또 국내여행, 해외여행상해보험에서도 채택되고 있지만 이 경우는 여행기간에 따른 보험기간의 시기와 종기의 시간까지 특정되는 경우도 있다.

둘째, '뉴욕항에서 부산항까지'와 같이 장소로 정하는 경우가 있다. 주로 화물해상보험, 운송보험 등에서 이용되는 방식으로 뉴욕항을 출발한 때로부터 부산항에 도착할 때까지와 같이 보험기간이 장소적으로 정해진다. 예를 들면 현재 화물해상보험에서는 화물이 선적지의 송하인의 창고에서 도착지의 수하인의 창고까지, 즉 '창고에서 창고까지' 부보되는 것이 보통이다.

셋째, '뉴욕항에서 부산항까지 3주간'과 같이 일정의 사실과 일정의 시기를 함께 정한 혼합기간도 있을 수 있다.

넷째, '기공시부터 진수시까지' 또는 '공사착수로부터 공사완료까지'와 같은 일정행위로 보험기간을 정하는 경우이다. 주로 건설공사보험이나 토목공사보험, 선박건조보험, 조립보험 등에서 사용되고 있다.

2) 보험계약기간과 보험료기간

보험계약기간(duration of policy)이란 보험계약이 유효하게 존속하는 기간, 즉 보험계약이 성립한 때로부터 그 계약의 종료에 이르기까지의 기간을 가리킨다. 이것은 보통 보험기간과 일치하지만 보험의 성질이나 사무처리의 편의 때문에 실제로 일치하지 않는 경우도 있다.

보험료기간(premium period)이란 보험자가 위험을 측정하고 보험료를 산출하는 데 있어서 표준이 되는 단위기간을 말한다. 법률적인 규정은 없지만 기간보험으로 계약되는 보험종목에 있어서 통상 1년으로 하고 있다.

3) 소급보험

소급보험(retroactive insurance)은 보험기간의 시작이 보험계약체결 보다 이전으로 정해진 모든 보험계약을 말한다. 보험기간은 특별한 사정이 없는 한 계약당사자 사이에 보험계약이 체결되고 최초의 보험료가 지급된 이후에 개시되는 것이 보통이다. 그러나 예를 들면 FOB조건의 수입자(하주)가 선적통지의 수령 후에 화물해상보험계약을 체결하는 경우에는 보험자의 위험부담책임을 선적시점까지 소급시키는 거래가 이루어진다. 이와 같은 경우를 소급보험이라고 하는데, 이 보험에서는 보험계약체결 이전에 보험기간이 개시하게 된다. 이와 같은 소급보험이 유효하려면 보험계약자 또는 피보험자가 보험계약을 체결할 당시에 이미 위험이 발생하였다는 사실을 모르고 있다는 것이 전제가 되고 있다.

3. 피보험이익과 보험가액

1) 피보험이익의 의의와 요건

피보험이익(insurable interest)이란 피보험자가 보험의 목적에 관하여 일정한 사고의 발생으로 경제상의 손해를 입을 우려가 있는 경우 그 목적에 대하여 피보험자가 가지는 이해관계, 즉 사람이 사물에 대하여 가지는 이해관계를 의미한다. 그리고 피보험이익은 손해보험을 전제로 한 것이며 보험계약의 목적이라고도 한다. 이에 관하여 상법에서는 "보험계약은 금전으로 산정할 수 있는 이익에 한하여 보험계약의 목적으로 할 수 있다"고 규정하여, 금전적으로 평가할 수 있는 이익만을 손해보험계약의 목적으로 하고 있다.

보험계약의 목적은 보험의 목적에 대하여 피보험자가 가지는 경제적인 이해관계를 의미하기 때문에 동일한 보험의 목적에 대하여 복수의 이해관계, 즉 복수의 피보험이익이 있을 수 있다. 예를 들면 보험의 목적인 특정 선박에 대하여 어떤 자는 소유자로서 또 어떤 자는 선박저당권자로서 각각 피보험이익을 가지며, 또 적하에 대하여 어떤 자는 하주로서 또 어떤 자는 보관자 또는 중개자로서 피보험이익을 가지게 됨으로써 복수의 피보험이익을 근거로 하여 각각의 보험계약을 체결할 수 있다.

피보험이익으로서 갖추어야 할 요건으로 첫째, 피보험이익은 경제적 이익이어야 한다. 보험제도는 어떤 우연한 사고에 의해 어떤 자가 입게 될 경제적 불안정에 대한 보상의 약속을 그 기능으로 한다. 따라서 보험적 보호의 목적인 이익은 재산적 이익 또는 경제적 이익이다. 여기서 피보험이익이 경제적 이익이어야 한다는 것은, 피보험이익이 어떤 자의 재산을 구성하는 것으로서 금전적 가치, 즉 금전으로 평가할 수 있어야 한다는 것이다. 금전적으로 산정할 수 있는 이익이란 경제적 이익이라는 의미이며 따라서 정신적, 감정적 이익은 피보험이익으로서 인정되지 않는다.

둘째, 피보험이익은 적법한 이익이어야 한다. 예를 들면 밀수가 성공함으로써 생기게 되는 이익은 불법한 이익이고 이러한 이익들에 대하여 보험적 보호를 부여하는 것은 공서양속에 어긋나는 것이기 때문에 피보험이익으로 인정되지 않는다.

셋째, 피보험이익은 확정 가능한 이익이어야 한다. 확정 가능한 이익이란 반드시 현존하는 이익에 한정하지 않고 장래의 이익이라도 그 발생이 확실하면 피보험이익으로 인정된다. 또 계약체결 시에 이익의 귀속주체가 확정되어 있지 않더라도 보험사고의 발생 시까지 확정할 수 있는 이익이면 피보험이익으로 인정된다.

2) 피보험이익의 성질과 기능

(1) 성질과 기능

피보험이익은 주관적 이익인가 객관적 이익인가 하는 것이 문제가 될 수 있다. 왜냐하면 주관적인가 객관적인가 하는 의미에는 두 가지 다른 내용이 있을 수 있기 때문이다.

그 하나는 피보험이익은 누군가에게 귀속되는 이익이어야만 하는가, 혹은 귀속주체를 떠나서 존재하는 이익이라도 되는가 하는 것이다. 이러한 의미에서는 그 이익을 상실하는 사람에게 손해가 발생할 것을 필요로 하기 때문에 귀속주체를 필요로 하는 주관적 이익이어야 한다.

두 번째는 피보험이익의 존재, 범위 등이 그 귀속주체의 주관에 의해서 판단되어도 되는가 혹은 그것이 객관적으로도 인정되어야 함을 요구하는가 하는 것이다. 이 의미에서는 후자와 같이 객관적 이익이 피보험이익으로 인정된다.

피보험이익의 기능으로서 첫 번째로 들 수 있는 것은 보험자의 책임범위를 정하는 것이다. 보험자는 보험사고가 발생한 경우에 이것으로 인하여 피보험자에 발생하는 손해를 보상하여 줄 책임을 지는데, 이 책임은 피보험자의 손해액을 한도로 한다. 다시 말하면 보험자는 피보험자가 보험계약에서 가지는 피보험이익의 범위 안에서 확정할 수 있는 손실을 한도로 하여 책임을 지게 된다. 그러므로 피보험이익은 바로 보험자의 책임범위를 정하는 기준이 되는 것이다.

피보험이익의 두 번째 기능은 손해보험을 개별화하는 기능이다. 즉, 동일한 보험의 목적에 대해서도, 예를 들면 소유자가 가지는 소유이익에 대한 보험과 저당권자가 가지는 담보이익에 대한 보험이 각각 별개의 보험으로서 중복이 되는 일 없이 성립할 수 있는 것은 피보험이익의 개념에 의하여 비로소 가능하게 된다.

세 번째 기능은 초과보험 및 도박보험 등을 판정하는 기능이다. 피보험이익은 그 평가액인 보험가액의 보험금액과의 관계에 있어서 일부보험, 전부보험, 초과보험 또는 중복보험 등을 판정하는 기준이 된다. 또한 보험계약에 있어서도 피보험이익이라는 개념에 의하여 보험과 도박이 구별되고, 피보험자가 피보험이익을 가지며 보험사고가 발생하면 손해액 이상의 보상을 받을 수 없기 때문에 인위적인 위험의 조장을 방지할 수 있다.

(2) 생명보험에서의 피보험이익

피보험이익은 보험의 목적에 대하여 보험사고와 관련하여 피보험자가 가지는 경제적 이해관계라고 할 수 있다. 그런데 생명보험은 보험의 목적이 사람이며 또 보험사고는 사람의 생명 · 신체에 관하여 생겨나는 것이므로, 손해보험과는 달리 피보험이익의 관념을 인정할 수 없다는 것이 일반적이다.

생명보험을 포함한 정액보험에도 피보험이익이 필요할 것인가에 관하여 영미 보험학자들은 긍정적인 학설을 취하는 경우가 많다. 그러나 이러한 경우에도 손해보험에 있어서의 피보험이익과 동일한 성질의 피보험이익의 존재를 주장하는 경우는 드물다.

> Insurable interest : Relationship such that loss or destruction of life or property would cause a pecuniary loss. An interest in the life of an individual or in property by which there will be a financial loss if the insured dies or in the case of property if it is lost, damaged, or destroyed.
>
> 〈*dictionary of insurance*, Lewis e. davids. A Littlefield, Adams Quality Paperback, p.140〉

단일한 보험의 목적에 다수의 피보험이익

예를 들어, 갑소유의 선가 10억원의 선박을 을이 저당잡고 갑에게 5억원을 대출하였고, 병은 이 선박을 부산/LA간 용선하여 용선료 3억원을 항해가 무사히 끝난 후에 갑에게 지급하기로 하고, 동시에 병은 제3자의 화물을 3억5천만원에 후급운임으로 운송하기로 하였으며, 정은 갑과 병 사이의 용선계약을 중개하여 항해완료를 조건으로 중개료 일천만원을 갑과 병으로부터 받기로 한 경우에 갑 · 을 · 병 · 정은 한척의 선박을 두고, 이 선박이 부산/LA간의 항해를 무사히 하는데 대한 각각 다른 경제적 이해관계를 가진다. 만약 이 선박이 항해 중 사고가 발생하여 선박이 침몰한다면, 갑은 선가 10억원과 용선료 3억원의 손해를 입게되고, 을은 갑에 대한 대부금 5억원, 병은 제3자로부터 취득할 운임과 갑에 대한 용선료의 차액 5천만원, 그리고 정은 중개료 일천만원의 손해를 입게 되는 관계가 설정되어진다. 이 선박에 대한 각각의 이해관계 또는 그것에 바탕을 둔 이익이 보험에 부보되어 보호를 받을 수 있는 피보험이익이며, 이 이익에 관한 사고발생위험의 객체인 선박이 보험의 목적이며, 갑 · 을 · 병 · 정은 각자 피보험이익의 귀속주체로서의 피보험자이다.

3) 보험가액

(1) 보험가액의 의의

보험가액(insurable value, valuer assurable)이란 피보험이익을 경제적으로 평가한 가액이다. 즉, 보험사고가 발생한 경우에 피보험자가 피보험이익에 대하여 입는 손해의 한도액이다. 또한 만일 사고가 발생하지 않았더라면 피보험자가 가졌을 경제적 평가액이라 할 수 있다. 이러한 보험가액은 원칙적으로 보험의 목적인 물건의 가액으로서 언제나 일정한 것이 아니고 경기의 변동에 따라 변동하는 피보험이익의 가액이고 손해보험 중에서도 책임보험과 같은 보험에 있어서는 보험가액의 개념은 존재하지 않는다.

손해의 보험은 보험사고로 인하여 피보험이익에 발생하는 손해를 보상할 것을 본질적인 내용으로 하며, 이득금지의 원칙에 따라 적극적으로 피보험자에게 어떤 이득을 주려는 것이 아니므로 물보험에 있어서도 피보험이익의 가액 이상으로 손해보상을 하는 것은 아니다. 따라서 보험가액은 보험자가 보상할 최대한의 손해액이며 법률상 보험자의 보상책임에 대한 최고한도를 나타내는 것이다. 그러므로 당사자 간에 약정하는 보험금액은 보험가액을 초과할 수 없음이 원칙이다.

보험가액의 평가에 있어서 피보험자의 주관적인 판단을 적용하면 피보험자가 부당한 이득을 꾀할 우려가 있기 때문에 그 기준은 객관적이고 보편적인 판단에 따라야 한다. 예컨대 상품과 같은 처분재산에 대하여는 시가로, 부동산 등의 사용재산의 경우에는 취득가액에서 감가상각액 또는 감손액을 공제한 가액을 보험가액으로 하여야 할 것이다. 또한 손해발생 후에도 계속적으로 사용할 필요가 있는 보험의 목적에 대하여는 보험가액을 재조달가액으로 정하는 경우도 있는데 이를 신가보험이라 한다.

(2) 보험가액의 협정

보험계약의 당사자는 사전에 보험가액을 협정할 수도 있다. 이것을 협정한 때에는 협정보험가액이 사고발생시의 가액을 현저하게 초과한 것을 증명하지 않는 한 그 감소된 보상액을 청구할 수 없다. 이러한 보험가액의 협정을 인정하는 것은 사고발생후의 평가에 대한 분쟁을 유발하는 과대평가에 의한 피보험자의 현저한 이득을 방지하기 위한 목적이다. 따라서 보험가액의 협정에 의해서 생기는 피보험자의 다소의 이익은 보상원칙에 대한 양적 예외현상으로 허용되는 것이다.

보험가액의 협정이 유효하게 인정되기 위해서는 그 가액을 협정보험가액

(agreed value)으로 하겠다는 당사자의 합의가 필요한데 예를 들어 보험계약자가 계약청약서에 자기의 예정가액을 일방적으로 기재한 것만으로는 인정되지 못한다.

보험가액의 협정이 이루어지고 있는 보험계약을 기평가보험(valued policy)이라 하며 이러한 협정이 없는 것을 미평가보험(unvalud policy)이라고 한다. 기평가보험은 해상보험과 운송보험에 있어서 주로 이용되며 화재보험 등에서는 원칙적으로 미평가보험이 이용되고 있다.

(3) 법정보험가액(보험가액불변경의 원칙)

보험의 목적이 장소적으로 이동하기 때문에 사고가 발생한 장소 및 시간에 있어서 그 가액에 의해 손해액을 산정하는 것이 곤란한 경우가 있다. 이러한 경우 보험가액의 협정이 이루어지지 않았을 때에 상법은 특정한 때 및 곳에 있어서의 보험가액을 보험기간 중 불변의 보험가액으로 할 것을 정하고 있다. 이것을 법정보험가액 또는 보험가액 불변경의 원칙이라고 하고 운송보험과 해상적하보험에 대하여 인정되고 있다.

(4) 보험가액과 보험금액

보험금액(insured amount)은 계약당사자 간의 합의에 의하여 보험자가 지급해야 할 손해보상의 최고한도액을 말하는데 이는 보험계약을 체결할 때에 당사자 간의 약정에 의하여 정해진다. 결국 보험자의 보상책임의 법률상 최고한도와 계약상의 최고한도가 있는데 보험가액은 전자에 속하고 보험금액은 후자에 속한다고 볼 수 있다. 보험금액은 손해발생 시에 실제로 피보험자에게 지급하는 금액과 구별하기 위하여 약정보험금액이라고도 한다. 이 보험금액은 보험료의 산정을 위한 기준이 된다.

손해발생 시에 그 보상으로서 보험자가 지급해야 할 금액은 보험가액의 범위 내에서 보험금액을 한도로 하여 피보험이익에 대하여 생긴 구체적인 손해액에 따라서 결정된다. 따라서 손해가 발생한 경우에 피보험자가 수취하는 보험금의 최고액은 손해액, 보험가액 및 보험금액 중 가장 낮은 금액으로 결정된다. 보험계약자가 보험가액의 전액을 부보한 때에 보험금액은 보험가액과 일치하기 때문에 손해가 발생하는 경우 보험자는 보험금액의 범위 내에서 손해액의 전액을 지급하고 그 일부만 부보한 때에는 그 비율에 따라 지급하거나 보험금액의 범위 내에서 손해액을 지급하게 된다. 그러나 책임보험에 있어서 보상액은 다만 보험금액과 손해액의 범위 내에서 결정된다.

계약당사자 간의 보험가액에 대한 협정유무와 관계없이 보험가액과 보험금액이 반드시 일치하는 것이 아니기 때문에 양자 간의 불일치는 초과보험, 일부보험, 중복보험 등의 문제를 발생시킨다.

① 전부보험

보험가액 전액을 부보한 경우, 즉 보험가액과 보험금액이 일치하는 경우의 보험을 전부보험 또는 전액보험(full insurance, assurance total)이라 한다. 전부보험에 있어서 보험자는 소손해면책액 또는 자기부담액이 없는 한 피보험자가 실제로 입은 손해액 전부를 보상하여야 한다.

② 일부보험

보험가액에 미달되는 금액을 부보한 경우, 즉 보험가액보다 보험금액이 적은 경우에 이를 일부보험(under-insurance, sous assurance, assurance partielle)이라 한다. 일부보험의 경우 보험자의 보상방법은 비례부담의 원칙에 의한 보상방법을 적용하는 경우 각 보험자는 손해액에 관하여 보험금액의 보험가액에 대한 비율로 보상책임을 부담하고 잔액에 대하여는 피보험자 자신이 부담해야 한다. 이러한 보상방법을 비례보상의 원칙(principle of average(coassurance))이라 하며 우리 상법은 이 방법을 채용하고 있다. 이러한 비례보상의 원칙에 대하여 보험금액을 한도로 하여 손해액 전부를 보상해주는 방법을 실손보상주의 또는 제1차 위험보험(first loss insurance, assurance au premier risque)이라 한다.

③ 초과보험

초과보험(over insurance, surassurance)이란 보험금액이 피보험이익의 가액, 즉 보험가액을 초과하는 경우의 보험을 의미한다. 초과보험은 보험계약체결 시부터 발생될 뿐만 아니라 보험계약성립 후의 계약기간 중에 발생하는 경우가 있다. 예를 들어 계약체결당시에는 전부보험이었으나 물가하락 또는 시세의 변동에 의해 보험가액이 감소한 경우, 보험목적의 소모에 의해 감소한 경우 또는 보험의 목적이 비담보위험(uncovered risk)에 의해 일부 소멸한 경우에도 초과보험이 발생할 수 있다. 이러한 초과보험은 당사자의 의사와는 관계없이 발생하는 단순한 초과보험과 보험계약자의 사기에 의해서 이루어지는 사기적 초과보험으로 구분할 수 있으며 그 효력에 있어서도 차이가 있다.

초과보험을 그대로 인정하게 되면 만일 보험사고가 발생하지 않는 경우에는 피보험자가 초과보험료를 지불하고 보험자는 부당한 보험료를 수령하는 결과가 되고, 보험사고가 발생하는 경우에는 피보험자가 보험가액 이상의 부당이익을 얻을 수 있다. 따라서 초과보험의 경우에는 보험을 투기적 목적으로 이용하거나 또 고의적인 보험사고를 초래할 우려가 있다. 이러한 이유로 각국에서는 초과보험에 관하여는 일정한 규제를 가하고 있다.

초과보험의 효력에 관하여서는 초과부분을 당연히 무효로 하는 객관주의와 보험계약자의 선의·악의에 따라 선의의 경우에는 당사자의 보험금액과 보험료의 감액청구권을 인정하고 악의의 경우에는 보험계약 자체를 무효로 하는 주관주의의 입법으로 구분되는데, 우리 상법은 후자의 입장을 취하고 있다.

④ 공동보험과 중복보험

동일한 피보험이익 및 위험에 대하여 보험계약 또는 보험자가 복수로 존재하는 경우를 복수보험(multiple insurance)이라고 한다.

이 중에서 하나의 위험이 복수의 보험자에 의하여 각각 위험의 일부씩 인수되는 경우를 공동보험(coinsurance, coassurance)이라고 한다. 보험자가 개인보험자(underwriter)인 로이즈(Lloyd's)의 경우에는 공동보험의 형태로 위험을 인수하는 것이 일반적이다. 또 회사형태의 보험자인 경우에도 해상보험 특히 보험가액이 큰 선박보험에서는 복수의 보험자가 각각 보험가액의 일정비율 또는 일정금액을 분담하여 인수하는 경우가 많다.

공동보험의 경우에는 실제로 대표보험자, 즉 리더(leader)가 창구가 되어 1매의 보험증권으로 보험계약이 체결되지만 각각 별개의 독립계약으로 된다. 따라서 각 보험자의 보상책임은 각각의 인수분담액으로 제한되고 피보험자에 대하여 연대책임을 부담하는 것은 아니다.

공동보험의 경우와 같이 동일한 피보험이익 및 위험에 관하여 복수의 보험계약이 존재하지만 그 보험금액의 합계액이 보험가액을 초과하는 경우를 중복보험(double insurance)이라 한다.

중복보험은 복수의 보험계약이 위험 등에 관하여 전면적으로 중복될 필요는 없고 일부만 중복되어도 성립된다.

중복보험은 고액의 목적에 대한 보험, 그 밖에 1인의 보험자와의 계약만으로는 보험자의 지급능력을 고려해서 불안한 경우에 복수의 보험자와 보험계약을 체결하는 경우 또는 보험계약자가 자기를 위한 보험계약을 체결하였을 때 제3자가 그 보험계약자를 위한 이른바 타인을 위한 보험계약을 체결한 경우에 성립될 수 있으며 복수의 보험계약이 동시에 또는 차례로 체결됨에 따라 동시중복보험과 이시중복보험으로 구별할 수 있다.

중복보험이 성립하기 위해서는 피보험이익 및 보험기간이 동일하고 담보위험이 동일해야 하며 복수의 보험자와 복수의 보험계약이 체결되고, 이렇게 체결된 보험계약의 총 보험금액이 보험가액을 초과하여야 한다.

제6장 보험자의 위험부담과 면책

1. 담보위험과 비담보위험

담보위험(perils covered or insured against)이란 보험자가 그 위험에 의해서 발생한 손해를 보상할 것을 약속한 위험이다. 따라서 보험자가 보상책임을 지기 위해서는 손해가 담보위험에 의해서 생긴 것임을 필요로 한다. 담보위험은 일반적인 보통약관으로 담보되는 위험도 있는 반면, 원래는 담보되지 않지만 특약에 의한 특별약관으로 담보되는 확장담보위험도 있다.

반면, 보험자에게 인수되지 않았던 위험, 즉 보험자가 그것에 의해서 발생한 손해를 보상한다는 명시 또한 일반적 명시도 없는 위험을 비담보위험(peril not insured)이라고 한다.

2. 면책위험과 면책사유

1) 면책위험

면책위험(excluded perils)이란 보험자의 보상책임이 면제된다고 특별히 명시한 위험을 말하며 보험자의 보상책임을 적극적으로 제한하는 효과를 가지고 있다. 따라서 어떤 위험이 담보위험으로 정해져 있더라도 해당위험에 관한 면책약관이 담보위험에 우선하는 것이라면 보험자는 담보위험에 의해서 발생한 손해에 대하여도 보상책임을 지지 않아도 된다.

면책위험의 특징은 담보위험에 대해서도, 비담보위험에 대해서도 행해진다. 예를 들면 해상보험과 같이 포괄책임주의를 취하는 보험에 있어서도 모든 위험을 담보위험으로 하지 않고 피보험자의 고의나 전쟁위험 등은 면책되고 있다.

2) 면책사유

면책(exclusion)이란, 특정의 사유를 원인으로 하는 사고에 대하여 보험자의 책임이 면제되는 것이다. 면책사유는 상법이나 보험약관에 특정되어 있다. 상법에서는 신의성실의 원칙이나 사회일반의 공공질서에 반하는 사유 또는 보험료계산의 기초를 위태롭게 하는 사유를 면책으로 하고 있다. 우리 상법에서는 전쟁위험, 피보험자나 보험수익자의 고의 또는 중대한 과실, 보험목적의 성질, 하자 또는 자연소모로 인한 손해 등이 면책사유로 규정되어 있는데, 이를 법정면책사유라고 부른다. 특히 해상보험계약에 대해서는 선박의 불감항과 용선자, 송하인 또는 수하인의 고의 또는 중대한 과실로 인하여 생긴 손해 그리고 도선료, 입항료, 검역료, 기타 선박 또는 적하에 관한 항해 중의 통상비용이 법정면책사유로 규정되어 있다. 면책사유의 종류로는 위의 법정면책사유 외에 법률 또는 약관에 의해서 면책되고는 있지만 계약 당사자의 합의하에 특약을 체결함으로써 부담 가능한 상대적 면책사유와 공공질서의 차원에서 특약을 체결하더라도 절대적으로 부담할 수 없는 절대적 면책사유가 있다. 법정면책사유는 대부분의 보험 분야에서 절대적 면책사유가 되고 있지만, 양자는 반드시 일치한다고는 할 수 없다.

일반적으로 보험자가 위험을 면책하는 이유로서는 다음과 같은 것을 들 수 있다.

① 위험을 일반 보험료로 부담하기에는 그 규모가 지나치게 큰 경우(예를 들면, 전쟁, 파업, 지진 등)

② 보험의 목적의 성질 또는 우연성이 결여되어 있거나 손해보상이 적당하지 않는 경우

③ 위험을 부담하는 것이 공공질서에 위반되는 경우

④ 보험계약과 또는 피보험자의 고의 또는 중대한 과실
⑤ 위험도가 지나치게 높은 경우

3. 위험부담의 원칙

손해보험은 위험에 의해서 발생하는 손해의 보상을 목적으로 하는 경제제도이므로 보험자가 부담하는 위험이 무엇인가를 검토해 볼 필요가 있다. 보험자가 부담하는 위험이 복수인 경우에 그 담보위험의 범위를 한정하는 방법으로는 담보위험을 구체적으로 열거하는 열거책임주의와 일체의 위험을 포괄적으로 정하는 포괄책임주의가 있다.

1) 열거책임주의

열거책임주의란 보험자가 담보하는 위험을 열거하는 방법으로, 열거된 위험에 대해서만 보상책임을 지는 것을 의미한다. 열거책임주의가 적용되는 경우에는 부보된 피보험이익에 손해가 발생할 것과 그 손해가 열거위험으로 인하여 발생한 것임을 입증하는 책임이 피보험자에게 있으며 만약 피보험자가 이를 입증하지 못하는 경우에 피보험자는 보험금을 수취할 수 없다.

열거책임주의에는 도난에 대한 도난보험, 채무불이행에 대한 신용보험, 보증보험, 법적 책임부담에 대한 책임보험과 같이 단일 위험만을 열거하여 부담하는 방식과 화재・낙뢰・폭발에 대한 보통화재보험, 지진・분화・해일에 대한 지진보험과 같이 여러 개의 위험을 열거하여 부담하는 방식 그리고 주택종합보험, 점포종합보험, 외항화물보험과 같이 다수의 위험을 열거하여 부담하는 방식이 있다.

2) 포괄책임주의

포괄책임주의는 원칙적으로 모든 위험과 우연적 사고를 부담하는 방법이며 일반적으로 면책위험을 열거하고 있다. 다시 말하면 담보위험을 열거하지 않고 면책위험만 열거함으로써 면책위험을 제외한 모든 위험을 부담한다.

포괄책임주의 하에서는 피보험자가 보험기간 중 손해를 입었다는 사실을 입증하면 그것으로 충분하고 그 손해가 특정 담보위험에 의해서 생긴 것까지 입증할 필요는 없다.

즉, 열거책임주의에서는 열거된 위험만이 포괄책임주의에서는 일체의 위험이 각각 담보위험이 되고 있다.

3) 열거책임주의와 포괄책임주의의 효과상의 차이

포괄책임주의에 있어서는 일체의 위험이 일단 보험자의 부담에 속하기 때문에 피보험자측에서는 유리하다. 열거책임주의에서는 사회의 변천에 따라 지금까지 경험하지 못했던 위험이 발생한다면 그때그때마다 하나하나의 위험을 추가하지 않으면 피보험자는 보험보호를 받을 수 없다. 그리고 그 추가가 늦어지게 되는 경우도 일단 고려해야 할 사항이다.

또, 손해보상청구에 있어서 열거책임주의 하에서는 손해가 보험자의 담보위험에 의해서 발생한 사실을 증명할 의무는 당연히 피보험자 측에 있기 때문에 피보험자 측에 있어서는 불리한 경우가 발생한다.

반면, 포괄책임주의 하에서는 이론상 피보험자 측은 손해가 생겼다는 사실을 설명하고 손해액을 증명하는 것으로 충분하고, 보험자가 보상책임을 부정하려고 할 때에는 그 손해가 보통약관의 다른 조항 또는 특별약관에 의해서 면책된 위험으로 인하여 생겼다는 반증을 하지 않으면 안 된다. 결국 보험자 측의 입장에서 보면 열거책임주의 쪽이 유리하고 피보험자 측에서 보면 포괄책임주의 쪽이 유리하다고 말할 수 있다. 단, 열거책임주의는 포괄책임주의보다 보험료가 저렴하다.

4. 인과관계

일반적인 의미의 인과관계란 원인으로서의 어떤 상태나 사실이 발생한다면 결과로서의 다른 상태나 사실이 발생한다는 원인과 결과의 관계를 뜻하는 것이라 할 수 있다. 따라서 인과관계의 개념은 법률학뿐만 아니라 철학, 논리학, 자연과학, 종교 기타 여러 분야에서 논의가 되고 있는 사항이다.

보험법상 문제가 되는 것은 위험과 손해와의 인과관계이다. 보험법상 보험자가 손해에 대하여 보상책임을 지기 위해서는 손해가 보험자가 부담하는 일정한 담보위험의 결과로서 발생해야 한다. 이 같이 일정한 위험이 손해의 원인이 되기 위해서는 이 위험과 손해와의 사이에 위험이라는 선행현상이 발생하지 않았다면 손해라는 후행현상이 일어나지 않았을 것이라는 두 현상 간의 필연적이고도 불가피한 관계가 존재하여야 하며 이를 일반적으로 보험법상 인과관계라고 부른다.

보험에 있어서 보험자가 위험을 부담한다고 하는 것은 부담자가 위험의 불발생을 보증한다는 것이 아니라, 위험에 의해서 손해가 발생한다면 그 손해를 보상할 책임을 진다는 것을 의미한다. 따라서 보험자가 부담하는 위험과 손해와의 사이에 어떤 관계가 있다면 그 손해가 담보위험에 의해서 생긴 손해인가에 대하여 인과관계가 문제 시 된다.

손해가 담보위험 또는 면책위험 어느 일방의 위험에 의해서 발생한 경우, 즉 손해발생의 조건이 하나밖에 없는 경우에는 문제가 없다. 이 경우에 해당 조건이 담보위험이고 이 담보위험의 직접적인 결과로서 손해가 발생하고 또한 해당 담보위험과 손해와의 사이에 일정한 인과관계가 인정되는 한 보험자는 보상의 책임을 지지만, 반대로 인정되어지지 않는다면 보험자의 보상책임은 발생하지 않는다.

그러나 동일한 보험증권에 대하여 담보위험과 면책위험의 두 개 이상의 위험에 의해서 손해가 발생한 경우에 보험자의 보상책임을 어떻게 결정해야 할 것인가가 문제가 된다. 이 같은 경우 궁극적으로는 담보위험과 면책위험 또는 비담보위험 세 위험의 협력관계에 따라서 보험자의 보상책임의 유무를 결정하게 되는데 이때에 어떠한 판단기준에 기인하여 손해의 원인이 선택되는가는 다음의 인과관계를 둘러싼 주요 학설을 통하여 고찰해볼 수 있다.

1) 조건설

어느 사실이 어떤 결과의 발생에 불가결한 조건이었을 때, 그 사실들 모두를 원인으로 취급한다는 것이다.

그러나 불가결한 조건은 다수일 수 있고, 그 범위를 어디까지 한정해야 할지 모르기 때문에 무수히 많은 사실이 원인이 될 수 있다.

따라서 조건설에 따르면, 보험자의 보상책임의 유무를 결정하는 기준은 세우기 힘들게 된다.

2) 상당인과관계설

이 설은 어느 사실이 특정한 경우에 있어서 어느 결과의 발생에 필요조건일 뿐만 아니라, 일반적 관찰에 있어서도 그 사실이 그 결과를 발생시키기 위한 조건이 된다고 인정되는 경우 그 사실을 원인으로 한다는 것이다. 불가결한 조건 가운데서 상당한 조건만을 원인으로 하는 입장으로 많은 불가결한 조건을 상당한 것이라는 기준에서 골라내어 원인을 한정해 가는 것이다. 여기서 상당한 것에 대한 용어의 해석에는 여러 설이 있어 반드시 명확한 것은 아니지만, 일반적으로 어느 불가결한 조건에 의해 결과가 발생할 때에, 즉 어느 불가결한 조건이 일반적 경우에 있어서 보통 그와 같은 결과를 초래하게 될 것이라고 관찰될 때 상당한 관계가 있다고 할 수 있다. 이 설은 육상보험에 있어서는 지지를 받지만 해상보험에 있어서는 오히려 근인설을 주장하는 자가 많다.

3) 근인설

근인설은 원인(遠因)은 원인(原因)으로 하지 않고, 근인(近因)을 원인으로 채택하는 입장이다. 그러나 무엇을 기준으로 원인과 근인을 판단하느냐는 시간에 따라 변화하였다.

(1) 최후조건설

시간적으로 손해에 가장 근접한 원인을 근인으로 한다는 입장이다. 즉, 손해의 원인이 복수일 경우 손해에 가장 가까운 또는 시간적으로 가장 늦게 발생한 원인을 손해의 유일한 원인으로 취급하였다.

(2) 최유력조건설

최후조건설에 따르면 손해의 원인을 판정하기는 용이하지만 가끔 상식적으로 생각해 불합리한 결과를 가져오는 경우가 있었다.

따라서 근인을 시간적으로 관찰하여 손해에 가장 가까운 원인이 아니라 효과나 영향에 있어서 손해에 가까운 원인으로 하는 입장으로 바뀌어, 많은 국가들에 있어서 이 방법을 채택하고 있다.

제7장 손해보험의 보상원리

1. 손해의 형태

손해란 위험의 작용에 의한 피보험이익의 전부 혹은 부분적 소멸을 말하며, 보험의 목적에 담보위험이 발생함으로써 피보험자가 입는 재산상의 불이익 또는 부담을 의미한다. 즉, 손해란 재산 그 자체가 손상 또는 멸실하는 것을 말한다.

손해보험은 피보험자가 담보위험에 의해서 발생한 손해의 보상을 그 목적으로 하는 것이지만 담보위험에 의해서 발생하는 손해는 여러 형태가 있으며, 개개의 계약에서 보험자가 실제로 보상책임을 지는 손해는 반드시 동일하지는 않다.

1) 전손과 분손

전손(total loss)이란 피보험이익의 전부가 소멸하는 것을 말하며 이는 피보험재산이 물리적으로 완전히 파괴되거나 소멸한 경우, 피보험재산이 물적으로는 잔존하고 있지만 부보된 종류의 재산 본래의 성질을 상실한 경우, 피보험재산이 현존하고는 있지만 탈취되어 그 점유를 회복할 수 없거나 비용 · 기술 · 기간 등의 사정을 고려해 볼 때 회복을 기대할 수 없는 경우에 발생한다. 이들 전손은 일반적으로 현실전손(actual total loss) 또는 절대전손(absolute total loss)이라고 불린다. 이에 대하여 현실적으로는 전손이 발생하지 않았지만 그 발생이 확실 시 되는 경우와 수리 또는 회수에 필요한 비용이 보험가액을 초과하는 경우에는 법률해석에 의하여 전손으로 간주되는데 이와 같은 경우의 전손을 추정전손 또는 해석전손(constuctive loss)이라 한다.

분손(partial loss)이란, 피보험이익의 일부가 소멸하는 것을 말하며, 따라서 분손은 보험의 목적의 일부가 손상 또는 멸실하거나 보험의 목적의 일부점유가 탈취되어 회복을 할 수 없는 경우에 발생한다.

2) 직접손해와 간접손해

직접손해(direct loss)와 간접손해(indirect loss)를 구분하는 기준은 두 가지가 있다.

첫째, 부보된 피보험이익에 직접 발생한 물적 손해를 직접손해라 하고, 부보된 피보험이익 이외에 발생한 손해를 간접손해라고 한다. 예를 들면, 선박보험에 가입하였을 경우 해당선박의 멸실 또는 손상에 의한 손해는 직접손해이지만 그것으로 인하여 선박이 가득할 수 없게 된 운임의 상실은 간접손해이다.

둘째, 보험사고와 손해와의 인관관계가 직접인지 간접인지에 따라서는 직접손해와 간접손해로 구분된다. 이 경우 직접손해라 함은 보험사고가 직접적인 원인이 되어 발생한 손해이며, 간접손해의 경우에는 보험사고와 손해 사이에 별도의 위험 또는 위험사정이 존재하고 있다. 예를 들면 동맹파업 때문에 생긴 항해지연으로 피보험화물의 품질이 저하되어 발생하는 매각손실은 동맹파업의 간접손해이며 또 지연의 직접손해가 된다.

보험자는 원칙적으로 직접손해만을 보상하고 간접손해에 대해서는 보상책임을 지지 않는다. 그러나 이것은 어디 까지나 원칙이며 실제로는 법률 또는 약관의 규정에 의하여 손해방지비용 등 일정의 간접손해도 보상하고 있다.

3) 실체적 손해와 비용 · 책임손해

실체적 손해(physical loss)란 적극재산에 관한 피보험이익의 멸실 또는 감소를 말하며, 보험의 목적이 멸실 또는 손상되어 발생하는 손해이다. 즉, 유체물에 위험이 작용함으로써 적극재산에 발생하는 손해이다.

비용손해(loss of damages and expenses) 및 책임손해(liability loss)란 보험사고가 발생함으로써 결과적으로 비용의 지출이 불가피하게 되거나 또는 타인에게 손해배상의 책임을 지는 경우에 발생하는 경제적 불이익 또는 재산상의 부담이다. 비용손해 및 책임손해는 대부분 간접손해의 성질을 가지지만 항상 그렇지는 않다.

그리고 이와 같은 종류의 손해보험은 비용보험 및 책임보험으로서 독자적으로 존재할 수 있다.

2. 손해보상의 원칙

1) 직접손해보상의 원칙

손해보험은 손해보상을 목적으로 하지만 보험자는 담보위험에 의하여 발생한 모든 손해, 즉 모든 피보험이익의 손해를 보상하는 것이 아니라 일정한 원칙에 따라서 보상한다. 이것을 손해보상의 원칙이라 한다.

보험자는 부담한 위험에 의해서 부보이익에 발생한 손해를 보상한다. 즉, 보험자에 의한 손해보상의 조건은 인과관계의 원칙에 기초하여 담보위험에 의하여 발생한 손해일 것과 직접손해보상의 원칙에 따라서 해당손해가 부보이익에 발생한 직접손해이어야 한다.

직접손해보상의 원칙이란 보험자는 원칙적으로 직접손해, 즉 부보된 피보험이익에 발생한 손해만을 보상하고, 간접손해, 즉 부보되지 않았던 피보험이익에 발생한 손해는 보상하지 않는다는 원칙이다. 예를 들면 각종의 피보험이익 가운데 일반적으로 소유이익을 부보하는 해상·화재보험에서 해상위험, 화재위험이 발생하여 각종의 피보험이익에 손해가 발생한 경우 보험자는 원칙적으로 소유이익에 생긴 손해를 보상하게 된다.

그러나 이와 같은 직접손해보상의 원칙은 실제보험계약에서는 손해보상의 범위에 바탕을 둔 보험조건에 따라서 제약 또는 변경이 행해지고 있다. 특히 손해보상의 범위에 따라서 직접손해라도 특정의 손해가 보상되지 않거나, 간접손해라도 특정의 손해를 보상하는 등의 수정이 가해지고 있다.

2) 보험자가 보상하지 않는 직접손해

(1) 소손해

보험자는 소액의 손해가 보험사고에 의해서 발생하였을 경우에라도 그 손해가 보험가액의 일정비율 또는 일정금액 이하인 소액의 경우에는 보상책임을 지지 않는데 이와 같은 제도를 소손해면책이라고 한다. 소손해면책이란 제도를 실시하게 된 배경에는 다음과 같은 이유가 있다.

첫째, 소손해는 보험손해이냐, 성질손해이냐를 구별하기가 곤란한 경우가 많고,

둘째, 어떤 소손해라도 모두 보험자가 보상한다면 소손해는 발생빈도가 높으므로 보험료가 고액이 되며,

셋째, 손해의 일부를 피보험자에게 부담시킴으로써 주의의무를 환기시키고 도덕적 위험을 방지할 수 있으며 손해의 방지・경감을 기대할 수 있기 때문이다.

소손해면책에는 손해액이 보험가액의 일정비율에 미달할 때에는 전혀 보상하지 않지만 면책한도액에 달하였거나 초과하였을 때에는 손해의 금액이 전부 보상되는 방식인 franchise와 손해액에서 항상 보험가액의 일정비율의 금액을 공제하고 초과액만을 보상하는 방식인 excess나 deductible이 있다.

우리나라의 구상법에는 공동해손이 아닌 손해 또는 비용으로서 그 계산에 관한 비용을 산입하지 아니하고 보험가액의 100분의 2를 초과하지 아니하는 때에는 보험자는 이를 보상할 책임이 없다고 규정하여 소손해면책을 인정하고 있었으나, 신 상법은 보험약관에 의하여 그 면책의 비율 또는 금액을 정하고 있는 보험거래의 실정에 따르도록 하기 위하여 삭제하였다.

(2) 보험목적의 성질・하자로 인한 손해

보험자는 보험목적의 성질・하자 또는 자연소모로 인한 손해가 보험사고에 의해서 발생하였을 경우라도 보상하지 않는다. 예를 들어 성질손해는 보통 피보험목적물이 일반적인 항해과정에서 발생하는 것으로서 그 발생이 확실한 것이므로 보험손해의 성질을 가지지 않기 때문이다.

3) 보험자가 보상하는 간접손해

(1) 손해방지비용

손해방지비용이라 함은 보험자의 부담에 속하는 손해를 방지 및 경감하기 위하여 피보험자가 지출한 비용이다. 따라서 손해방지비용은 긴박한 위험에 의한 손해를 피하기 위하여 지출될 것, 비용의 지출이 합리적으로 이루어질 것, 피보험자 또는 그 대리인에 의해서 지출된 비용일 것 등의 조건이 요구된다.

손해방지비용은 보험사고로부터 직접 발생한 손실이 아니고 보험손해를 방지・경감하기 위하여 피보험자가 지출하는 비용손해이므로 당연히 보험자가 부담할 성질의 것은 아니다. 그러나 공평성의 원리에서 오늘날 우리나라를 비롯한 각국의 상법은 이 비용을 보험자가 부담하도록 규정하고 있다.

손해방지비용으로는 화재방지비용, 해난구조비용, 피난항에서의 하역비용, 재선적비용, 보관비용, 재판비용 등을 들 수 있다.

(2) 손해조사비용

손해조사비용이란 보험자가 부담한 손해를 조사 및 확정하기 위한 비용으로 손해검사 및 확정을 위하여 피보험자 측이 지출해야 할 여비, 입회비용, 통신비, 감정료, 해난보고서 작성비용, 항해일지 발췌비용 등이 여기 속한다.

4) 실손보상의 원칙과 비례보상의 원칙

보험자가 손해를 보상하는 경우, 피보험자의 경제적 상태를 사고가 발생하기 이전으로 회복시킨다는 실손보상의 원칙을 전제로 하고 있다. 이때 실손액은 그 손해가 발생한 장소의 당시의 가액에 따라서 정해지는 것이 원칙이다.

그러나 보험금액이 보험가액보다 적은 일부보험의 경우에는 이 원칙이 준용되지 않는다. 일부보험에서 보험자가 지급하는 보험금은 보험가액에 대한 보험금액의 비율로 손해를 보상하는데 이것을 비례보상원칙이라고 한다. 이때 피보험자는 손해액의 일부밖에 보상을 받지 못하므로 잔액은 피보험자 자신의 부담이 된다. 그러나 발생한 손해가 전손인 경우에는 비례보상의 원칙을 적용하여도 보험자의 손해보상액은 보험금액의 전액이 된다.

그런데 비례보상의 원칙이 적용되는 것은 보험가액을 확정할 수 있는 소유이익의 손해에 한정되고 있다. 비용이익이나 책임이익은 보험가액자체가 비한정적이고 산정이 불가능하기 때문에 보험계약상 보험가액이 존재하지 않는다. 따라서 이들 손해에 대해서 보험자는 보험금액을 한도로 하여 실손액의 전부를 보상한다.

3. 대 위

1) 대 위

대위(subrogation)란 보험자가 보험사고 발생으로 피보험자에게 보험금을 지급한 경우 보험계약자 또는 피보험자가 보험의 목적이나 제3자에 대하여 가진 권리를 당연히 대신하여 취득하도록 하는 것을 말한다.

우리 상법에서는 보험대위를 보험의 목적에 대한 대위와 제3자에 대한 대위를 포함하여 단지 대위 또는 보험대위라고 하고 있지만, subrogation은 주로 제3자에 대한 대위를 말하고 보험의 목적에 대한 대위의 경우에는 salvage라고 한다. 또한 subrogation은 어원적으로 라틴어의 sub(=under)와 rogare(=ask)로 구성되어, asking(for a payment) under another's name이라는 의미를 가지고 있다.

보험대위는 민법상의 손해배상자의 대위와 유사한 것으로 손해보험에서만 인정되는 원칙이고 인보험에서는 허용되지 않고 있다. 그러나 인보험 가운데에서도 상해보험의 경우에는 그 사고가 제3자의 행위로 생긴 경우에는 보험대위를 인정해야 한다는 설도 있다.

2) 대위의 근거와 성질

(1) 인정의 근거

보험대위는 손해보험의 기본원리의 하나인 이득금지의 원칙과 형평성의 이념에서 유래된 것이다. 보험대위가 법적으로 인정된 근거에 대해서는 학문상으로 손해보험의 성질에서 찾으려는 입장과 정책적인 관점에서 찾으려는 입장으로 나눌 수 있다.

① 손해계약설

손해보험계약은 일종의 손해보상계약이기 때문에 피보험자에게 보험사고발생으로 인한 손해만을 보상하여 주어야만 하고, 그 이상의 부당한 이익을 부여하면 안 된다는 설로서 우리나라에서는 이 설을 채택하는 것이 일반적이다.

② 보험정책설

피보험자가 보험사고를 유발하거나 도박보험 등의 방법으로 보험제도를 악용・남용하려는 소지를 방지하기 위하여 보험대위를 인정하여야 한다는 설이다. 주로 프랑스가 이 설을 채택하고 있다. 오늘날 손해보험의 성격을 가지고 있는 인보험에서 보험대위를 금지하는 경우가 있으며, 경우에 따라서 허용되는 경우가 있다.

(2) 성 질

보험대위는 피보험자의 의사표시에 따른 양도행위의 효과가 아니라 법률이 인정하는 당연한 효과이다. 대위의 요건, 즉 전손, 보험금의 전부지급, 보험목적물가치의 존재, 제3자에 의한 보험사고발생 등이 충족되면 당사자의 의사표시와는 상관없이 당연히 잔존물에 대한 권리 또는 구상권이 보험자에게 이전된다.

잔존물에 관한 권리의 이전은 물권변동의 절차를 밟지 않고도 당연히 제3자에게 그 권리를 주장할 수 있으며 또한 제3자에 대한 권리의 경우에도 지명채권양도(특정인을 채권자로 하는 채권을 말하는데 이에 상반되는 것으로 지시채권, 무기명채권)가 대항요건의 절차 없이도 채무자, 그 밖에 제3자에게 대항할 수 있다.

3) 잔존물대위와 구상권대위

구상권대위(subrogation)란 보험사고에 의한 손해가 제3자(보험자와 보험계약자, 피보험자 이외의 자. 피보험자와 함께 생활하는 가족의 고의로 손해를 발생하게 한 경우가 아니면 제3자에 포함되지 않는다)의 행위에 의하여 발생한 경우에 보험금을 지급한 보험자는 그 지급한 금액의 한도 내에서 그 제3자에 대한 보험계약자 또는 피보험자의 권리를 취득하는 것을 말한다. 예를 들면 적하보험의 경우 화물의 손실이 해상운송인의 귀책사유로 생긴 때에 피보험자에게 그 손해를 보상하여 준 보험자가 해상운송인에 대한 피보험자의 손해배상청구권을 대위하여 취득할 수 있다.

잔존물대위(salvage)는 보험의 목적이 전부 멸실한 경우에 보험금의 전부를 지급한 보험자는 그 목적의 잔존물에 대한 피보험자의 권리를 취득한다는 것이다. 만약 피보험자가 부당한 이익을 취할 수 없게 하기위하여, 전손이 발생한 경우 보험자가 잔존물의 가치를 공제한 금액을 피보험자에게 보상하게 된다면 잔존물의 가치를 계산하는데 많은 시간과 비용이 필요할 뿐만 아니라 피보험자가 잔존물을 매각처분해야 하는 불편을 주게 된다. 이는 피보험자의 권익보호를 위해서도 바람직하지 못하다. 따라서 잔존물을 도외시하고 전손으로 보아서 보험자가 보험금의 전부를 피보험자에게 지급하고 그 대신 잔존물에 대하여 피보험자가 가지고 있는 권리를 보험자가 취득하게 된다. 이는 결과적으로 피보험자의 이익을 방지할 뿐만 아니라, 보험자가 지불한 보험금의 일부를 회수할 수 있는 효과도 있다.

4) 잔존물대위와 구상권대위의 효과

(1) 구상권대위의 효과

① 제3자에 의한 보험사고의 발생

피보험자의 권리 이전 : 제3자의 책임 있는 사유로 보험사고가 발생한 때에는 보험자의 보험금지급에 의하여 보험계약자 또는 피보험자가 가지는 제3자에 대한 권리가 당연히 보험자에게 이전된다.

대위권행사의 범위 : 제3자에 대한 보험대위권의 행사는 바로 피보험자가 보험사고로 말미암아 제3자에게 가지고 있던 권리를 행사하는 것이므로 피보험자의 권리에 의해 제한된다. 다시 말하면 보험자는 피보험자가 제3자에 대하여 가지는 권리보다 더 큰 권리는 가질 수 없다.

② 피보험자의 협조의무

보험자가 보험금의 지급 이후에 제3자에 대한 피보험자의 권리를 취득하더라도 제3자와 관계가 있는 보험계약자 또는 피보험자의 협조가 없으면 대위권을 행사하기가 곤란하다. 따라서 피보험자는 보험금을 지급받은 후에 보험자가 그 권리를 행사할 수 있도록 협조해야 할 의무를 가지게 된다.

(2) 잔존물대위의 효과

① 잔존물에 대한 권리의 이전

- **당연한 권리의 이전** : 보험의 목적물 전부가 멸실된 경우에 보험금의 전부를 지급한 보험자는 잔존물에 대한 피보험자의 권리를 취득하게 된다. 잔존물에 대한 피보험자의 권리의 이전은 법률의 규정에 의하여 당연히 이루어지는 것이므로 보험자가 보험금을 전부 지급하면 그 목적물에 대한 물권변동의 절차를 밟지 않고도 잔존물에 대한 피보험자의 권리가 보험자에게 이전하게 된다. 이에 따라 피보험자는 그 목적물에 대하여는 특약이 없는 한 권리를 가지지 못하고 또한 임의로 그것을 처분할 수 없다.

- **이전되는 권리의 범위** : 잔존물대위에서 이전되는 권리는 본래 그 목적에 대하여 피보험자가 가지는 권리라고 정하고 있다. 즉, 보험대위에 의하여 보험자에게 이전하는 권리는 피보험자가 보험의 목적에 대하여 가지는 피보험이익에 관한 권리하고 할 수 있다. 일반적으로 임차권이나 담보물건 등은 그 목적물의 멸실과 동시에 소멸하기 때문에, 피보험이익에 대한 피보험자의 권리라 함은 목적물에 대한 피보험자의 소유권만을 가리킨다.
- **권리이전의 시기** : 보험대위권은 보험금전액의 지급을 전제로 하고 있으므로 보험자는 보험사고의 발생시기가 아니고 보험금을 전부 지급한 때로부터 그 권리를 취득한다. 그러므로 피보험자가 보험금의 지급을 받기 전에 그 목적물을 임의로 처분하였으면 보험에서 그 대가를 공제할 수 있고 보험금의 지급을 받은 후에 이를 처분한 때에는 보험자는 피보험자에 대해 그로 인한 손해배상을 청구할 수 있다.

② 일부보험의 경우

일부보험에서 보험자가 보험금의 전부를 지급하면 보험금액과 보험가액의 비율에 따라 피보험자도 보험의 목적에 대하여 가지는 권리를 일부 취득하게 된다. 이에 따라 일부보험의 경우에는 잔존물에 대한 권리가 그 비율에 따른 부분만이 보험자에게 귀속하게 되므로 보험자와 피보험자는 그 목적물에 대한 권리를 공유하게 된다. 예를 들어 보험가액이 5억원인 선박을 보험금액 4억원으로 보험에 부보한 경우에 피보험자는 1억원에 대하여 구조물의 1/5에 대한 권리를 가지게 되고, 보험자는 4/5에 대한 권리만을 취득하게 된다.

③ 피보험자의 협조의무

피보험자는 보험금의 지급을 받아 잔존물에 대한 권리가 보험자에게 이전된 후에는 보험자가 그 권리를 행사할 수 있도록 필요한 정보를 제공하고 그가 점유하고 있는 권리의 입증에 필요한 서류를 교부하고 필요에 따라서 권리이전에 관한 공증서를 제출해야 한다. 왜냐하면 그 보험의 목적에 대하여서는 피보험자가 점유하고 있는 것이 일반적이고 또한 그 내용을 가장 잘 알고 있는 위치에 있기 때문에 보험자의 권리행사에 피보험자가 협조하여야 하는 것은 당연하다고 할 수 있기 때문이다.

보험자는 대위권의 행사로 불이익을 받게 되는 경우에 보험자가 보험대위권을 포기하고 보험목적에 따른 공법상 또는 사법상의 부담을 피보험자에게 귀속시킬 수 있다. 따라서 공법상 혹은 사법상의 채무를 이행하기 위한 금액은 피보험자의 부담으로 하고 있다.

5) 위 부

위부(abandonment)란 보험사고 발생결과가 현실전손은 아니지만 보험목적이 전손에 가까운 손실을 입었거나 또는 본래의 목적으로 사용할 수 없을 경우에 피보험자가 그 보험목적에 대하여 가지고 있는 일체의 권리를 보험자에게 이전하여 보험금액의 전액을 청구할 수 있는 해상보험 특유의 제도이다.

해상보험에 있어서는 전손으로 추정되기는 하지만 그 증명이 곤란한 경우가 있다. 이러한 경우에 피보험자가 보험사고 발생사실의 증명이나 손해액 산정절차를 생략하고 법률상 전손과 같이 취급하여 보험금지급을 청구할 수 있도록 하는 제도가 바로 위부이다.

(1) 위부의 확인

① 선박 · 적하의 점유상실

선박의 회복가능성이 없거나 회복은 가능해도 그 회복비용이 회복하였을 때의 가액을 초과하리라고 예상되는 경우에 위부가 가능하다.

② 선박의 수선비용이 과다한 때

선박의 수선비용이 보험가액을 초과하리라고 예상될 경우에 위부가능하다.

③ 적하의 수선비용 · 운송비용이 과다한 때

적하의 수선비용과 적하를 목적지 까지 운송하기 위한 비용의 합계액이 도착한 때의 적하의 가액을 초과하리라 예상되는 경우에 그 적하의 위부가 가능하다.

(2) 위부의 성격과 효과

위부는 피보험자의 단독행위이기 때문에 피보험자의 위부통지만으로 성립하며 보험자의 승낙을 필요로 하지 않는다. 보험자가 위부를 승인하지 아니할 때 피보험자가 위부의 원인을 증명하지 아니하면 보험금의 전액을 청구하지 못한다. 보험자가 일단 위부를 승낙한 후에는 이에 대해 이의를 제기하지 못한다. 위부의 원인이 보험의 목적일부에 대하여 생길 때는 그 부분에 대해서만 위부할 수 있다.

위부의 직접효과는 피보험자가 보험의 목적에 대하여 가지는 일체의 권리(잔존물에 대하여 가지는 권리와 제3자에 대하여 가지는 권리)를 보험자에게 이전하는 것이며, 위부의 간접효과는 피보험자가 보험의 목적을 위부한 때 보험금의 전액을 청구할 수 있는 것이다.

(3) 보험위부의 문제점

보험위부제도는 전손이 발생했다고 추정되는 경우에 피보험자가 보험의 목적에 대하여 가지는 모든 권리를 보험자에게 이전함에 따라 보험금의 전부를 청구할 수 있는 제도인데, 실무에서는 보험자가 보험의 목적에 대한 권리를 취득하지 않고 전손금을 지불하는 처리를 하고 있다.

원래 보험위부제도는 위부에 의해 보험자에게 이전하는 잔존물에 경제적 가치가 있다는 것을 전제로 하는데 오늘날에는 잔존물에 부수하여 발생하는 철거비용 및 손해배상책임을 이행하기 위해 필요로 하는 비용이 위부되는 잔존물의 경제적 가치를 상회하는 경우가 많아 전술한 전제가 붕괴되고 있다.

더구나 보험의 목적에 잔존가치가 있는 경우에는 보험위부제도에 의하지 않고 보험대위에 의한 소유권의 취득방법을 이용할 수 있는 등의 이유로 보험위부제도가 폐지되기에 이르고 있다.

제8장 재보험

재보험(re-insurance)이란 보험자가 인수한 리스크의 일부 또는 전부를 다른 보험자에게 다시 전가하는 보험을 말한다. 따라서 재보험은 보험자의 보험이라고 할 수 있다. 이때 보험계약을 처음 체결한 보험자를 원보험자라고 부르며 원보험자로부터 리스크를 인수한 보험자를 재보험자라고 칭한다. 원보험자는 보험계약자로부터 인수한 전체의 리스크 가운데 스스로 인수하고자 하는 부분을 남기고 나머지 부분을 재보험자에게 부보하며 스스로 인수한 부분을 보유부분(retention)이라고 하고 재보자에게 양도한 부분을 양여부분(cession)이라고 한다. 그리고 재보험자가 다시 다른 보험자에게 재보험하는 경우에는 재재보험이라고 칭한다.

보험사업을 영위하는 데 있어서 재보험의 역할은 거의 필수적이며 특히 재산 및 배상책임보험 분야에서는 더욱 필요한 것이다. 재보험제도가 존재하지 않는다면 오늘날과 같은 보험산업의 발전은 기대할 수 없다. 전 세계적 재보험시장의 발달로 세계 각국의 보험산업이 성장할 수 있었고 보험기술의 발전도 촉진되었다. 또한 재보험제도는 보험산업의 국제화에 크게 기여하여 리스크의 분산은 물론 보험업무의 국제적 교류를 증대시키고 있다.

1. 재보험의 목적과 기능

1) 보험수익의 안정성

재보험이 추구하는 가장 중요한 목적의 하나는 리스크의 분산기능을 통한 보험수익의 안정성을 유지하는 것이다. 재보험이 보험수익의 안정성을 유지하는데 기여하는 방법은 두 가지인데, 하나는 대수의 법칙(law of large numbers)을 이용하여 예측된 손실과 실제 손실결과의 괴리현상을 감소시키는 것이고, 다른 하나는 특정 보험사고로 인하여 부담해야 하는 손실의 규모를 적절히 제한하는 것이다.

대수의 법칙이 적용되기 위하여 보험자는 동질의 리스크를 가능한 많이 확보해야 하는데 제한된 인수능력을 가지고 있는 보험자는 재보험제도가 없으면 그것이 불가능한 것이다. 예를 들면 한 보험자의 인수능력이 총 300억원이라고 가정할 때 이 보험자는 300억원 규모의 보험계약 한 건 밖에 체결할 수 없다. 이러한 상황에서는 대수의 법칙도 적용될 수 없는데, 만약 재보험을 이용하게 되면 무한히 많은 계약의 체결이 가능해진다. 즉, 자신이 인수한 리스크의 전부를 재보험자에게 전가시킨다면 훨씬 많은 300억원 규모의 보험계약을 체결할 수 있게 되고 대수의 법칙에 대한 리스크의 감소 가능성이 더욱 커진다. 이것은 보험수익의 안정성에 크게 도움이 된다.

또한 보험자는 재보험을 통하여 특정의 보험사고로부터 부담해야 할 손실의 크기를 제한할 수 있어서 예기치 못한 충격을 감소시킬 수 있다. 예를 들어 300억원 전부를 보유할 때 하나의 보험사고로 인하여 300억원의 손실을 부담해야 하는 엄청난 결과를 초래할 수 있지만, 30억원을 보유하고 나머지를 재보험에 가입하면 하나의 특정보험사고로 부담해야 할 손실의 규모를 30억원으로 제한할 수 있기 때문에 보험수익의 안정성을 도모할 수 있다.

2) 담보능력의 증대

보험자의 리스크 담보능력은 무한한 것이 아니고 보험자의 순자산가치 등에 따라 제한된다. 순자산가치가 클수록 담보능력은 커지는데 순자산가치를 증가시키는 방법 이외도 재보험을 이용하면 담보능력을 증대시킬 수 있다. 예를 들면, 총 300억원의 순자산가치가 있는 보험회사의 담보능력은 재보험을 이용하지 않을 경우 보험계약 한 건당 최대금액은 300억원정도라고 가정할 수 있다. 그러나 아무리 보험계약 금액이 클 경우라도 계약을 체결한 후 적절한 보유금액 이상은 모두 재보험에 가입하면 된다면 보험자의 보험계약 한 건당 담보할 수 있는 금액은 300억원을 초과하여 무한히 커질 수 있다.

3) 미경과보험료적립금 경감

보험자는 재보험을 이용하여 미경과보험료적립금(unearned premium reserve)의 부담을 경감시킬 수 있다. 미경과보험료(unearned premium)란 보험계약 체결 시에 선납한 보험료 중에서 보험보장기간이 지나지 않은 부분에 해당되는 보험료이며 이것은 보험자의 측면에서 보험계약자에 대한 부채에 해당된다. 그리고 미경과보험료는 시간의 흐름에 따라 경과보험료(earned premium)가 되어 보험자에게 귀속되는 것이다.

미경과보험료적립금이란 보험계약의 해지나 보험사고 발생 시 해약환급금 또는 보험금지급을 보장하기 위하여 미경과보험료의 적립을 법으로 정한 것이다. 미경과보험료적립금은 납입한 총보험료를 기준으로 시간의 흐름에 따라 결정된다.

재산·배상책임보험 분야에서 미경과보험료의 적립은 재무적으로 회사에 큰 부담을 주고 있다. 그 이유는 보험사업의 특성상 판매수수료, 언더라이팅 비용, 증권발급 비용 등 각종의 보험사업비가 계약체결 시에 집중적으로 발생하기 때문에 총수입보험료의 상당한 부분이 지출되게 된다. 예를 들면, 총수입보험료가 1,200만원인 경우 20%에 해당하는 240만원이 초기에 지급되어

960만원이 남게 되는데 미경과보험료로 적립해야 할 금액은 1,200만원이므로 240만원을 보험자가 우선 충당해야 한다.

따라서 새로운 보험계약이 계속적으로 증가할 때 미경과보험료적립금을 위하여 보험자가 충당해야 할 금액이 급속도로 증가하여 재무적으로 어려움에 직면하게 된다. 보험자는 이 문제를 해결하기 위하여 성장속도를 조절하거나 추가적으로 자금의 확보를 위하여 노력해야 하는데, 재보험을 이용하면 그 부담을 경감시킬 수 있게 된다.

4) 재난적 사고보상

보험계약의 규모가 상상을 초월할 만큼 거대한 상황일수록 한 건의 재난적 사고는 보험자를 파산시키기에 충분하다. 재보험은 이러한 재난적 사고발생에 따른 막대한 재무적 손실을 보장해 준다. 원수보험자는 이와 같은 상황을 피하기 위하여 담보능력의 범위 내에서 리스크를 보유하고 담보능력을 초월하는 부분은 재보험자에게 전가하여 재난적 재무손실을 피할 수 있기 때문이다.

지진・홍수・화산폭발・해일 등의 자연재해, 거대한 사업시설의 화재 및 폭발, 수백명을 수송하는 여객의 추락, 수십만 톤의 선박침몰 등과 같은 대재난적 사고는 재보험을 통하여 리스크를 무수히 분산시키지 않고는 하나의 원수보험자가 인수하는 것은 불가능하다.

5) 사업중단에 따른 잔존계약인수

보험시장에서 보험자는 여러 가지 원인으로 보험사업을 계속하지 못하고 폐업하게 될 수도 있다. 이때 재보험을 이용하여 보험자가 보유하고 있는 잔존보험계약을 보험계약자의 이익을 보호하기 위하여 적절히 처리할 수 있다. 즉, 재보험자는 원수보험자로부터 잔존보험계약을 합리적 조건 아래 모두 인수할 수 있다. 인수된 보험계약은 기간만기까지 유지되며 보험사고 발생 시에는 보험금이 지급된다. 재보험은 이러한 방식으로 보험시장에서 보험자의 퇴출을 가능하게 해준다.

6) 보험기술 협력 증진

보험시장에서 재보험자는 일반적으로 원수보험자에 비하여 보험사업에 대한 전문적 지식과 경험을 더 많이 가지고 있다. 이것은 재보험사업이 원수보험사업 보다 더 전문적이고 더 많은 경험을 요구하고 있기 때문이다. 따라서 재보험사업은 대체로 보험선진국의 보험자에 의하여 이루어지고 있다. 재보험 거래에 있어서 재보험자는 원수보험자에게 다각적으로 협력하는 위치에 있으며 특히 보험기술의 이전과 인력양성 등에 많은 도움을 주고 있다.

선진국의 재보험자는 자국의 순수보험자에게도 재보험거래를 위한 협력관계를 유지하고 있지만 해외시장 개척을 위하여 보험후진국에 진출하여 원수보험자와 긴밀한 관계 하에 원수보험자의 보험사업을 발전시키는데 많은 도움을 주고 있다. 보험의 국제화 및 보험기술의 국제적 이전은 재보험사업을 통하여 이루어지고 있다.

2. 재보험협약의 종류

원수보험자와 재보험자가 재보험거래를 하는 방식은 두 가지 종류의 협약으로 구분된다. 하나는 임의재보험협약(facultative re-insurance agreement)이고, 다른 하나는 강제재보험협약(treaty re-insurance agreement)이다.

1) 임의재보험협약

임의재보험협약은 재보험의 가장 초기적 형태라고 할 수 있으며, 원수보험자와 재보험자가 재보험거래에 있어서 서로 속박을 받지 않고 비교적 자유롭게 의사결정을 할 수 있는 것이다. 원수보험자와 재보험자가 재보험 거래관계를 유지할 것을 협약하지만 구체적 재보험계약 방법은 정하지 않은 상태이다.

임의재보험협약의 가장 큰 특징은 원수보험자나 재보험자가 항상 재보험계약을 체결할 의무는 없다는 것이다. 원수보험자가 인수한 특정의 리스크를 원수보험자가 반드시 재보험자에게 양여할 필요가 없으며 단지 원수보험자의 판단에 따라 재보험에 가입하는 것이다. 한편, 재보험자도 원수보험자가 양여하려고 하는 리스크를 반드시 인수할 의무가 없으며 재보험자의 판단에 따라 선택할 수 있는 것이다.

임의재보험협약의 대상이 되는 리스크는 일반적으로 매우 규모가 크고 특별한 성격의 리스크가 많다. 원수보험자의 입장에서 재보험거래가 주기적 또는 지속적으로 이루어 질 수 없는 특수한 경우의 리스크를 인수할 때 이 협약을 많이 이용한다.

임의재보험 거래의 구체적 계약조건은 특정 리스크를 전제로 원수보험자와 재보험자의 협의에 따라 결정된다. 임의재보험협약은 당사자가 서로 재보험거래에 대하여 구속을 받지 않기 때문에 거래관계가 매우 자유롭고 재보험자도 계약조건이 만족스럽지 않으면 리스크를 인수하지 않으면 되는 것이다. 개발도상국의 규모가 작은 원수보험자는 임의재보험협약을 이용하여 거대한 리스크를 인수할 수 있고 때로는 기존에 취급하지 않았던 특수한 리스크도 인수가 불가피한 상황에서 임의재보험협약을 이용하여 인수가 가능해 질 수 있다.

한편, 임의재보험협약은 위와 같은 장점에도 불구하고 단점도 많다.

첫째, 원수보험자는 특정 리스크에 대한 재보험이 확보되기 전까지 보험청약자로부터 제시된 리스크에 대한 인수결정을 지연시킬 수밖에 없다. 이러한 상황에서 경쟁자에게 보험계약을 빼앗길 수가 있다.

둘째, 재보험계약 체결 시 계약조건의 협의, 보험료 결정, 회계처리 등 많은 업무가 진행되어야 하기 때문에 시간과 경비가 발생하는 단점이 있다.

셋째, 재계약 시 똑같은 협의절차가 반복되고 계약의 해지 또는 변경 시에도 많은 잡무가 추구되어 효율성이 떨어진다.

2) 강제재보험협약

강제(treaty 또는 automatic)재보험협약의 특징은 원수보험자와 재보험자가 미리 정해진 재보험계약의 방식에 따라 강제로 또는 자동적으로 재보험계약을 체결하는 것이다. 재보험거래에 있어 양 당사자 모두 선택권은 없다.

강제재보험협약은 원수보험자에게 여러 가지 장점을 제공하는데 첫째, 재보험거래의 불확실성이 없어서 신속하게 원수보험계약을 체결할 수 있고, 둘째, 미리 정해진 내용에 따라 자동적으로 재보험계약이 성립되어 업무의 효율성이 높으며, 셋째, 원수보험자는 안정된 재보험계약을 바탕으로 원수보험사업을 적극적으로 추진할 수 있다.

이에 반하여 재보험자는 다소 불리한 상황에 처할 수 있다. 재보험자는 선택권 없이 원수보험자가 인수한 모든 리스크를 인수해야 하기 때문에 원수보험자의 능력 또는 의지에 따라 보험수익이 좌우된다. 원수보험자가 언더라이팅 기능을 제대로 발휘하지 못하거나 또는 적정한 보험요율을 적용하지 않을 때 손실발생의 가능성은 커지고 재보험자의 보험수익은 적어지거나 손실이 발생하게 된다. 재보험자가 원수보험자의 보험업무에 간접적으로 조언은 할 수 있지만 직접적인 참여는 불가능하여 어려운 상황에 직면할 수도 있다. 따라서 원수보험자가 계속적으로 수익성이 좋지 않은 리스크만을 인수하여 재보험에 가입한다면 재보험자는 그러한 원수보험자와의 거래를 원하지 않게 된다.

3) 임의자동재보험협약

임의자동재보험협약은 임의재보험협약과 자동재보험협약의 성격을 합친 것으로 원수보험자는 자동재보험협약의 틀에서 원수보험계약을 선택적으로 재보험에 가입할 수 있는데 반하여, 재보험자는 의무적으로 재보험을 인수해야 하는 것이다. 이러한 형태의 재보험협약은 원수보험자에게 상당히 신축성을 부여하고 있는데 양 당사자 사이에 커다란 신뢰를 바탕으로 할 수 있으며 원수보험자는 재보험자의 보험수익을 항상 고려해야 한다.

이 재보험협약은 그 운영방식에 있어서 잉여분담계약(surplus share treaty)과 그 성격이 매우 유사하다. 원수보험자는 인수한 리스크를 재보험자에게 양여할 때 보유부분을 자율적으로 결정할 수 있다. 즉, 보유부분이 적으면 재보험자가 인수하는 부분이 커지게 되고 보유부분이 매우 커지면 인수해야 할 리스크가 존재하지 않게 되는 것이다.

3. 재보험계약의 종류

원수보험자와 재보험자가 체결하는 재보험계약의 종류는 크게 두 가지로 분류된다. 하나는 비례재보험(proportional re-insurance) 또는 리스크 분담계약(share of risk contract)이고, 다른 하나는 비비례재보험(nonproportional re-insurance) 또는 초과손실 분담계약(excess of loss share contract)이다. 비례재보험의 종류는 비례분담(pro-rata share 또는 quota share)계약과 잉여부담(surplus share)계약이 있으며, 비비례재보험의 종류는 초과손실률(excess of loss ratio)방식과 초과손실액(excess of loss amount)방식이 있다.

1) 비례재보험

비례재보험의 특징은 원수보험자가 인수하는 리스크를 원수보험자와 재보험자 간에 비례적으로 분담하여 그 비례에 따라 보험료를 나누고 손실이 발생하면 보험금도 비례적으로 분담하는 것이다. 이때 리스크를 분담하는 방식에 따라 비례분담계약과 잉여분담계약으로 나뉜다.

비례분담계약은 원수보험자가 인수한 총리스크를 미리 약속된 비율로 분배하는 것이다. 예를 들면, 100억원 가치의 공장을 부보금액 100억원으로 화재보험에 가입하고 보험료 100만원을 납입했을 때 원수보험자와 재보험자가 각각 50%씩 인수한다면, 보험료는 50만원씩 나누고 화재가 발생하여 100억 원의 보험금을 지급하여야 할 때 원수보험자와 재보험자는 각각 50억원씩 부담해야 한다.

비례분담계약의 장점은 미경과보험료적립금에 대한 원수보험자의 부담을 크게 경감시킬 수 있는 것이고 단점은 재보험자에게 수익성이 좋은 리스크를 상당한 부분 양여하는 것이다.

잉여분담계약은 재보험자가 원수보험자의 보유한도를 초과하는 부분을 미리 정해진 최고한도까지 인수할 것을 약속하는 것이다. 따라서 원수보험자는 인수하는 리스크의 크기에 관계없이 일정한 보유한도까지 보유하게 된다. 인수하는 리스크가 보유한도 보다 적을 때에는 재보험자가 인수할 부분은 없어지게 된다.

원수보험자의 입장에서 잉여분담계약은 자기보유한도를 지키면서 인수능력을 무한히 증대시킬 수 있다는 장점이 있다. 그러나 업무가 다소 복잡하며 업무비용이 증가하는 단점도 있다.

2) 비비례재보험

비비례재보험은 일명 초과손실분담이라고 하는데 재보험자의 보험금지급책임이 손실의 규모에 따라 결정되는 것이다. 다시 말하면, 원수보험자의 손실이 일정한 규모를 초과하여 발생할 때, 원수보험자는 일정한 규모의 손실만을 보상하고 재보험자는 그 규모를 초과하는 만큼의 손실을 책임지는 것이다. 일정한 손실규모를 표시하는 방법으로 손실률(loss ratio)을 사용하는 것과 절대금액(loss amount)을 사용하는 것이 있다.

초과손실률방법(excess of loss ratio method)에서는, 일정비율의 손실률을 기준으로 재보험계약을 체결했을 때 원수보험자는 손실률이 그 비율에 이르기까지의 모든 손실을 보상해야 하고 그 이상의 손실은 재보험자가 보상하는 것이다. 즉, 손실률을 70%로 했을 때 실제 손실률이 90%가 되면 70%를 원수보험자가 초과하는 20%의 손실은 재보험자가 부담하게 된다.

한편, 절대금액으로 표시하는 초과손실액방법(excess of loss amount)을 사용하는 경우, 기준이 되는 일정한 손실금액까지의 손실은 원수보험자가 보상하고 그것을 초과하는 금액은 재보험자가 책임을 지는 것이다.

3) 재보험 풀

재보험 풀(re-insurance pool)은 엄밀히 말하면 위에서 설명한 재보험계약의 종류에 속하지 않지만 리스크를 분산시키는 재보험 기능을 수행한다. 재보험 풀은 항공보험, 해상보험, 원자력보험, 자연재해보험 등의 분야에서 하나의 보험자가 인수하기 어려운 거대한 리스크를 수십 또는 수백의 보험자들이 공동으로 인수하기 위하여 만들어진 보험자의 집단조직이다.

손실을 분담하고 보험료를 나누는 방법은 재보험 풀의 형태에 따라 다른데 두 가지의 형태로 운영된다.

첫째 방식은 모든 보험자들이 동일한 비율로 리스크를 분담하고 보험료를 배분하는 것이다. 보험사고의 발생 시 참여한 모든 보험자는 동일한 비율로 손실을 보상한다.

둘째 방식은 초과손실분담계약과 유사한데 각각의 보험자는 일정규모 이하의 자기손실은 자기가 부담하고 그것을 초과하는 손실은 모든 참여 보험자가 공동으로 보상한다.

일반적으로 어떤 참여 보험자도 재보험 풀에 리스크를 가져 올 수 있으며 보험요율의 산정은 위원회에서 하며, 재보험 풀은 집단적으로 재보험에 가입할 수도 있다.

제9장 보험계약

1. 보험계약의 내용 및 구성

1) 보험계약의 의의 및 법적 성질

(1) 보험계약의 의의

보험계약은 보험자가 대수의 법칙에 따른 위험률에 따라 보험계약자로부터 보험료를 수취하고, 보험목적에 대하여 우연한 사고가 발생한 때에 보험금 또는 기타의 급여(실물적 급여 등)를 할 것을 약정한 채권계약으로서 보험제도의 특성 및 성격으로 사법상의 전형계약과는 다른 특수한 계약이라고 볼 수 있다. 우리나라 상법 제4편 보험편[제638조(의의)]에서는 "보험계약은 당사자 일방이 약정한 보험료를 지급하고 상대방이 재산 또는 생명이나 신체에 관하여 불확정한 사고가 생길 경우에 일정한 금액 기타의 급여를 지급할 것을 약정함으로써 효력이 생긴다."고 정의하고 있다. 보험계약에 관련한 학설로는 손해보상계약설[1], 경제적 수요충족설[2], 기술적 기초설, 선택설(이원설)[3], 금액급여설 등이 있다.

---

1) 대가를 받고 우연한 사고로 인하여 상대방에게 손해가 발생하면 이를 보상할 것을 인수하는 계약을 보험계약이라고 보는 것.

2) 경제적 수요의 충족이 보험계약의 중요한 요소라는 학설.

3) 손해보험과 정액보험은 그 성질이 근본적으로 다르므로, 이 두 가지를 포괄하는 통일적 의의를 포기하고 각각의 의의를 갖자는 학설, 손해보험은 보험사고가 발생할 경우 피보험자에게 발생한 손실을 보상하는 계약이고, 정액보험은 보험사고가 발생할 경우 보험수익자에게 미리 약정한 일정금액을 지급하기로 하는 계약이라고 한다.

(2) 보험계약의 법적 성질

① 낙성계약성(諾成契約性)

보험계약은 당사자 쌍방의 의사의 합치에 의하여 성립하고 아무런 형식을 요하지 아니하는 불요식의 낙성계약이다. 상법 제638조(의의)에서 "보험계약은 당사자 일방이 약정한 보험료를 지급하고 상대방이 재산 또는 생명이나 신체에 관하여 불확정한 사고가 생길 경우에 일정한 보험금액 기타의 급여를 지급할 것을 약정함으로써 효력이 생긴다."라고 규정하여 낙성계약성을 밝히고 있다.

② 유상 · 쌍무계약성(有償 · 雙務契約性)

보험계약은 보험자와 보험계약자 사이에 이루어지는 채권계약으로서 보험계약자가 지불하는 보험료와 보험사고 발생 시 보험자가 지급하는 보험금은 대가관계를 형성하고 있다. 이 두 채무가 서로 대립하는 관계에 있다는 이유로 유상계약이고 쌍무계약이다.

③ 개별성 · 단체성(個別性 · 團體性)

보험계약은 개별적으로 이루어지면서 보험단체(위험단체)를 전제로 하고 있으므로 보험계약의 해석 · 운용에 있어서도 보험계약의 단체성이 고려되어지고 있다. 보험상품의 판매에 있어서 보험계약자 · 피보험자에 대하여 특별한 이익의 제공을 금지하고 있는 것은(보험업법 제98조-특별이익의 제공금지, 보험업법 시행령 제46조-특별이익의 제공금지) 보험계약의 단체성을 고려한 것이라 볼 수 있다.

④ 상행위성(商行爲性)

영업으로 하는 보험의 인수는 상행위이다(상법 제46조 제17호). 그러므로 영리보험에 있어서 보험계약은 상행위성이 인정되며, 이를 영업으로 하는 경우에는 그 주체인 보험자는 상인이 된다. 따라서 보험계약에도 상행위에 관한 규정이 적용된다. 상호보험계약은 영리보험자가 영위하는 것이 아니므로 상행위는 아니다. 그러나 그 성질이 상반되지 아니하는 한도에서 상호보험에 준용한다. 즉, 상법의 규정이 준용된다(상법 제664조).

⑤ 사행계약성(射倖契約性)

보험계약에 있어서 보험자의 보험금지급의무는 사전에 보험자가 보험료를 징수하였음에도 불구하고 우연한 사고가 생긴 때에만 발생하므로 보험계약은 사행계약이라고 할 수 있다. 우리나라에서는 사행계약의 유형에 관하여 특별한 규정을 두고 있지 않다.

⑥ 선의계약성(善意契約性)

보험계약은 선의계약 또는 최대선의계약이다.[4] 보험계약의 당사자인 보험자와 보험계약자는 서로 대립하는 관계가 아니라는 의미이다. 일반적인 계약에 있어서도 신의성실의 원칙이 요청되지만, 보험계약의 사행계약적 성질을 고려할 때 보험관계에 있어서는 양 계약당사자의 선의뿐만 아니라 보험단체(위험단체)라는 위험공동체에 대한 선의가 요구되어진다. 보험계약성립 전에 보험계약자 측이 부담하는 고지의무의 경우 보험계약자 · 피보험자 등이 자기에게 계약상 불이익이 되는 사실도 정직하게 고지하여야 하는데서, 그리고 도덕적 위험이 상존하는 보험계약에 있어서는 신의성실의 원칙을 기반으로 하는 선의계약성이 특별히 요청되어진다.

⑦ 계속계약성(繼續契約性)

보험종류에 따라 차이가 있으나 보험계약자는 보험자와의 사이에 장기간 지속되는 계약관계를 가지게 된다. 따라서 단기간 내에 급부의 교환으로 즉시 계약관계가 종료되는 일반적인 거래와 달리 양 당사자 사이에는 협조의무 · 신의성실의무가 특별하게 요구되어진다. 계속계약성과 관련하여서는 보험계약성립 후 보험계약자 측이 부담하는 통지의무가 대표적 사례이다.

⑧ 부합계약성(附合契約性)

보험계약은 보험자가 다수인의 보험계약자를 대상으로 하여 대량으로 계약이 체결되고, 보험의 기술적 · 단체적 성격으로 인하여 그 정형성이 요구되기 때문에 부합계약에 속한다고 할 수 있다. 보험계약은 당사자의 일방(보험자=

---

4) 영국의 해상보험법 제17조 : 해상보험계약은 최대 선의를 기초로 하는 계약이다(A contract of marine insurance is a contract based upon the utmost good faith)라고 규정하고 있다.

보험회사)이 그 내용(보험약관)을 미리 작성하고, 상대방(보험계약자)이 이를 포괄적으로 승인함으로써 성립하는 부합계약성을 가진다. 따라서 보험계약자는 보험자가 작성하고 제시하는 보험약관을 전체로서 승인하든가 아니면 거부하든가 할 수 있을 뿐이다. 이러한 부합계약성은 보험계약자가 부당한 내용의 보험약관을 승인하지 않으면 안 되는 경우가 발생할 수 있는 문제점이 있다. 이 문제점에 대하여 상법은 보험종류에 따라 다소 차이가 있으나 이른바 불이익변경금지의 원칙(상법 제663조)[5]과 보험약관의 교부 · 명시의무(상법 제638조의3)에 관한 규정을 두어 보험소비자를 보호하고 있다.

2) 보험계약의 당사자

보험계약의 직접 당사자는 보험자와 보험계약자가 되겠지만 보험계약의 내용에 있어서는 인보험의 피보험자와 보험수익자, 손해보험의 피보험자는 보험계약의 간접 당사자로서 보험계약에 있어서 중요한 요소이다.

(1) 보험자(保險者, insurer)

보험자는 보험사업의 주체로서 보험을 인수하는 자이다. 보험자는 보험계약자와 보험계약을 체결하는 보험계약의 당사자로서 보험사고가 발생한 경우에는 보험금지급의무를 지는 자이다. 보험사업은 사회성 및 공공성을 갖기 때문에 우리나라에서는 보험업법으로 보험자의 자격을 제한하고 있다.

(2) 보험계약자(保險契約者, insurant)

보험계약자는 보험자와 자기의 이름으로 보험계약을 체결하며, 보험료납입의무를 진다. 보험계약자는 스스로 보험보호를 받느냐 또는 타인을 위하여 보험계약을 체결하였느냐는 상관이 없고, 타인을 위한 보험계약의 경우에도 보험계약의 당사자로 된다. 보험계약자의 자격에는 제한이 없으므로 권리능력이

---

5) 상법 제663조(보험계약자 등의 불이익변경금지) 이 편의 규정은 당사자 간의 특약으로 보험계약자 또는 피보험자나 보험수익자의 불이익으로 변경하지 못한다. 그러나 재보험 및 해상보험 기타 이와 유사한 보험의 경우에는 그러하지 아니하다.

있는 자는 누구나 보험자와 보험계약을 체결할 수 있으며, 대리인을 통해서도 보험계약을 체결할 수 있다. 대리인에 의하여 보험계약을 체결한 경우에는 대리인이 안 사유는 그 본인이 안 것과 동일한 것으로 하고 있다(상법 제646조 참조).

(3) 피보험자(被保險者, insured person)

피보험자는 손해보험과 인보험에서 그 뜻이 다르다. 손해보험계약에 있어서 피보험자는 보험수익자이며, 인보험에 있어서 피보험자는 생명 또는 신체에 관하여 보험에 붙여진 사람으로 자연인에 한하며 보험의 객체가 된다. 손해보험에 있어서는 피보험자와 관련한 특별한 제한이 없지만, 인보험에 있어서는 피보험자에 대하여는 여러 가지 제한이 있다.

(4) 보험수익자(保險受益者, insurance beneficiary)

보험사고발생 시 보험금 청구권을 갖는 자이다. 손해보험의 피보험자,[6] 인보험의 보험수익자를 지칭한다.

표 9-1 / 보험계약상 피보험자에 관한 용어 사용상의 치이점[7]

	인보험(人保險)	손해보험(損害保險)	비 고
용어의 정의	보험의 목적	보험수익자 (beneficiary)	손해보험과 인보험(人保險)에서 전혀 다른 개념
영문표기	insured(assured)	insured(assured)	동일표기
한자표기	被保險者	被保險者	동일표기
영해법(MIA)에서 보험계약자와 피보험자의 구분여부		보험계약자와 피보험자의 구분 없이 동일하게 사용	
협회적하약관상 보험계약자와 피보험자의 구분여부		보험계약자와 피보험자의 구분 없이 동일하게 사용	
피보험이익의 개념	없음	있음	영・미에서는 인보험(人保險)에도 피보험이익개념 도입

6) 손해보험의 경우에는 일반적으로 피보험자가 동시에 보험금을 받을 자가 되기 때문에 별도의 보험수익자란 개념을 사용하지 않는다.

7) 김희길, 보험계약상 피보험자와 관련한 보험용어상의 문제점에 관한 고찰, 국제상학(제25

	인보험(人保險)	손해보험(損害保險)	비 고
우리나라 상법에 규정된 보험증권 게기사항	인보험(人保險)증권 기재사항, 상법 제666조(손해보험증권)에 게기한 사항 외에 피보험자 기재(상법 제728조2호)	손해보험증권 기재사항에 보험계약자만 기재(상법 제666조 제7호)	손해보험증권과 인보험(人保險)증권에서 게기사항의 차이점, 손해보험증권에 피보험자 기재를 명시하지 않음, 해상적하보험증권에는 피보험자만 기재됨
보험증권의 유가증권성 관계	없음	손해보험증권 중 해상적하보험증권은 유가증권성을 갖는다는 학설이 다수설임	
보험소비자의 관점			손해보험과 인보험(人保險)을 동시에 구매하는 우리나라의 보험소비자에게 불필요한 혼란을 초래할 수 있는 소지를 갖고 있음

3) 보험계약을 구성하는 주요한 요소들

무형의 상품을 판매하는 보험자와 이 상품을 구매하는 보험계약자 사이에는 일반의 계약에서는 없는 특별한 요소들이 있다. 여기에는 보험계약의 직접당사자, 보험계약의 관계자와 보험계약체결을 보조하는 보조자 등 특별한 요소들이 있으며 또한 내용을 구성하는 다양한 요소들이 있다. 이러한 요소들은 보험계약의 당사자·보험의 목적·보험기간·보험사고·보험료·보험금액·보험가액·피보험이익·보험자의 보조자 등 보험계약과 관련하여 여러 가지 사항의 요소를 필요로 한다. 이러한 요소들은 보험계약체결시 보험종류에 따라 다르다.

(1) 보험의 목적

보험계약은 보험사고의 대상이 되는 객체, 즉 보험의 목적(목적물)이 있어야 한다. 보험의 목적은 손해보험에서는 피보험자의 재화나 책임 등이고, 인보험에서는 피보험자의 생명 또는 신체이다. 보험회사(보험자)는 이러한 객체에 대

권제4호), 한국국제상학회, 2010, p.239.

하여 보험사고가 발생한 경우에 보험금지급책임을 부담하는 것이므로 보험계약에서는 그 목적이 무엇인가를 구체적으로 정하여야 한다.[8] 보험의 목적이 사람의 생명이나 신체와 같이 비교적 명료한 보험의 목적이 있는 반면, 손해보험의 물건보험경우에는 경제적 이익이 있는 재화, 즉 상업용 건물, 주거용 주택, 선박, 상업용 자동차, 공장의 기계, 운송물(화물) 등이 될 수 있으며, 재산보험에 있어서는 피보험자의 배상책임이나 채권 등이 보험의 목적으로 된다. 이러한 보험의 목적은 피보험이익이라고 하는 보험계약의 목적[9]과는 구별되는 개념이다.

(2) 보험기간

보험기간이란 보험자의 책임이 시작되어 끝날 때까지의 기간으로서 이를 책임기간 또는 위험기간이라고도 한다. 이 보험기간은 보험계약이 성립하여 존속하는 기간인 보험계약기간과 반드시 일치하는 것은 아니고 보험계약에 의하여 보험기간을 달리 정할 수도 있고, 보험기간 · 보험계약기간 · 보험료기간이 세 가지의 기간을 일치시킬 수도 있다. 보험기간은 다른 약정이 없는 한 최초의 보험료를 받은 때로부터 개시하여[10] 그 종료일 까지다.

보험기간은 보험계약의 요소이므로 보험계약에서 이를 정하는 것이 원칙이다. 보험계약에서 보험기간이 정해지고 보험계약이 성립하여 보험료의 지급이 있었다 하더라도 그 보험기간 전 · 후에 발생한 보험사고에 대하여는 보험자의 보험금지급에 대한 책임은 없다. 그러나 보험사고가 보험기간 이내에 발생한 경우에는 그 기간의 경과 후에 손해가 발생하더라도(생명보험의 경우 피보험자의 사망) 보험자의 보험금지급책임은 인정된다. 보험계약에서 보험기간을 정하지 않은 경우는 법률[11] 또는 관습이 있으면 그 적용을 받는다. 보험기간은

---

8) 상법 제666조(손해보험증권)에서는 보험의 목적을 손해보험증권에 기재하고 보험자가 기명날인 또는 서명하여야 한다고 규정하고 있다.

9) 상법 제668조(보험계약의 목적) 보험계약은 금전으로 산정할 수 있는 이익에 한하여 보험계약의 목적으로 할 수 있다.

10) 상법 제656조(보험료의 지급과 보험자의 책임개시) 보험자의 책임은 당사자 간에 다른 약정이 없으면 최초의 보험료를 지급을 받은 때로부터 개시한다.

11) 상법 제688조(운송보험자의 책임) 운송보험계약의 보험자는 다른 약정이 없으면 운송인이 운송물을 수령한 때로부터 수하인에게 인도할 때까지 생길 손해를 보상할 책임이 있다.

보험계약의 요소를 구성하는데 있어서 대단히 중요한 개념이다.

특히, 보험기간의 문제에 있어서 소급보험의 경우에 보험계약자와 피보험자가 그 사고의 발생을 알지 못하고 보험계약을 체결하였을 경우에는 그 계약 성립 전에 발생한 보험사고에 대해서도 보험보호를 받을 수 있게 된다.

(3) 보험사고

보험사고는 보험계약에서 보험자의 보험금지급책임을 구체화시키는 우연한 사고를 말한다. 보험은 우연한 사고에 대비하는 것이므로 보험사고는 보험계약의 필수적인 요소이다. "위험이 없으면 보험도 없다"는 말과 같이 보험사고를 위험이라고 하기도 한다. 보험사고는 보험사고 그 자체로서의 우연성, 즉 보험사고 발생여부와 시기(인보험의 경우 피보험자의 사망[12]) 또는 정도(손해보험의 경우 분손·전손)가 불확실한 것이어야 하는데 이 우연성은 보험계약 당시에 당사자의 주관적 견지에서 판단하여야 한다. 따라서 보험계약 당시에 보험사고가 이미 발생하였거나 또는 발생할 수 없는 것이더라도 계약당사자 쌍방과 피보험자가 이를 알지 못한 때에는 보험계약은 유효하다.[13] 보험사고에 관하여는 손해보험과 인보험에서 차이가 있다. 손해보험에서는 손해의 발생이 일어나지 않을 수 있지만[예로서, 어떤 건물이 사용할 수 없을 때까지 화재가 발생하지 않을 수 있다(화재보험의 경우).] 그러나 생명보험에서 피보험자가 사망하는 일자를 알 수는

상법 제699조(해상보험의 보험기간의 개시) ① 항해단위로 선박을 보험에 붙인 경우에는 보험기간은 하물 또는 적하의 선적에 착수한 때에 개시한다. ② 적하를 보험에 붙인 경우에는 보험기간은 하물의 선적에 착수한 때에 개시한다. 그러나 출하지를 정한 경우에는 그 곳에서 운송에 착수한 때에 개시한다. ③ 하물 또는 적하의 선적에 착수한 후에 제1항 또는 제2항의 규정에 의한 보험계약이 체결된 경우에는 보험기간은 계약이 성립한 때에 개시한다. 상법 제700조(해상보험의 보험기간의 종료) 보험기간은 제699조 제1항의 경우에는 도착항에서 하물 또는 적하를 양륙한 때에, 동조 제2항의 경우에는 양륙항 또는 도착지에서 하물을 인도한 때에 종료한다. 그러나 불가항력으로 인하지 아니하고 양륙이 지연된 때에는 그 양륙이 보통 종료될 때에 종료된 것으로 한다.

12) 생명보험은 우연한 사고(보험사고)가 발생하지 않아도 만기보험금이 지급되므로 보험으로 볼 수 없다는 설도 있다. 생명보험실무에서는 보험기간의 만기가 되는 것도 보험사고라 한다.

13) 상법 제644조(보험사고의 객관적 확정의 효과) 보험계약당시에 보험사고가 이미 발생하였거나 또는 발생할 수 없는 것인 때에는 그 계약은 무효로 한다. 그러나 당사자 쌍방과 피보험자가 이를 알지 못한 때에는 그러하지 아니하다.

없지만 언젠가는 반드시 사망하는 보험사고가 발생한다.

(4) 보험료

보험료는 보험계약에서 보험자가 보험금지급책임을 지는 대가로서 보험계약자가 보험자에게 지불하는 금액을 말한다. 즉, 보험계약은 유상계약으로서 보험자가 보험계약자 측이 갖고 있는 위험을 인수하여 보험사고가 발생하면 보험금을 지급해야 하는 책임을 지게 되므로 보험료는 그에 대한 대가로서 보험계약자가 지불하는 금전을 지칭한다. 보험금에 대칭되는 용어이다. 보험료는 순보험료(純保險料)와 부가보험료(附加保險料)로 구성되며, 이를 합쳐 총보험료라고 한다(통상적으로 보험료라 칭한다). 순보험료는 보험사고발생 시 보험금지급, 즉 보험급부에 충당하기 위한 것으로, 일정기간(보험료기간) 내의 위험률과 보험금액을 기초로 하여, 보험자가 지급할 보험금의 총액과 균형(수지상등의 원칙)을 이루도록 하는 선에서 결정되어진다. 부가보험료는 보험회사를 경영하는데 필요한 인건비, 보유계약을 유지관리하는 데 필요한 경비, 대리점수수료 등으로 이루어진다. 부가보험료는 순보험료를 기준으로 산출되는 일이 많기 때문에, 보험료 액의 크기를 좌우하는 것은 순보험료이다. 보험료는 보험계약 당시에 확정되고 또한 선급(先給)하여야 하는 것이 보통이다.

(5) 보험금

보험계약의 내용에 따라 보험사고발생 시 보험자가 피보험자(손해보험의 경우) · 보험수익자(인보험의 경우)에게 지급하는 금전을 말한다. 보험금은 보험자(보험회사)에 의하여 현실적으로 보상되는 금액으로, 보험자가 보험계약상 지급하기로 약정한 금액의 최고한도인 '보험금액' 및 손해보험계약의 경우 피보험이익의 금전적 평가액인 '보험가액'과 구별되는 개념이다. 보험료에 대칭되는 개념으로서 생명보험과 같은 정액보험의 경우에는 보험금은 원칙적으로 보험금액과 일치하지만, 손해보험의 경우에는 보험금은 보험금액의 범위 내에서 실제로 발생한 손해액임을 원칙으로 한다. 손해보험의 경우 전손(全損)에 대한 보험금은 보험금액이 되며, 분손(分損)의 경우에는 보험금액과 보험가액이 일치하는 전부보험(全部保險) 또는 보험금액이 보험가액을 초과하는 초과보험이면 손해액 전액을 보험금으로 지급하며, 보험금액이 보험가액보다 적은 일부보험에서는 보험금액의 범위 내에서 보험금액의 보험가액에 대한 비율에 따라 보험금을 결정하여 지급하는 것을 원칙으로 하지만(비례보상의 원칙-상법 제674조), 당사자 간의 특약에 의하여 보험금액의 범위 이내에서 실제의 손해를 보험금으로 하여 지급할 수도 있다.

(6) 보험금액(보험가입금액)

보험금액(보험가입금액)은 보험자가 위험을 인수하여 보험사고 또는 보험사고로 인하여 소정의 손해가 발생한 경우에 보험자가 지급해야 할 금액 또는 그 최고한도의 금액으로서 보험계약을 체결할 당시에 보험자와 보험계약자 간에 약정하는 금액을 말한다. 보험금액은 보험가입금액과 같은 뜻으로 사용되고 있다.

(7) 보험가액

보험가액은 물건보험에 있어서 피보험이익의 평가액을 말한다.[14] 즉, 피보험이익을 금전으로 평가한 가액을 말한다. 보험가액은 '보험의 목적'인 재화의 가액으로서 언제나 일정한 것이 아니고 경제적 상황, 즉 경기의 변동에 따라 수시로 변동될 수 있는 특징을 갖고 있다. 따라서 손해보험 가운데도 책임보험과 같은 재산보험에 있어서는 피보험이익의 관념은 없다. 손해보험은 보험사고로 인한 피보험이익상의 손해를 보상하는 것을 본질적인 내용으로 하고 피보험자에게 어떤 경제적 이득을 제공하려고 하는 것이 아니므로 물건보험에 있어서도 피보험이익의 가액 이상으로 손해보상을 하는 것이 아니다. 따라서 보험가액은 보험자가 보상할 손해액의 최대한도를 설정하여 보험자의 보상책임의 법률상의 최고 한도를 나타내는 것이다. 따라서 보험가액은 손해액 산정의 기초가 되는 동시에 보험자의 구체적인 보상액을 결정하는 필요한 개념으

---

14) 손해보험계약에서의 피보험이익의 금전적인 평가액으로 '보험계약의 목적의 가액'이라고도 한다(상법 제669조 제1항).

로써 상법은 보험가액에 관하여 기평가보험(既評價保險)과 미평가보험(未評價保險)으로 나누어 규정하고 있다.

(8) 피보험이익

우리나라의 손해보험계약에서 보험계약의 중심요소로 삼고 있는 피보험이익의 관념은 "이익이 없으면 보험도 없다"라는 것이다. 상법은 피보험이익을 '보험계약의 목적'이라고 표현하고 금전으로 산정할 수 있는 이익으로 한정하고 있다. 피보험이익의 요건으로는 적법한 이익 · 경제적인 이익 · 확정성 있는 이익 등이 요구되고 있다.

4) 보험자의 보조자

(1) 보험대리점

보험대리점은 보험자를 위하여 보험회사(보험자)가 판매하는 보험상품에 관한 보험계약의 체결을 대리하거나 중개하는 것을 영업으로 하는 독립된 상인이다. 이 보험대리점은 보험계약의 체결권을 가지는 대리점과 체결의 중개만을 하는 중개대리점으로 구별할 수 있다. 손해보험의 경우에는 일반적으로 보험계약체결권을 갖고 있는 보험대리점이 이용되고 있으며, 위험인수상의 특수성이 있는 생명보험의 경우에는 보험중개대리점이 이용되고 있다.

보험대리점은 자연인이든 법인이든 상관이 없으나 일정한 자격을 갖춘 자로서 금융감독위원회에 등록하여야 한다.[15] 보험계약체결권을 갖는 대리점은 보험자의 대리인으로서 고지수령, 보험료수령, 보험계약의 변경 · 해지 등에 관한 권한을 갖는다. 이에 비하여 보험중개만을 하는 대리점은 이러한 권한을 갖지 못하고 단지 보험계약의 체결을 중개하는 권한만을 갖는다.

---

15) 보험업법 제87조(보험대리점의 등록)제①항 보험대리점이 되려는 자는 개인과 법인을 구분하여 대통령령으로 정하는 바에 따라 금융위원회에 등록하여야 한다.

표 9-2 / 보험대리점의 법적 권한(보험계약체결권을 갖는 대리점)

구분	계약체결	고지수령	통지수령	보험료수령	비고
권한	0	0	0	0	

표 9-3 / 보험대리점의 법적 권한(보험중개대리점)

구분	계약체결	고지수령	통지수령	보험료수령	비고
권한	×	×	×	△	

(2) 보험중개사

보험중개사(insurance broker)는 보험자의 사용인이나 대리인이 아니면서 보험자와 보험계약자 사이의 보험계약의 체결을 중개하는 것을 영업으로 하는 독립의 상인이다[(상법 제93조, 상법 제46조11호-중개에 관한 행위, 보험업법 제83조(모집할 수 있는 자), 보험업법 제89조(보험중개사의 등록), 보험업법 시행령 제34조~제39조 참조)]. 보험중개사는 상법상 중개인으로 보험계약의 체결을 중개하는 점에서 보험중개대리점과 같으나, 특정한 보험자를 위해서가 아니라 불특정다수(다수보험사)를 상대로 중개한다는 점에서 차이가 있다. 보험중개사는 보험에 대한 전문적인 지식이 요구되고 보험시장에 대하여 잘 알고 있어야 하므로 일정한 자격을 갖추고 보험업법시행령(대통령령 제22637호, 2011.1.24, 일부개정)이 정하는 바에 따라 허가를 받은 자이어야 한다.

표 9-4 / 전속대리점(체약) · 독립대리점(체약) · 보험중개사와의 비교

	전속대리점	독립대리점	보험중개사
영업범위	전속회사 상품판매	다수회사 상품판매	다수회사 상품중개
보험계약체결권	있음	있음	보험사위임사항
보험료(요율)협상권	없음	없음	있음
업무상불법행위에 대한 법적 책임	보험회사	보험회사	당해 중개인

(3) 보험설계사

보험설계사란 보험회사·보험대리점 또는 보험중개사에 소속되어 보험계약의 체결을 중개하는 자로서[보험업법 제2조(정의)9호], 제84조(보험설계사의 등록)에 따라 등록한 자를 말한다. 보험설계사는 생명보험설계사, 손해보험설계사 및 제3보험설계사로 구분된다(보험업법 시행령 제27조). 보험업법상 보험설계사는 일정한 자격요건을 갖추어 금융감독위원회에 등록을 하고 특정한 보험사업자를 위하여 보험계약의 체결을 중개하는 자이다. 보험설계사는 보험자에게 종속되어 보험판매를 하고 있다는 점에서, 독립된 지위에서 보험상품판매를 하고 있는 보험대리점이나, 독립적으로 특정한 보험자에 소속되지 아니하고 보험자와 보험계약자 사이의 보험계약체결을 중개하는 보험중개인과는 다르다.

표 9-5 / 보험설계사의 법적 권한

구분	계약체결	고지수령	통지수령	보험료수령	비고
권한	×	×	×	△	

(4) 보험의(保險醫)

보험의는 생명보험계약에서 피보험자의 신체검사를 보험자로부터 의뢰받아 피보험자의 신체나 건강상태를 검사하여, 위험측정에 관한 자료를 작성하여 의적소견을 보험자에게 제공하는 의사로서 진사의·진단의라고도 한다. 생명보험은 사람(피보험자)의 생·사를 보험사고로 하는 보험이므로 보험자가 위험을 인수함에 있어서 피보험자의 건강상태 등을 조사할 필요가 있는 생명보험계약상품에 대하여는 조사할 필요가 생긴다. 이에 따라 생명보험회사는 의사를 고용하거나 또는 의사에게 위임하여 피보험자의 건강상태를 검사하게 하여 그 검사를 토대로 그 위험의 인수여부를 결정한다. 여기에서 보험의는 보험회사(보험자)의 고용 또는 위임에 의하여 피보험자의 건강과 신체상태에 관한 위험관련자료를 제공하여 주는 보조자로서 고지수령권을 가지게 된다. 이러한 고지수령권을 가지게 되므로 고지의무에 관한 한 보험의의 고의·중과실은 보험자의 고의·중과실과 동일시 된다(통설). 그러나 보험의는 보험영업에 관한 대리권이 주어져 있지 아니하므로 상업사용인은 아니다.

표 9-6 / 보험의의 법적 권한

구분	계약체결	고지수령	통지수령	보험료수령	비고
권한	×	0	×	×	

2. 보험계약의 체결

1) 개 요

보험계약은 당사자 일방이 약정한 보험료를 지급하고 상대방이 재산 또는 생명이나 신체에 관하여 불확정한 사고가 생길 경우에 일정한 보험금액 기타의 급여를 지급할 것을 약정함으로써 효력이 생긴다.[16] 보험계약은 보험자와 보험계약자 사이에 보험계약내용에 대한 합의가 이루어지면 성립하는 불요식의 낙성계약이다. 따라서 보험료의 납입이나 보험증권의 교부는 보험계약의 성립요건은 아니다. 보험계약은 개별적으로 볼 때에는 보험자와 보험계약자 사이에 이루어지는 채권계약이지만, 전체적으로 볼 때에는 보험제도의 성질상 대다수의 경제주체를 대상으로 위험을 효율적으로 분산시켜야 하는 문제 때문에 하나의 보험자와 다수의 보험계약자 사이에 보험계약이 대량적으로 체결되는 다수계약이 된다.

이러한 특성 때문에 상법은 보험계약의 체결 시에 보험계약성립전의 의무로서 보험자에게는 보험약관의 교부・명시의무를[17] 보험계약자와 피보험자에게는 고지의무라는 특수한 의무를 부담시키고 있다(상법 제651조-고지의무위반으로 인한 계약해지). 대량으로 맺어지는 계약의 특수성과 관련하여 보험자가 보험계약자로부터 청약과 함께 보험료 상당액을 받은 때에는 보험자는 낙부통지의

16) 상법 제638조(의의)

17) 상법 제638조의3(보험약관의 교부・명시의무) ① 보험자는 보험계약을 체결할 때에 보험계약자에게 보험약관을 교부하고 그 약관의 중요한 내용을 알려주어야 한다. ② 보험자가 제1항의 규정에 위반한 때에는 보험계약자는 보험계약이 성립한 날부터 1월내에 그 계약을 취소할 수 있다.

무를 지고, 이를 게을리 한 때에는 승낙한 것으로 보아 보험계약의 성립을 인정하고 있다[상법 제638조의2의제①항 및 ②항].

2) 보험계약의 성립

(1) 보험계약의 청약과 승낙

보험계약은 낙성계약(諾成契約)이므로 원칙적으로 보험계약자의 청약에 대하여 보험자가 승낙함으로써 성립한다. 청약과 승낙에 대해서는 민법과 상법의 일반적인 원칙이 적용되고, 청약과 승낙에 특별한 방식이 요구되지는 않는다. 그러나 실제 보험계약의 체결 시에는 보험종류에 따라 청약과 승낙이 정형화(또는 요식화)되어 있다.

① 보험계약의 청약

보험계약의 청약은 보험계약자가 보험자에 대하여 일정한 보험계약을 맺을 것을 목적으로 하는 일방적인 의사표시이다. 청약의 방법은 구두에 의하든 서면에 의하든 상관이 없으나 실제 보험업계에서는 보험계약청약서를 이용하는 것이 일반적이다. 이 청약서는 그 내용이나 형식에 있어서 일정한 것은 아니나, 보험자가 그 내용을 구성하여 인수할 위험과 관련되는 여러 가지 사항에 관하여 문의하는 질문란을 두어 보험계약자로 하여금 이를 기재하도록 하는 정형화된 서식을 이용하고 있다.

보험계약자・피보험자 등이 청약서의 질문사항에 대하여 아는 사실을 그대로 정확하게 기재하는 것이 고지의무를 이행하는 것이 된다. 따라서 보험계약자가 그 청약서의 필요사항을 기재하여 보험자에게 교부하면 보험계약은 정식으로 청약한 것이 되며, 그 청약은 청약자가 임의로 철회하지 못한다(민법 제527조). 이것이 청약의 구속력이다. 청약의 구속기간은 다른 약정이 없는 한 보험자가 승낙여부를 결정할 수 있는 '상당한 기간'이 요구된다(민법 제529조-승낙기간을 정하지 아니한 계약의 청약).[18]

18) 민법 제529조(승낙기간을 정하지 아니한 계약의 청약)승낙의 기간을 정하지 아니한 계약의 청약은 청약자가 상당한 기간내에 승낙의 통지를 받지 못한 때에는 그 효력을 잃는다.

② 청약에 대한 보험계약의 승낙

보험자의 승낙은 특정한 보험계약의 청약에 대하여 보험자가 보험계약의 성립을 목적으로 하는 의사표시이다. 보험자가 보험계약자의 청약을 승낙하면 보험계약이 성립되고 보험계약은 효력이 발생하게 된다. 승낙의 방법에는 제한이 없고 명시적이든 묵시적이든 상관이 없다. 보험자는 보험계약자 등이 고지한 사항을 검토하고(언더라이팅과정의 수행), 위험의 인수 여부를 결정하여 승낙통지를 발송하면 보험계약이 성립한다(민법 제531조).[19] 보험자가 내부적으로는 보험청약을 받아들이기로 결정하였다 하더라도 그 승낙의 통지를 발송하지 아니하였으면 보험계약은 성립되지 않는다. 보험은 기본적 상행위(상법 제46조 제17호)로서 영리를 목적으로 하는 사보험(私保險)의 경우 보험자가 체결하는 보험계약은 일종의 상사계약(商事契約)이라 할 수 있다. 상법상 대화자 간의 계약의 청약은 상대방이 즉시 승낙하지 아니한 때에는 그 효력을 잃게 된다(상법 제51조-대화자간의 청약의 구속력). 그러므로 보험계약의 경우에도 보험계약청약자가 단순히 청약의 의사표시만을 하였을 때에 그 청약은 보험자가 상당한 기간 내에 승낙의 통지를 발송하지 아니하면 보험계약청약은 효력을 상실하고 보험계약은 성립되지 않는다.

(2) 보험자의 낙부통지(諾否通知)의무와 승낙의제(承諾擬制)

청약과 승낙에 관한 일반원칙에 의하면 상시 거래관계에 있는 상인(商人) 사이의 청약(상법 제53조)이 아닌 한 청약을 받은 자는 그 청약에 대하여 승낙 여부를 통지할 의무가 없고, 상당한 기간 안에 승낙의 통지가 없으면 그 청약은 효력을 잃고 따라서 계약은 성립되지 않는다(민법 제529조). 그러나 실무적으로 보험업계에서 보험계약자가 보험청약에 관한 승낙의 권한이 없는 보험설계사 등에게 청약을 하게 되면 보험계약이 체결되었다고(승낙되었다고) 믿고, 또한 청약과 동시에 보험료 상당액을 지불한 때에는 보험보호를 받을 수 있는 것으로 믿는 것이 일반적 실정이다. 이러한 현실적 실정을 감안하여 상법은 보험

---

19) 민법 제531조(격지자간의 계약성립시기)격지자간의 계약은 승낙의 통지를 발송한 때에 성립한다.

자가 승낙을 게을리 함으로써 보험계약자 측이 불이익을 당하지 않도록 하기 위한 특별규정을 두고 있다. 상법은 보험자가 보험계약자로부터 보험계약의 청약과 함께 보험료상당액의 전부 또는 일부의 지급을 받은 때에는 다른 약정이 없으면 30일내에 그 상대방에 대하여 낙부의 통지를 발송하여야 하고, 이를 게을리 한 때에는 승낙한 것으로 본다(상법 제638조의2 제①항, 제②항). 상법은 보험자의 낙부통지의무(諾否通知義務)를 지우고 이를 게을리 한 때에는 보험계약자의 보험청약을 승낙한 것으로 보아 보험계약의 성립을 인정하고 있다.

3) 보험약관의 교부 · 명시의무

(1) 의 의

보험계약은 보험계약자와 보험자의 의사합치, 즉 합의에 의하여 개별적으로 체결되지만 계약의 대량성 · 반복성 등 보험제도상의 특성으로 인하여 보통보험약관에 의하여 계약을 체결한다. 그런데 보험계약자 등은 보험계약을 체결함에 있어서 보험자가 일방적으로 작성한 청약서에 의하여 청약을 함으로써 계약의 내용이 될 보험약관을 제대로 알지 못하여 예상하지 못한 불이익을 받을 수가 있다. 이를 방지하기 위하여 상법은 보험약관을 작성한 보험자에게 보험약관의 교부 · 명시의무(상법 제638조의3)를 부과하고 있다. 그리고 보험업법에서는 보험계약내용에 관한 설명의무 조항(보험업법 제95조의2, 본조신설 2010.7.23)을 두어 보험계약자 측을 보호하고 있다.

(2) 보험약관의 교부 · 명시의무의 내용

보험자는 보험계약을 체결할 때 보험계약자에게 보험약관을 교부하고, 그 약관의 중요한 내용을 알려 주어야 한다(상법 제638조의3 제①항). 보험약관의 중요한 내용은 보험종류에 따라 다르다. 일반적인 보험약관의 주요 내용은 보험료와 그 지급방법, 보험금액, 보험기간, 보험사고의 내용, 보험계약의 해지사유, 보험자의 면책사유 등이 된다. 보험약관의 교부 · 명시의무자는 보험자이지만 보험업계에서 보험설계사 · 보험대리점 · 보험중개인 등을 통해서 보험판매가 이루어지는 경우에는 이들이 보험자를 대신하게 된다. 이럴 경우 의무부담 여부에 관한 다툼이 있을 수 있다.

(3) 의무위반의 효과

보험자가 보험계약을 체결할 때 보험약관의 교부・명시의무를 위반한 때에는 보험계약자는 보험계약이 성립한 날부터 1월내에 그 계약을 취소할 수 있다(상법 제638조의2 제②항). 여기서 1월의 기간은 제척기간이고, 보험계약자가 그 보험계약을 취소한 때에는 처음부터 그 계약은 무효로 되고(민법 제141조), 따라서 보험자는 보험계약자에게서 받은 보험료를 반환하여야 한다(상법 제648조-보험계약의 무효로 인한 보험료반환청구).

4) 고지의무(告知義務)

(1) 고지의무의 개요

① 고지의무의 의미

보험회사의 보험경영요체는 보험료의 수입과 이에 대응하는 보험금의 지급 사이에서 발생하는 수지차(收支差)에 의해서 결정되므로 보험자는 합리적인 경영을 하기 위해서는 자기가 담보해야 하는 위험을 가능한 정확히 측정하여 보험계약자로부터 적정한 보험료를 징수하여야 한다. 그런데 보험자는 보험계약자・피보험자보다 이 위험의 정도에 대해 잘 알지 못하므로 보험계약이 체결될 때까지 보험계약자 또는 피보험자는 보험자에 대하여 중요한 사항을 고지하고, 부실한 고지를 하지 아니할 의무를 지는데(상법 제651조), 이것을 고지의무라고 한다. 이것은 보험계약을 체결할 때 보험계약자 등에게 보험자가 보험사고발생의 가능성을 측정함에 있어서 도움이 되는 중요한 사항에 관하여 진실을 알릴 것을 요구하는 보험계약상의 특수한 의무이다. 고지의무는 보험계약자・피보험자 등이 보험계약의 성립 전에 지는 의무라는 점에서 보험계약의 성립 후에 지는 각종의 통지의무(상법 제652조-위험변경증가의 통지와 계약해지, 상법 제657조-보험사고발생의 통지의무)와는 구별된다.

② 고지의무의 근거

고지의무제도의 근거에 관해서는 위험측정설과 선의계약설이 있다. 위험측정설(또는 기술설)은 보험계약에서는 보험금과 보험료의 균형적인 산출을 위하여 위험률을 측정할 필요가 있는데, 위험의 기초사실을 관리・지배하고 있는 보험계약자・피보험자는 이를 보험자에게 고지하여 위험의 측정에 협조할 의무가 있다고 주장하는 학설이다. 선의계약설(또는 사행계약설)은 보험계약은 고도의 신의성실이 요구되는 선의계약 내지 사행계약이므로 보험계약자나 피보험자는 자기에게 불리한 사실일지라도 보험자에게 고지할 의무가 있다고 주장하는 학설이다.

③ 고지의무의 법적 성질

고지의무는 보험자가 그 이행을 강제하거나 불이행을 이유로 손해배상을 청구할 수 있는 것이 아니라, 이 의무를 위반한 경우에 보험자에게 계약해지권이 인정될 뿐이다. 따라서 고지의무의 법적 성질은 책무(간접의무 또는 자기의무)이다.

(2) 고지의무의 내용

① 고지의무의 당사자와 고지의 상대방

고지의무를 부담하는 자는 보험계약자와 피보험자이다. 인보험의 보험수익자에게는 고지의무가 없다. 보험계약자가 수인(다수의 보험계약자)이 있는 경우에는 각 보험계약자가 이 의무를 진다. 보험계약이 대리인에 의하여 체결되는 경우에는 그 대리인도 고지의무를 진다(상법 제646조, 민법 제116조).[20] 대리인에 의하여 고지할 때에는 본인이 알고 있는 사실뿐 아니라 대리인 자신이 알고 있는 사실도 고지하여야 한다[영국의 해상보험법(MIA) 제19조 참조]. 보험중개인이 보험계약자로부터 위임을 받아 보험계약을 체결하는 경우에 보험중개인도 보험자에게 중요한 사항을 고지하여야 한다.

고지의 상대방은 보험자 또는 보험자를 위하여 고지의무에 대한 수령권을

---

20) 상법 제646조(대리인이 안 것의 효과) 대리인에 의하여 보험계약을 체결한 경우에 대리인이 안 사유는 그 본인이 안 것과 동일한 것으로 한다.

갖는 대리인이다. 이와 관련하여 체약대리상인 보험대리점은 고지수령권이 있지만, 중개대리상인 보험대리점은 고지수령권이 없다고 본다.

② 고지의 시기와 방법

고지하여야 할 시기는 보험계약체결당시, 즉 보험계약이 성립할 때까지이다. 그러므로 보험계약을 청약할 때에는 고지의무를 다하지 아니하였어도 보험계약성립시, 즉 보험자가 그 청약을 승낙할 때까지는 추가 또는 정정할 수 있다. 보험계약청약 후 보험계약성립 시까지 고지사항에 관한 새로운 사실의 발생 또는 변경된 사항이 있으면 이를 고지하여야 한다. 고지의무는 계약의 청약 시에 끝나는 것이 아니라 보험계약이 성립할 때까지 위험에 영향을 미치는 새로운 사실에 대하여 완전히 고지하여야 한다.

고지의 방법에 대하여는 법률상 특별한 제한이 없으므로 구두로 하던 서면으로 하던 상관이 없다. 그러나 실무상으로는 보험계약청약서에 질문하는 난을 두어 여기에 기재하도록 하는 것이 일반적이다. 그리고 고지는 고지의무자가 스스로 하거나 또는 대리인이나 보험계약이행보조자로 하여금 이를 하게 할 수도 있다. 보험자의 고지수령은 보험종류에 따라 다양한 방법으로 하고 있다.

③ 고지사항 및 고지가 필요 없는 사항

고지사항은 보험자가 위험을 인수할 것인지 여부 또는 보험료를 산정하는데 그 판단에 영향을 미칠 수 있는 중요한 사항이다. 중요한 사항이란 보험자가 보험사고의 발생과 그것으로 인한 보험금 지급 책임부담의 개연율을 측정하여 계약의 체결여부 또는 보험료 액의 크기를 결정하는데 영향을 미칠 수 있는 사실을 말한다. 어떠한 사항이 고지할 중요한 사항이냐 아니냐는 사실적인 문제에 속하고, 사실적인 문제는 보험종류에 따라 다르다. 고지가 필요 없는 사항은 위험을 감소시키는 사항, 보험자가 알고 있거나 알고 있는 것으로 추정되는 사항, 보험자가 고지 받을 권리를 포기한 사항은 고지를 하지 않아도 고지의무 위반이 되지 않는다.

(3) 고지의무의 위반

① 고지의무위반의 요건

중요한 사항에 관하여 불고지(不告知) 또는 부실고지(객관적 요건)가 고지의무자의 고의 또는 중대한 과실(주관적 요건)에 의한 때에는 고지의무위반이 된다.

객관적 요건

고지의무위반의 객관적 요건은 중요한 사항에 대한 불고지 또는 부실고지가 있는 것이다. 여기서 불고지라 함은 중요한 사항을 알면서 알리지 아니하는 것을 말한다. 부실고지라 함은 사실과 다르게 말하는 것으로, 즉 허위로 고지하는 것을 말한다.

주관적 요건

고지의무위반에 관하여 보험계약자나 피보험자의 고의 또는 중대한 과실이 있어야 한다. 여기서 고의라 함은 해칠 의사가 아니고 중요한 사항에 관하여 알면서 고지하지 아니하거나 부실의 고지를 한 것을 말한다. '중대한 과실'이란 보험계약자·피보험자 등이 조금만 주의를 기울였으면 제대로 고지할 수 있었을 것을 그 주의를 다하지 아니함으로써 불고지 또는 부실고지를 한 것을 뜻한다.

② 고지의무위반의 효과

보험계약자·피보험자 등이 중요한 사항을 고지하지 않은 경우나 부실고지를 한 경우에는 보험자에게 보험계약취소권을 형성권[21)]으로 부여하고 있다.[22)] 이때 보험계약자·피보험자 등의 불고지 또는 부실고지가 사기·부주의·무관심·착오·판단상의 오류 등 어떤 원인에 기인되더라도 취소될 수 있으며 계약이 취소되면 보험계약은 처음부터 무효가 된다. 보험자에 의해 계약이 취소된 경우 보험계약자 등의 사기가 없는 한 보험료는 환급되고 또 이미 지급

---

21) 권리자의 일방적 의사 표시에 따라 일정한 법률 효과를 발생시키거나 소멸시키거나 하는 권리

22) 상법 제651조(고지의무위반으로 인한 계약해지) 보험계약당시에 보험계약자 또는 피보험자가 고의 또는 중대한 과실로 인하여 중요한 사항을 고지하지 아니하거나 부실의 고지를 한 때에는 보험자는 그 사실을 안 날로부터 1월내에, 계약을 체결한 날로부터 3년내에 한하여 계약을 해지할 수 있다. 그러나 보험자가 계약당시에 그 사실을 알았거나 중대한 과실로 인하여 알지 못한 때에는 그러하지 아니하다.

한 보험금에 대하여 반환청구를 할 수 있음은 물론 고지의무위반 이전에 발생한 손해뿐만 아니라 고지의무 위반사항과 관련 없이 발생된 손해에 대해서도 보험금을 지급하지 않는다.

표 9-7 / 고지의무에 관한 요약

고지의무부담자	보험계약자 · 피보험자 · 대리인(대리인에 의한 계약체결일 경우)
법적 성질	간접의무 또는 자기의무
이행시기	보험계약청약 후 보험계약성립시까지
고지대상	중요한 사항(보험인수 여부 및 보험료산정에 영향을 미치는 사항)
위반효과	· 보험자는 형성권으로서 보험계약취소권을 갖게 됨 · 취소권 행사시 보험계약은 처음부터 무효가 된다. · 보험료는 선의의 경우만 환급된다.

5) 보험계약성립 후 계약당사자별 의무

보험자와 보험계약자 사이에 보험계약내용에 관한 합의가 이루어지면 보험계약이 성립되어 그 계약관계가 종료할 때까지 보험계약은 지속되게 된다. 이에 따라 보험계약관계에서는 보험계약의 직접당사자인 보험자와 보험계약자뿐 아니라 보험계약관계자인 피보험자 · 보험수익자도 법률상 일정한 권리와 의무를 가지게 된다. 보험계약관계는 손해보험과 인보험에 있어서 차이가 있고, 보험계약의 관계자 및 요소에 있어서도 차이가 있다. 여기에서는 손해보험과 인보험에 일반적으로 적용되는 보험계약의 효과에 대하여 알아본다.

(1) 보험자

① 보험증권교부의무

보험자는 보험계약이 성립한 때에는 지체없이 보험증권을 작성하여 보험계약자에게 교부하여야 한다. 그러나 보험계약자가 보험료의 전부 또는 최초의 보험료를 지급하지 아니한 때에는 그러하지 아니하다(상법 제640조 제①항). 기존의 보험계약을 연장하거나 변경한 경우에는 보험자는 그 보험증권에 그 사실을 기재함으로써 보험증권의 교부에 갈음할 수 있다(상법 제640조 제②항).

② 보험금지급의무

보험자는 보험기간 안에 보험사고가 생긴 때에는 피보험자 또는 보험수익자에게 보험금을 지급하여야 한다(상법 638조). 보험자의 보험금지급의무는 보험계약에서 보험자가 부담하는 가장 중요한 의무로서 보험계약자의 보험료지급에 대한 반대급부이다. 여기에서 보험금은 손해보험에서 보험자가 책임지기로 한 보험금액의 한도에서 그 보험사고로 말미암아 피보험자가 입은 재산상의 손해액이고, 정액보험(생명보험의 형태)에서는 계약에서 정한 보험금액이다.

③ 보험료반환의무

보험계약의 전부 또는 일부가 무효인 경우에 보험계약자와 피보험자가 선의이며 중대한 과실이 없는 때에는 보험자에 대하여 보험료의 전부 또는 일부의 반환을 청구할 수 있다(상법 제648조). 즉, 보험자는 보험계약이 취소, 무효 또는 해지된 경우에는 보험계약자에게 일정한 보험료의 반환의무를 진다.

(2) 보험계약자 · 피보험자 · 보험수익자의 의무

① 보험료지급의무

보험계약은 유상계약(有償契約)이므로 보험계약자는 보험계약에서 정한 바에 따라 보험자에 대하여 보험료를 지급할 의무가 있다(상법 제638조). 보험료는 보험자가 위험을 인수하는 대가로 보험계약자가 보험자에게 지급하는 금액이다. 보험원리에 있어서 보험자가 지급하는 보험금액의 총액과 보험계약자가 지급하는 보험료의 총액은 서로 균형을 이루어야 하기 때문에 상법은 보험자를 위하여 보험계약자가 보험계약에서 정한 보험료를 일정한 기간 내에 지급하도록 의무를 부과하고 있다(상법 제650조). 한편, 보험계약자 등을 위해서는 보험자가 부당하게 보험료를 수령하지 않도록 하고 있다(상법 제647조~제649조).

② 위험변경 · 증가의 통지의무

보험기간(위험기간 · 책임기간) 중에 보험계약자 또는 피보험자가 보험사고발생의 위험이 현저하게 변경 또는 증가된 사실을 안 때에는 지체없이 보험자에게 통지하여야 한다(상법 제652조 제1항 참조). 이 통지의무는 위험이 변경 또는 증가된 사실을 보험자에게 통지하여 줌으로써 보험자로 하여금 변경 또는 증가된 위험에 대비할 수 있도록 하기 위해서 마련된 것이다. 통지의무자는 보험계약자와 피보험자이다.

③ 위험변경 · 증가의 금지의무(위험유지의무)

보험계약자 · 피보험자 · 보험수익자는 보험사고발생의 위험을 변경 · 증가시키지 아니할 의무가 있다. 이것은 보험계약이 선의계약으로서의 성격을 갖기 때문에 보험단체의 구성원인 보험계약자 · 피보험자 등은 보험의 목적을 관리할 의무가 있다는 점에서 인정되는 의무이다.

④ 보험사고발생의 통지의무

보험계약자 또는 피보험자나 보험수익자는 보험사고의 발생을 안 때에는 지체없이 보험자에게 그 통지를 발송하여야 한다(상법 제657조 제1항). 보험계약자 또는 피보험자나 보험수익자가 제1항의 통지의무를 해태함으로 인하여 손해가 증가된 때에는 보험자는 그 증가된 손해를 보상할 책임이 없다(상법 제657조 제2항). 이러한 통지의무는 보험회사(보험자)로 하여금 보험사고의 원인을 신속히 조사하고 손해의 종류 · 범위 등을 확정하여 손해방지 등의 조치를 강구할 수 있도록 하는데 그 목적이 있다.

3. 보험계약과 관련한 법규

1) 우리나라의 보험에 관계된 법규

(1) 보험약관

① 보험약관의 의의

약관의 규제에 관한 법률 제2조(정의) 제1항에서 '약관'이란 그 명칭이나 형태 또는 범위에 상관없이 계약의 한쪽 당사자가 여러 명의 상대방과 계약을 체결하기 위하여 일정한 형식으로 미리 마련한 계약의 내용을 말한다고 정의

하고 있다. 보통보험약관은 바로 이러한 약관의 일종으로서, 보험자가 같은 위험을 대상으로 하는 수많은 보험계약을 맺기 위하여 미리 작성한 보험계약의 내용을 구성하는 정형적인 계약조항이다.

보통보험약관은 보험계약의 일반적·보편적·표준적인 계약조항이므로 특수한 보험에서는 이 약관만으로는 부족하여 다시 상세한 약정을 할 때가 있다. 이런 약관을 특별약관 또는 부가약관(附加約款)이라 한다. 이 부가약관은 그것이 정형적인 한 그 명칭의 여부를 묻지 않고 실질상의 보통보험약관의 일부를 이루는 것이다. 이에 대하여 개개의 보험계약체결 시에 당사자가 보통보험약관의 특정조항을 변경하거나 이를 보충·배제하는 데에 특별보험약관이 사용된다.

② 보험약관의 필요성

보험은 인간이 경제생활을 위협하는 각종의 위험에 대비하기 위하여 같은 위험에 처해 있는 많은 사람들이 위험단체를 구성하고[23] 대수의 법칙에 의하여 서로의 위험을 전가시키고 분산시키려는 제도라고 할 수 있다. 따라서 보험계약은 그 성질상 다수의 보험계약자를 상대로 동일한 내용으로 체결되어야 하는데, 이를 합리적으로 처리하기 위하여 만들어진 것이 보통보험약관이라고 할 수 있다. 다시 말하면 보통보험약관은 보험계약이 다수의 계약자를 상대로 하여 대량적으로 처리되어야 할 필요에서 그 내용을 정형화하여야 한다는 기술적인 요청에 따른 합리화의 일환으로 생겨난 것이다.

보험제도는 동질적인 위험을 예견하는 다수의 보험가입자의 단체인 위험공동체를 전제로 하여 기술적으로 보험의 목적(인보험의 피보험자, 손해보험에서 보험의 목적)에 관한 위험을 종합 평균하여 위험을 분산하는 것이므로 이것이 가능하기 위해서는 보험계약의 내용이 각 가입자에 대해서 동일하게 적용되어져야 한다. 이러한 기술적인 이유 이외에 법적인 이유로서 모든 보험계약자의

23) 보험계약관계는 동일한 위험 밑에 있는 다수인이 단체를 구성하여 그 중의 한 사람에게 위험이 발생한 경우에 그 손실을 그 구성원이 공동하여 충족시킨다는 이른바 위험단체적 성질을 가지는 것이고, 따라서 보험계약관계는 위험충족의 관계에 있어서는 서로 관련성을 가진다는 전제에서 그 법률적 성격을 관찰하여야 할 것이다.(양승규, 판례교재 보험법·해상법, 25면)

동등한 취급을 한다는 일반적 원칙을 설정한다면 필연적으로 통일된 계약조항을 사용해야 된다는 결론에 도달한다. 또한 보험제도는 그 사회성·공공성에서 볼 때에 사회적·경제적으로 보험자에 비하여 약자의 위치에 있는[24] 가입자의 이익을 보호하기 위한 국가의 관리 감독이 필요하며, 이를 실현하기 위해서는 보험제도나 보험계약에 관한 사항을 전문적으로 알고 있는 보험자가 보험계약의 내용에 관한 일반적·표준적인 조항인 약관을 작성하게 하고 행정기관이 이를 인가·관리 감독하는 것이 합리적이므로 이와 같은 취지에서 보험약관이 필요한 것이다.

③ 보험약관의 구속력

보험약관은 보험계약에 있어서 당사자 사이에 다른 약정이 없는 한 계약당사자가 그 내용에 따라야 하는 보험계약조항이다. 보험약관은 보험자가 작성하여 보험업에 관한 업무를 관장하는 주무부처장관의 인가를 받아 일방적으로 제시하는 것으로 보험계약자가 그 약관의 내용을 잘 알지 못하고, 또 약관의 조항에 따른다는 의사표시를 하지 아니하고 보험계약을 체결하는 것이 일반적이다. 그러나 보험약관의 내용을 보험계약의 내용으로 하겠다는 구체적인 의사가 있는 경우뿐 아니라 그 의사가 명백하지 아니한 경우에도 보험약관의 구속력을 인정하지 않을 수 없다. 보험약관은 반대의 의사표시가 없는 한 당사자가 그 약관의 내용을 이해하고, 그 약관에 따른다는 의사가 있었느냐 없었느냐를 묻지 아니하고, 약관의 내용이 합리적인 한 보험계약의 체결과 동시에 당사자를 구속하게 된다. 보험약관이 구속력을 갖는 근거에 대하여 크게 의사설과 규범설이 있다.[25]

④ 보험약관에 대한 규제

㉠ 규제의 필요성

보험약관은 보험자가 일방적으로 작성하는 것이고, 또 보험계약자는 보험계

24) 해상보험이나 재보험 같은 분야는 이렇게 볼 수 없지만 대다수의 보험종목에서는 이렇다고 볼 수 있다.

25) 양승규, 보험법, 삼지원, 1996, 68-70면, 이기수, 보험법·해상법학, 박영사, 1995, 22-27면.

약상의 기술적 · 전문적 · 법률적 지식에서 미흡하다고 볼 수 있고, 다만 보험사고의 종류 · 보험기간 · 보험금액 등만을 알고 보험계약내용의 구체적인 사항에 대하여는 고려함이 없이 보험계약을 체결하는 경우를 상정할 수 있다. 여기에서 보험자는 보험내용에 대한 우월적 지위를 이용하여 보험자의 이익을 도모하기 위하여 보험약관에 불공정한 내용을 삽입하게 되면 보험계약자는 여러 가지로 불리한 조건에 따르지 않으면 안 될 경우가 발생할 수 있다. 이에 따라 보험계약의 내용을 잘 이해하지 못하는 보험소비자를 보호하고 건전하고 공정한 보험계약관계를 유지하도록 하기 위해서는 보험약관에 대한 규제가 요구된다.

㉡ 입법적 규제

보험계약이 부합계약(附合契約)으로서 그 계약조항은 보험약관에서 정하게 되는데, 보험계약자 측의 이익을 보호하기 위하여 보험약관의 규제내용에 대한 한계를 입법적으로 규제할 필요가 있다. 상법 제663조[26]는 재보험 · 해상보험 등을 제외하고는 보험계약자 등의 불이익변경금지원칙을 명시하여 이를 상대적 강행법으로 하고 있다. 이에 따라 보험자가 보통보험약관에 상법의 규정보다도 보험계약자 등에게 불이익한 조항을 두게 되면 그 범위 내에서 무효로 된다.

약관의 규제에 관한 법률은 사업자가 그 거래상의 지위를 남용하여 불공정한 내용의 약관을 제정 · 사용하는 것을 방지하고, 불공정한 내용의 약관을 규제하여 건전한 거래질서를 확립함으로써 소비자보호를 꾀하고 있다.[27] 이에 따라 보험약관도 이 법의 규제를 받게 되나, 상법과 보험업법의 규정이 우선하여 적용된다. 다만 국제적으로 통용되는 보험약관에 대하여는 제7조 부터 제14조까지의 적용이 제한되는데,[28] 보통보험약관은 보험제도의 성질상 약관

26) 상법 제663조(보험계약자 등의 불이익변경금지)이 편의 규정은 당사자간의 특약으로 보험계약자 또는 피보험자나 보험수익자의 불이익으로 변경하지 못한다. 그러나 재보험 및 해상보험 기타 이와 유사한 보험의 경우에는 그러하지 아니하다.

27) 약관의 규제에 관한 법률 제6조(일반원칙) ① 신의성실의 원칙을 위반하여 공정성을 잃은 약관 조항은 무효이다.

28) 약관의 규제에 관한 법률 제15조(적용의 제한) 국제적으로 통용되는 약관이나 그 밖에 특별한 사정이 있는 약관으로서 대통령령으로 정하는 경우에는 제7조부터 제14조까지의 규정을 적용하는 것을 조항별 · 업종별로 제한할 수 있다.

규제법의 적용을 배제하는 것이 합리적이고, 또 실무상 그 적용의 여지는 적다.

㉢ 행정적 규제

보험업법은 보험사업의 사회성·단체성 등에 비추어 보험자에 대한 정부의 강력한 감독권을 부여하고 또한 보험약관의 내용을 공정하게 하여 보험계약자 쪽의 이익을 보호하기 위하여 그 약관의 작성·변경·사용에 있어서 보험감독기관의 인가를 받도록 요구하고 있다. 즉, 보험자는 보험사업의 허가를 받고자 할 때에 그 신청서에 기초서류로서 보험약관을 첨부하여야 한다[보험업법 제5조(허가신청서 등의 제출)제3호].

㉣ 사법적 규제

법원(法院)은 법률의 해석과 적용을 담당하는 기관으로서 보험약관의 해석·적용에 있어서 최종적으로는 사법적(司法的)인 규제를 하게 된다. 국내에 적용되는 보험약관이 소관부처장관의 인가를 받아 사용되고 있다 하더라도 법원은 그 약관의 내용이 불공정하거나 불합리한 경우에 강행법규나 선량한 사회질서 또는 신의칙에 어긋난다는 이유로 이를 무효로 해석하여 내용에 통제를 가할 수 있다. 다시 말하면, 보험약관의 유효성에 관한 판단이나 해석에 의문이 있을 경우에는 이를 법원의 판결에 맡기지 않을 수 없다.

⑤ 보험약관해석의 원칙

보험약관은 부합계약성(附合契約性-보험자가 제정한 약관에 보험계약자가 일괄 동의하는 방식의 계약)으로 인해 보험계약자 측에게 불리하게 작성되어질 여지가 있을 수 있다(약관문언의 난해성과 법규적 성격의 특성).

해석의 원칙

㉠ 일반원칙 : 신의성실원칙, 공정해석의 원칙, 보험계약자에 따라 다르게 해석하지 않을 원칙

㉡ POP의 원칙 : 평범하게(plain), 통상적으로(ordinary), 통속적으로(popular)

㉢ 계약당사자 의사 우선의 원칙

㉣ 보험약관 전체로서의 해석원칙

ⓜ 문맥에 의한 특별한 의미의 해석원칙(축소해석의 원칙-증권상의 문언위주)

ⓑ 합리적 해석의 원칙(객관해석의 원칙)

ⓢ 동종제한의 원칙

ⓞ 수기문언 우선의 원칙

ⓙ 개별약정 우선의 원칙

ⓒ 작성자불이익의 원칙(불명확한 경우)

(2) 보험업법

현행보험업법은 2010년 7월23일 법률 제10394호로 개정되어 2011년 1월 24일부터 시행하는 것으로서, 보험업법은 보험업을 경영하는 자의 건전한 경영을 도모하고 보험계약자, 피보험자, 그 밖의 이해관계인의 권익을 보호함으로써 보험업의 건전한 육성과 국민경제의 균형 있는 발전에 기여함을 목적으로 제정된 법이다. 보험업법은 보험사업의 공공성・사회성으로 말미암아 보험사업에 관한 규제를 목적으로 하는 것이며, 보험사업의 감독에 관한 기본법이다. 보험업법 가운데 보험감독에 관한 규정은 공법으로서 보험계약법의 법원(法源)이라고 할 수 없으나 보험감독법도 보험계약법의 사법적인 규정에 영향을 미친다. 보험업법은 보험사업주체인 주식회사・상호회사에 관한 규정, 보험계약의 이전・보험모집에 관한 규정 등 보험계약과 관련된 규정을 포함하고 있다. 따라서 보험업법은 공법(公法)과 사법(私法)의 성질을 함께 지니고 있는 상법의 특별법으로서 보험계약법의 법원(法源)이 된다고 할 수 있다. 보험업법의 체계는 보험업법(법률 제10394호)→보험업법 시행령(대통령령 제22637호)→보험업법 시행규칙(금융위원회)으로 되어 있다.

(3) 상법 및 민법

① **상법**

현행 상법 제2편 상행위의 제46조(기본적 상행위, 17호-보험)에서 보험을 기본적 상행위로 규정하고 제4편에 보험편을 두고 보험전반에 관한 규정을 두고 있다. 제4편의 제1장은 통칙조항으로(제638조~제664조) 되어 있고, 제2장 손해보험(제665조~제726조의4), 제3장 인보험(제727조~739조)으로 되어 있다. 단행보험법을 갖고 있지 않은 우리나라는 상법 제4편이 보험계약법의 법원(法源)으로서 가장 기본적인 규정이다. 이 규정이 오늘날 체결되고 있는 각종 보험계약을 망라하고 있는 것은 아니나, 상법에서 규제하고 있지 아니한 보험의 종목에 대해서도 각 보험계약에 따르는 통칙규정은 그대로 적용된다.

② 상법의 실제적 내용

제1장 통 칙

제638조(보험계약의 의의) 보험계약은 당사자 일방이 약정한 보험료를 지급하고 재산 또는 생명이나 신체에 불확정한 사고가 발생할 경우에 상대방이 일정한 보험금이나 그 밖의 급여를 지급할 것을 약정함으로써 효력이 생긴다.
[전문개정 2014.3.11.]

제638조의2(보험계약의 성립) ① 보험자가 보험계약자로부터 보험계약의 청약과 함께 보험료 상당액의 전부 또는 일부의 지급을 받은 때에는 다른 약정이 없으면 30일내에 그 상대방에 대하여 낙부의 통지를 발송하여야 한다. 그러나 인보험계약의 피보험자가 신체검사를 받아야 하는 경우에는 그 기간은 신체검사를 받은 날부터 기산한다.
② 보험자가 제1항의 규정에 의한 기간내에 낙부의 통지를 해태한 때에는 승낙한 것으로 본다.
③ 보험자가 보험계약자로부터 보험계약의 청약과 함께 보험료 상당액의 전부 또는 일부를 받은 경우에 그 청약을 승낙하기 전에 보험계약에서 정한 보험사고가 생긴 때에는 그 청약을 거절할 사유가 없는 한 보험자는 보험계약상의 책임을 진다. 그러나 인보험계약의 피보험자가 신체검사를 받아야 하는 경우에 그 검사를 받지 아니한 때에는 그러하지 아니하다.
[본조신설 1991.12.31.]

제638조의3(보험약관의 교부·설명 의무) ① 보험자는 보험계약을 체결할 때에 보험계약자에게 보험약관을 교부하고 그 약관의 중요한 내용을 설명하여야 한다.
② 보험자가 제1항을 위반한 경우 보험계약자는 보험계약이 성립한 날부터 3개월 이내에 그 계약을 취소할 수 있다.
[전문개정 2014.3.11.]

제639조(타인을 위한 보험) ① 보험계약자는 위임을 받거나 위임을 받지 아니

하고 특정 또는 불특정의 타인을 위하여 보험계약을 체결할 수 있다. 그러나 손해보험계약의 경우에 그 타인의 위임이 없는 때에는 보험계약자는 이를 보험자에게 고지하여야 하고, 그 고지가 없는 때에는 타인이 그 보험계약이 체결된 사실을 알지 못하였다는 사유로 보험자에게 대항하지 못한다. 〈개정 1991.12.31.〉

② 제1항의 경우에는 그 타인은 당연히 그 계약의 이익을 받는다. 그러나 손해보험계약의 경우에 보험계약자가 그 타인에게 보험사고의 발생으로 생긴 손해의 배상을 한 때에는 보험계약자는 그 타인의 권리를 해하지 아니하는 범위 안에서 보험자에게 보험금액의 지급을 청구할 수 있다. 〈신설 1991.12.31.〉

③ 제1항의 경우에는 보험계약자는 보험자에 대하여 보험료를 지급할 의무가 있다. 그러나 보험계약자가 파산선고를 받거나 보험료의 지급을 지체한 때에는 그 타인이 그 권리를 포기하지 아니하는 한 그 타인도 보험료를 지급할 의무가 있다. 〈개정 1991.12.31.〉

제640조(보험증권의 교부) ① 보험자는 보험계약이 성립한 때에는 지체없이 보험증권을 작성하여 보험계약자에게 교부하여야 한다. 그러나 보험계약자가 보험료의 전부 또는 최초의 보험료를 지급하지 아니한 때에는 그러하지 아니하다. 〈개정 1991.12.31.〉

② 기존의 보험계약을 연장하거나 변경한 경우에는 보험자는 그 보험증권에 그 사실을 기재함으로써 보험증권의 교부에 갈음할 수 있다. 〈신설 1991.12.31.〉

제641조(증권에 관한 이의약관의 효력) 보험계약의 당사자는 보험증권의 교부가 있은 날로부터 일정한 기간내에 한하여 그 증권내용의 정부에 관한 이의를 할 수 있음을 약정할 수 있다. 이 기간은 1월을 내리지 못한다.

제642조(증권의 재교부청구) 보험증권을 멸실 또는 현저하게 훼손한 때에는 보험계약자는 보험자에 대하여 증권의 재교부를 청구할 수 있다. 그 증권작성의 비용은 보험계약자의 부담으로 한다.

제643조(소급보험) 보험계약은 그 계약전의 어느 시기를 보험기간의 시기로 할 수 있다.

제644조(보험사고의 객관적 확정의 효과) 보험계약당시에 보험사고가 이미 발생하였거나 또는 발생할 수 없는 것인 때에는 그 계약은 무효로 한다. 그러나 당사자 쌍방과 피보험자가 이를 알지 못한 때에는 그러하지 아니하다.

제645조 삭제 〈1991.12.31.〉

제646조(대리인이 안 것의 효과) 대리인에 의하여 보험계약을 체결한 경우에 대리인이 안 사유는 그 본인이 안 것과 동일한 것으로 한다.

제646조의2(보험대리상 등의 권한) ① 보험대리상은 다음 각 호의 권한이 있다.

1. 보험계약자로부터 보험료를 수령할 수 있는 권한
2. 보험자가 작성한 보험증권을 보험계약자에게 교부할 수 있는 권한
3. 보험계약자로부터 청약, 고지, 통지, 해지, 취소 등 보험계약에 관한 의사표시를 수령할 수 있는 권한
4. 보험계약자에게 보험계약의 체결, 변경, 해지 등 보험계약에 관한 의사표시를 할 수 있는 권한

② 제1항에도 불구하고 보험자는 보험대리상의 제1항 각 호의 권한 중 일부를 제한할 수 있다. 다만, 보험자는 그러한 권한 제한을 이유로 선의의 보험계약자에게 대항하지 못한다.

③ 보험대리상이 아니면서 특정한 보험자를 위하여 계속적으로 보험계약의 체결을 중개하는 자는 제1항 제1호(보험자가 작성한 영수증을 보험계약자에게 교부하는 경우만 해당한다) 및 제2호의 권한이 있다.

④ 피보험자나 보험수익자가 보험료를 지급하거나 보험계약에 관한 의사표시를 할 의무가 있는 경우에는 제1항부터 제3항까지의 규정을 그 피보험자나 보험수익자에게도 적용한다.

[본조신설 2014.3.11.]

제647조(특별위험의 소멸로 인한 보험료의 감액청구) 보험계약의 당사자가 특별한 위험을 예기하여 보험료의 액을 정한 경우에 보험기간중 그 예기한 위험이 소멸한 때에는 보험계약자는 그 후의 보험료의 감액을 청구할 수 있다.

제648조(보험계약의 무효로 인한 보험료반환청구) 보험계약의 전부 또는 일부가 무효인 경우에 보험계약자와 피보험자가 선의이며 중대한 과실이 없는 때에는 보험자에 대하여 보험료의 전부 또는 일부의 반환을 청구할 수 있다. 보험계약자와 보험수익자가 선의이며 중대한 과실이 없는 때에도 같다.

제649조(사고발생전의 임의해지) ① 보험사고가 발생하기 전에는 보험계약자는 언제든지 계약의 전부 또는 일부를 해지할 수 있다. 그러나 제639조의 보험계약의 경우에는 보험계약자는 그 타인의 동의를 얻지 아니하거나 보험증권을 소지하지 아니하면 그 계약을 해지하지 못한다. 〈개정 1991.12.31.〉

② 보험사고의 발생으로 보험자가 보험금액을 지급한 때에도 보험금액이 감액되지 아니하는 보험의 경우에는 보험계약자는 그 사고발생후에도 보험계약을 해지할 수 있다. 〈신설 1991.12.31.〉

③ 제1항의 경우에는 보험계약자는 당사자간에 다른 약정이 없으면 미경과보험료의 반환을 청구할 수 있다. 〈개정 1991.12.31.〉

제650조(보험료의 지급과 지체의 효과) ① 보험계약자는 계약체결후 지체없

이 보험료의 전부 또는 제1회 보험료를 지급하여야 하며, 보험계약자가 이를 지급하지 아니하는 경우에는 다른 약정이 없는 한 계약성립후 2월이 경과하면 그 계약은 해제된 것으로 본다.

② 계속보험료가 약정한 시기에 지급되지 아니한 때에는 보험자는 상당한 기간을 정하여 보험계약자에게 최고하고 그 기간내에 지급되지 아니한 때에는 그 계약을 해지할 수 있다.

③ 특정한 타인을 위한 보험의 경우에 보험계약자가 보험료의 지급을 지체한 때에는 보험자는 그 타인에게도 상당한 기간을 정하여 보험료의 지급을 최고한 후가 아니면 그 계약을 해제 또는 해지하지 못한다.

[전문개정 1991.12.31.]

제650조의2(보험계약의 부활) 제650조 제2항에 따라 보험계약이 해지되고 해지환급금이 지급되지 아니한 경우에 보험계약자는 일정한 기간내에 연체보험료에 약정이자를 붙여 보험자에게 지급하고 그 계약의 부활을 청구할 수 있다. 제638조의2의 규정은 이 경우에 준용한다.

[본조신설 1991.12.31.]

제651조(고지의무위반으로 인한 계약해지) 보험계약당시에 보험계약자 또는 피보험자가 고의 또는 중대한 과실로 인하여 중요한 사항을 고지하지 아니하거나 부실의 고지를 한 때에는 보험자는 그 사실을 안 날로부터 1월내에, 계약을 체결한 날로부터 3년내에 한하여 계약을 해지할 수 있다. 그러나 보험자가 계약당시에 그 사실을 알았거나 중대한 과실로 인하여 알지 못한 때에는 그러하지 아니하다. 〈개정 1991.12.31.〉

제651조의2(서면에 의한 질문의 효력) 보험자가 서면으로 질문한 사항은 중요한 사항으로 추정한다.

[본조신설 1991.12.31.]

③ 민법

보험계약의 직접 당사자인 보험계약자와 보험자 사이에 보험계약체결 및 보험금 지급 등의 내용과 관련하여 보험분쟁이 발생하였을 경우에 당사자계약관계(약정관계)를 먼저 적용하여 해결책을 찾아 내지 못하면 특별약관을 적용하고, 특별약관으로 분쟁이 해결되지 않으면 보통보험약관을, 여기에서도 안 되면 보험업법을, 다시 상법으로 상법에서도 안 되는 사항은 민법을 적용하는 것으로 하여 보험계약은 강행법규와 공서양속에 위배되지 않는 한 사적 자치의 원칙에 따라 위와 같은 순으로 하여 분쟁을 해결하여 간다. 이러한 보험계약과 관련한 마지막 법원(法源)으로서 민법이 적용되는 것은 우리나라 상법 제1조(상사적용법규)에서 “상사에 관하여 본법에 규정이 없으면 상관습법에 의하고 상관습법이 없으면 민법의 규정에 의한다.”고 하는데 근거한다.

2) 국제적 보험법규(해상적하보험)

(1) 영국의 해상보험법(MIA)

1906년에 제정된 영국해상보험법으로서 해상보험의 기본원리 및 원칙의 대부분을 포함하고 있다. 이 성문법과 이 성문법 이후의 관례 및 이 법에 의거하여 만들어진 해상보험증권이 영국에 있어서 해상보험의 전반적 체계를 구성하고 있다. 영해법(MIA) 제1조 해상보험의 정의를 보면 “해상보험계약은 그 계약에 의해서 합의된 방법과 범위에서 해상손해, 즉 항해사업에 부수하는 손해를 보험자가 피보험자에게 보상할 것을 확약하는 계약이다”[29]라고 규정하고 있다. 피보험자는 보험의 목적물에 대하여 피보험이익을 갖는데, 영해법(MIA) 제5조 피보험이익의 정의 제1항에서 보면 “본 법률의 제규정에 저촉되지 않는 한 항해사업에 이해관계를 갖는 자는 모두 피보험이익을 갖는다.”고 명기하고 있다.[30] 제2항에서는 “항해사업에 대해서, 또는 위험에 직면한 피보험재산에 대해서 보통법상 또는 형평법[31]상의 관계를 갖는 결과로서 피보험재산의 안전 또는 예정 시의 도착에 의해서 이득을 얻거나 또는 피보험재산의 멸실, 손상, 또는 지연에 의해서 손해를 입거나 또는 피보험재산에 연관해서 배상책임을 부담하는 입장에 서는 사람은 특히 항해사업에 대해서 이해관계를 갖는 것이다.”라고 규정하고 있다. 그리고 제6조 피보험이익이 존재해야 하는

29) MIA 1. A contract of marine insurance is a contract whereby the insurer undertakes to indemnify the assured, in manner and to the extent thereby agreed, against marine losses, that is to say, the losses incident to marine adventure.

30) 5. (1) Subject to the provisions of this Act, every person has an insurable interest who is interested in a marine adventure.

31) 에퀴티(equity)법, 영국 법체계의 하나이다. 형평(衡平)・평등(平等)・정의(正義)를 뜻하는 도덕상의 말인데 영법에 있어서 1875년까지 존속한 형평재판소(대법원)의 판례를 통하여 발달한 것이다. 재판소에 위임한 이외의 왕의 재판권 행사에서 유래되었다.

시기에 관하여는 제1항에서 "피보험자는 보험계약 체결 시에 보험의 목적물에 대해서 이해관계를 가질 것을 요하지 않으나 손해발생 시에는 이해관계를 반드시 가지고 있어야 한다."[32]고 명기하고 있다. 이 조항은 해상적하보험증권이 여타 보험증권이 갖지 않는 유가증권성(有價證券性)[33]을 갖고 전전 유통될 수 있는 단서를 제공하고 있다고 볼 수 있다. 또한 제14조 피보험이익의 한도 조항 제3항을 보면 "피보험재산의 소유자는 손해발생 시에 제3자가 그 소유자에게 손해보상을 약정하거나 또는 손해보상책임을 부담하는 경우일지라도 피보험재산의 전체 가액에 대해서 피보험이익을 갖는다."고 규정하고 있다. 영해법(MIA)에서는 보험계약자와 피보험자의 구분 없이 피보험자에 관해서만 명문화하여 규정하고 있다.[34]

(2) 영국해상보험법 내용(일부)

THE MARINE INSURANCE ACT, 1906
CHAPTER 14(6 EDW.7)

An Act to codify the Law relating to Marine Insurance(21st December, 1906)

Be it enacted by the King's most Excellent Majesty, by and with the advice and consent of the Lord's Spiritual and Temporal, and Commons, in this present Parliament assembled, and by the authority of the same, as follows-

법률 제14호(에드워드 7세 즉위 제6년) 해상보험에 관한 법을 법전(法典)으로 편찬하는 의회제정법(1906년 12월21일)

국왕폐하는 현재 소집된 의회에서 성직상원의원(聖職上院議員)과 세속상원의원(世俗上院議員) 및 하원의원(下院議員)의 조언과 동의에 의하여 또한 그 권한에 의거하여 다음과 같이 본 법을 제정한다.

---

32) MIA 6.-(1) The assured must be interested in the subject- matter insured at the time of the loss though he need not be interested when the insurance is effected:

33) 서돈각 · 정완용, 제4전정 상법강의(하), p.370 ; 손주찬, 제6정증보판 상법(하), p.537 ; 정희철, 상법학(하), p.392 ; 최기원, 보험법, p.186

34) 다만, 영해법[MIA 23. A marine policy must specify-(1) The name of the assured, or of some person who effects the insurance on his behalf :] 23조에서 보험증권에 기재해야 하는 사항으로 피보험자의 성명 또는 피보험자를 대신해서 보험계약을 체결하는 자의 성명을 게기하도록 규정하고 있다.

MARINE INSURANCE

Marine insurance Defined

1. A contract of marine insurance is a contract whereby the insurer undertakes to indemnify the assured, in manner and to the extent thereby agreed, against marine losses, that is to say, the losses incident to marine adventure.

제1조 해상보험의 정의

해상보험계약은 그 계약에 의해서 합의된 방법과 범위에서 해상손해, 즉 항해 사업에 부수하는 손해를 보험자가 피보험자에게 보상할 것을 확약하는 계약이다.

Mixed Sea and Land Risks

2-(1) A contract of marine insurance may, by its express terms or by usage of trade, be extended so as to protect the assured against losses on inland waters or on any land risk which may be incidental to any sea voyage.

(2) where a ship in course of building or the launch of a ship or any adventure analogous to a marine adventure, is covered by a policy in the form of a marine policy, the provisions of this Act, in so far as applicable, shall apply thereto: but except as by this section provided, nothing in this act shall alter or affect any rule of law applicable to any contract of insurance other than a contract of marine insurance as by this Act defined.

제2조 해륙혼합위험

(1) 해상보험계약은 그 명시적 규정 또는 상관습에 의해서 해상항해에 부수하는 내수(內水) 또는 육상위험으로부터의 손해에 대해서 피보험자를 보호하기 위하여 그 담보위험을 확장할 수 있다.

Marine adventures and maritime perils defined

3-(1) Subject to the provisions of this act, every lawful marine adventure may be the subject of a contract of marine insurance.

(2) In particular there is a marine adventure where-

(a) any ship goods or other moveable are exposed to maritime perils.

Such property is in this act referred to as "insurable property" ;

(b) the earning or acquisition of any freight, passage money, commission, profit, or disbursements, is endangered by the exposure of insurable property to maritime perils;

(c) any liability in or responsible for insurable property, by reason of maritime perils.

"Maritime perils" means the perils consequent on, of incidental to, the navigation of the sea, that is to say, perils of the seas, fire, war perils, pirates, rovers, thieves, capture, seizures, restraints, and detainments of princes and peoples, jettisons barratry, and any other perils, either of the like kind of which may be designated by the policy.

제3조 항해사업 및 해상위험의 정의

(1) 본 법률의 제 규정에 저촉되지 않는 한 모든 합법적인 항해사업은 해상보험계약의 목적이 될 수 있다.

(2) 항해사업은 특히 다음과 같은 경우에 존재한다.

(a) 선박, 화물 또는 기타의 동산(動産)이 해상위험에 직면할 경우, 본 법률에서는 그러한 재산을 "피보험재산"이라 한다.

(b) 피보험재산이 해상위험에 직면함으로써 운임, 여객운임, 수수료, 이윤 또는 기타의 금전적 이익의 수득 또는 취득, 또는 전도금, 대부금 또는 비용에 대한 담보가 위협을 받을 경우

(c) 피보험재산의 소유자 또는 피보험재산에 이해관계 또는 책임을 지는 다른 사람이 해상위험 때문에 제3자에 대해서 배상책임을 부담하게 되는 경우

"해상위험"이란 항해에 기인(起因) 또는 부수하는 위험, 즉 해상 고유의 위험, 화재, 전쟁위험, 해적, 표도, 강도, 포획, 나포, 왕후 및 국민의 억지 또는 억류, 투하, 선원의 악행과 그리고 상기의 여러 위험과 동종의 위험 또는 보험증권에 기재되는 기타의 모든 위험을 말한다.

INSURABLE INTEREST

4. (1) Avoidance of wagering or gaming contracts. - (1) Every contract of marine insurance by way of gaming or wagering is void.

(2) A contract of marine insurance is deemed to be a gaming or wagering contract -

(a) where the assured has not an insurable interest as defined by this Act, and the contract is entered into with no expectation of acquiring such an interest: or

(b) where the policy is made "interest or no interest," or "without futrther proof of interest than the policy itself," or "without benefit of salvage to the insurer," or subject to any other like term:

Provided that, where there is no possibility of salvage, a policy may be effected without benefit of salvage to the insurer.

5. Insurable interest defined. - (1) Subject to the provisions of this Act, every person has an insurable interest who is interested in a marine adventure.

(2) In particular a person is interested in a marine adventure where he stands in any legal or equitable relation to the adventure or to any insurable property at risk therein, in consequence of which he may benefit by the safety or due arrival of insurable property, or may be prejudiced by its loss, or by damage thereto, or by the detention thereof, or may incur liability in respect thereof.

6. When interest must attach. - (1) The assured must be interested in the subject-matter insured at the time of the loss though he need not be interested when the insurance is effected:

Provided that where the subject-matter is insured "lost or not lost," the assured may recover although he may not have acquired his interest until after the loss, unless at the time of effecting the contract of insurance the assured was aware of the loss, and the insurer was not.

(2) Where the assured has no interest at the time of the loss, he cannot acquire interest by any act or election after he is aware of the loss.

7. Defeasible or contingent interest. - (1) A defeasible interest is insurable, as also is a contingent interest.

(2) In particular, where the buyer of goods has insured them, he as an insurable interest, not-withstanding that he might, at his election, have rejected the goods, or have treated them as at the seller's risk, by reason of the latter's delay in making delivery or otherwise.

8. Partial interest. - A partial interest of any nature is insurable.

9. Re-insurance. - (1) The insurer under a contract of marine insurance has an insurable interest in his risk, and may re-insure in respect of it.

(2) Unless the policy otherwise provides, the original assured has no right or interest in respect of such re-insurance.

10. Bottomry. - The lender of money on bottomry or respondentia has an insurable interest in respect of the loan.

11. Master's and seamen's wages. - The master or any member of the crew of a ship has an insurable interest in respect of his wages.

12. Advance freight. - In the case of advance freight, the person advancing the freight has an insurable interest, in so far as such freight is not repayable in case of loss.

13. Charges of insurance. - The assured has an insurable interest in the charges of any insurance which he may effect.

14. Quantum of interest. - (1) Where the subject-matter insured is mortgaged, the mortgagor has an insurable interest in the full value thereof, and the mortgagee has an insurable interest in respect of any sum due or to become due under the mortgage.

(2) A mortgagee, consignee, or other person having an interest in the subject-matter insured may insure on benefit of other persons interested as well as for his own benefit.

(3) The owner of insurable property has an insurable interest in respect of the full value thereof, notwithstanding that some third person may has agreed, or be liable, to indemnify his in case of loss.

15. Assignment of interest. - Where the assured assigns or otherwise parts with his interest in the subject-matter insured, he does not thereby transfer to the assignee his rights under the contract of insurance, unless there be an express or implied agreement with the assignee to that effect. But the provisions of this section do not affect a transmission of interest by operation of law.

(3) 협회적하약관

보험계약자가 선적화물에 대하여 보험자와 보험계약을 체결할 때 보험자가 담보할 위험과 손해보상에 관한 조건이 가장 중요한 문제이다. 적하가 운송 중 해상위험에 직면하는 정도가 다양하므로 이를 일률적으로 규정할 수 없으나, 해상적하보험에서 특별히 담보위험과 손해보상에 관한 전형약관이 있는데 이것이 협회적하약관이다. 보험약관은 보험질서를 규율하는, 즉 보험계약체결 및 보험금지급과 관련한 중요한 법원(法源)이 된다. 일반적인 손해보험약관과 특히 해상보험에서는 국제언더라이팅협회(IUA)가 제정한 협회적하약관이 국제상사법규로서 중요한 구심점에 있다. 이 협회적하약관은 영국의 1779년 Lloyd's SG Policy가 해상보험계약의 표준양식으로 채택되고, 1912년 최초의 협회적하약관(ICC)이 채택된 이후 1921년 ICC(WA), 1951년 ICC(All Risks)가 도입되었으며 1963년에는 FPA, WA, All Risks 등 세 가지 약관이 모두 개정되었다. 1982년에는 UNCTAD를 중심으로 한 개정압력의 결과 200년 이상 사용되어 온 Lloyd's SG Policy가 폐지되고 새로운 해상보험증권양식과 협회적하약관(ICC)이 도입되어 오늘에 이르고 있다. ICC(1982)가 도입된지 25년이 지난 2006년에 런던의 국제언더라이팅협회(IUA)와 로이즈시장협회(LMA)의 합동적하위원회(Joint Cargo Committee: JCC)는 1982년 협회적하약관(ICC)의 개정을 검토하기로 결정하여 3년 동안의 준비과정과 전세계적인 자문을 거쳐 2009년 1월 1일자 ICC(A), (B), (C) 및 그에 부수하는 전쟁약관과 스트라이크약관을 공표하였다.[35] 이러한 협회적하약관의 내용에서도 보험자와 피보험자와 관련한 계약조항을 보면 보험계약자와 피보험자를 구분하지 않고 피보험자로 단일화하여 계약조항을 설정하고 있다.

(4) 해상적하보험증권

해상보험증권(policy of marine insurance)은 피보험자(insured), 보험자(underwriter; insurer), 피보험목적물, 담보위험, 보험가액, 보험금액(부보금액), 위험의 시기와

35) 이재복, 2009년 협회적하약관(ICC)의 도입과 ICC(1982)와의 비교 분석, 보험학회지 제83집, 2009. 8. p.61.

종기, 피보험자에 대한 손해보상의 약속 등 보험계약의 내용을 상세하게 표시한 증서를 말하는데, 보험증권은 보험계약 성립의 증거로서 보험자가 발급한다.[36] 일반적 보험증권은 계약서도 유가증권도 아니고 단지 증거증권에 지나지 않지만 해상적하보험증권은 보통 배서(endorse)에 의해서 양도될 수 있는 유가증권성의 성질을 갖는다. 구 영문 해상적하보험증권에서는 필요사항 기재란에 피보험자명을 기재하도록 하였다. 구 협회적하약관에서 피보험자는 피보험자에게 요구되는 의무사항 및 권리사항에 대하여(손해방지약관, 포기약관, 구속약관 등) 명기하도록 하였다. 신 협회적하약관에서는 보험금청구와 관련하여 제11조 피보험이익약관(insurable interest clause)에서, 보험에서 보상을 받기 위해서는 피보험자는 손해발생 시에 보험의 목적에 대한 피보험이익을 갖고 있지 않으면 안 되고, 피보험손해가 보험계약 체결 이전에 발생하였을지라도 피보험자가 그 손해의 발생사실을 알고 보험자가 몰랐을 경우를 제외하고는 피보험자는 보험의 담보기간 중에 생긴 피보험손해에 대하여 보상을 받을 권리가 있음을 규정한 약관인데 이 신협회적하약관에서도 보험계약자와 피보험자의 구분 없이 동일하게 피보험자에 대하여만 내용을 명시하고 있다.

3) 국내 법규와 국제적 법규와의 차이점

우리나라 상법 제2장 손해보험 제665조 손해보험자의 책임에서 "손해보험계약의 보험자는 보험사고로 인하여 생길 피보험자의 재산상의 손해를 보상할 책임이 있다"고 규정하고 있으며, 제4절 해상보험 제693조 해상보험자의 책임에서 "해상보험계약의 보험자는 해상사업에 관한 사고로 인하여 생길 손해를 보상할 책임이 있다"고 명기하고 있으나 보험금청구와 관련하여 피보험자의 자격 여부에 관한 조항은 없다.

피보험자와 관련한 보험증권상의 명기조항을 보면 손해보험 통칙편이나 해

---

36) 국내 상법에서 손해보험증권에는 손해보험의 실질적 보험수익자인 피보험자에 관한 명기사항이 없다. 그러나 국내 상법 제728조(인보험증권)에서는 상법 제666조에 게기한 사항 외에 보험수익자를 정한 때에는 그 주소·성명 및 생년월일을 기재하도록 하여 손해보험증권의 게기사항과 뚜렷한 차이를 보이고 있다.

상보험의 보험증권 관련 조항을 검토해 보면 제666조 손해보험증권에서 "손해보험증권에는 다음의 사항을 기재하고 보험자가 기명날인 또는 서명하여야 한다."고 규정하고, 1. 보험의 목적, 2. 보험사고의 성질, 3. 보험금액, 4. 보험료와 그 지급방법, 5. 보험기간을 정한 때에는 그 시기와 종기, 6. 무효와 실권의 사유, 7. 보험계약자의 주소와 성명 또는 상호, 8. 보험계약의 연월일, 9. 보험증권의 작성지와 그 작성년월일을 명기하도록 하고 있다. 그리고 제4절 해상보험 제695조 해상보험증권에서는 "해상보험증권에는 제666조에 게기한 사항 외에 다음의 사항을 기재하여야 한다."고 규정하고, 1. 선박을 보험에 붙인 경우에는 그 선박의 명칭, 국적과 종류 및 항해의 범위, 2. 적하를 보험에 붙인 경우에는 선박의 명칭, 국적과 종류, 선적항, 양륙항 및 출하지와 도착지를 정한 때에는 그 지명, 3. 보험가액을 정한 때에는 그 가액을 명기하도록 규정화하고 있다. 손해보험 통칙편 손해보험증권 조항에서 피보험자를 기재하도록 명기하지 않고 있으며, 또한 해상보험에서 해상보험증권에도 피보험자를 기재하도록 하는 조항이 없다.

사실상 우리나라에서 보험계약의 직접 당사자로서 엄연하게 보험계약자와 피보험자가 구분되어 있으나 보험사고 발생 시에 직접 보험금청구권을 갖는 피보험자가 우리나라 상법상 보험증권기재사항에 대해서는 명문화된 규정을 두고 있지 않다. 실무적으로 사용되고 있는 해상적하보험증권에는 피보험자만이 명기되고 있으므로 현행 우리나라 상법과는 뚜렷한 차이점을 보이고 있다. 이러한 차이점은 자기를 위한 보험과 타인을 위한 보험을 구분함에 있어서 또한 보험계약자 측이 부담하는 고지의무와 통지의무를 이행하는 과정에서 부담의 명확성을 확보하는 데에 있어서도 문제점이 있다.

해상적하보험증권상의 영국의 해상보험법 준거조항의 적용범위에 관한 사항과 관련한 판례를 보면, "보험자의 책임문제에 관하여만 영국의 법과 관습에 의하여 결정하고, 보험계약 자체의 성립 및 효력 등의 문제에 대하여는 영국의 법과 관습을 적용할 수 없고 우리나라 법을 적용하여야 한다."고 판결하고 있다.[37)]

---

37) 부산고법 1997.11.17. 선고95나12392 판결: 확정[보험금][하집 1997-2, 178]

Part 2 주요보험상품 및 해설

보험소비자들은 판매되고 있는 무형의 보험상품을 소비자의 필요에 따라 구매하고 있다. 보험상품은 유형의 재화와는 달리 상품의 효용성과 그에 관한 내용을 정확하게 알고 구매하는 것이 그렇게 쉽지 않다. 보험상품의 특성이 갖는 법적 성질과 경제주체가 위험을 회피하는 정도에 따라 필수 불가결한 보험과 그렇지 않은 보험도 있다. 이 점을 고려하여 보험소비자에게 중요시 되는 보험상품을 소개하도록 하였다. 이 편에서는 보험의 이론적 측면과 연계하여 상품 자체를 이해하는데 주안점을 두었다. 특히 보험상품은 보험계약조항인 약관이 중요시되므로 일부 상품에서 약관에 대한 해석을 하여 상품에 대한 이해를 돕도록 하였다.

제1장 화재보험

1. 화재보험의 개요

화재에 의하여 발생하는 손해를 보상하는 손해보험의 일종이다. 화재보험에서 담보하는 손해는 화재에 따른 손해, 화재에 따른 소방손해, 화재에 따른 피난손해로 되어 있다. 또한 벼락으로 인한 손해도 보통약관으로 담보하고 있다. 그리고 주택화재보험에서는 파열・폭발의 손해도 보통약관에서 담보하고 있다.

1) 화재보험의 정의

피보험자의 재산(건물・동산)이 화재에 의하여 발생하는 손해를 보상하는 손해보험의 일종이다.

2) 화재보험의 보상하는 손해

(1) 화재 및 벼락에 따른 직접손해・소방손해・피난손해

(2) 잔존물 제거비용(잔존물의 해체비용, 청소비용 및 차에 싣는 비용으로서 화재손해액의 10%를 초과할 수 없음)

(3) 손해방지비용・대위권보존비용・잔존물보전비용・기타협력비용

(4) 화재배상책임(피보험자가 보험증권에 기재된 보험의 목적에서 발생한 화재 또는 폭발사고로 타인을 사망케 하거나 부상을 입히거나 타인의 재물을 손상시켜 법률상의 배상책임을 부담함으로써 입은 손해를 보상)

3) 화재보험의 종류

(1) **주택화재보험** : 아파트, 연립주택, 단독주택 등

(2) **일반화재보험** : 음식점, 사무실 등(주택 및 공장 이외의 건물)

(3) **공장화재보험**

4) 화재보험의 계약자

보험계약자는 보험료를 납입하는 자로서 자격에는 제한이 없다.

5) 화재보험계약의 피보험자

화재보험계약의 피보험자는 건물 또는 동산의 소유자이다.

6) 화재보험요율

보험자의 화재손해를 보상할 책임에 대한 대가로서 보험계약자가 보험자에 지급하는 위험부담료를 보험가입금액에 대한 비율로 나타낸 것으로서, 화재보험요율은 대수관찰에 의해 측정한 화재손해의 발생률과 손해정도의 확률에서 보험원가를 감당할 순보험료를 구하고 이것에 대화준비금 및 소요예측경비와 이익에 충당할 부가보험료부분을 더하여 산출한다. 요율산정기관에서는 화재위험도를 구성하는 출화위험, 연소위험 및 손해위험에 대해 통계, 경험적 판단, 기술적 위험측정의 방법을 병용하여 순보험요율을 산정하고 여기에 부가보험료를 가산하여 주택물건, 일반물건, 공장물건, 창고물건 등 물건별로 요율을 산정하여 보험가입금액에 대한 백분율(%)로 표시하고 있다.

2. 화재보험 보통약관 및 해설

제1절 보통약관의 일반조항

제1관 목적 및 용어의 정의

제1조(목적)

이 보험계약(이하 '계약'이라 합니다)은 보험계약자(이하 '계약자'라 합니다)와 보험회사(이하 '회사'라 합니다) 사이에 피보험자가 보험의 목적에 화재(벼락을 포함합니다. 이하 같습니다)로 입은 손해, 법률상의 배상책임을 부담함으로써 입은 손해, 피보험자의 재물손해 등에 대한 위험을 보장하기 위하여 체결됩니다.

제2조(용어의 정의)

이 계약에서 사용되는 용어의 정의는 이 계약의 다른 조항에서 달리 정의되지 않는 한 다음과 같습니다.

1. 계약관계 관련용어
   가. 계약자 : 회사와 계약을 체결하고 보험료를 납입할 의무를 지는 사람을 말합니다.
   나. 보험수익자 : 상해 및 비용손해 보장 : 보험금 지급사유가 발생하는 때에 회사에 보험금을 청구하여 받을 수 있는 사람을 말합니다. 그리고 만기환급금 지급시기에 만기환급금을 청구하여 받을 수 있는 사람을 말합니다.
   다. 보험증권 : 계약의 성립과 그 내용을 증명하기 위하여 회사가 계약자에게 드리는 증서를 말합니다.
   라. 진단계약 : 계약을 체결하기 위하여 피보험자가 건강진단을 받아야 하는 계약을 말합니다.
   마. 피보험자 : 재물손해 보장 : 보험사고로 인하여 손해를 입은 사람(법인인 경우에는 그 이사 또는 법인의 업무를 집행하는 그 밖의 기관)을 말합니다.
      - 배상책임 보장 : 보험사고로 인하여 타인에 대한 법률상 손해배상책임을 부담하는 손해를 입은 사람(법인의 경우에는 그 이사 또는 법인의 업무를 집행하는 그 밖의 기관)을 말합니다.
      - 상해 및 비용손해 보장 : 보험사고의 대상이 되는 사람을 말합니다.
   바. 보험의 목적 : 이 약관에 따라 보험에 가입한 물건으로 보험증권에 기재된 건물 등을 말합니다.

2. 지급사유 및 보상 관련 용어
   가. 상해 : 보험기간 중에 발생한 급격하고도 우연한 외래의 사고로 신체(의수, 의족, 의안, 의치 등 신체보조장구는 제외하나, 인공장기나 부분 의치 등 신체에 이식되어 그 기능을 대신할 경우는 포함합니다)에 입은 상해를 말합니다.
   나. 장해 : 장해분류표에서 정한 기준에 따른 장해상태를 말합니다.
   다. 중요한 사항 : 계약 전 알릴 의무와 관련하여 회사가 그 사실을 알았더라면 계약의 청약을 거절하거나 보험가입금액 한도 제한, 일부보장제외, 보험금 삭감, 보험료 할증과 같이 조건부로 승낙하는 등 계약 승낙에 영향을 미칠 수 있는 사항을 말합니다.
   라. 보험가입금액 : 회사와 계약자간에 약정한 금액으로 보험사고가 발생할 때 회사가 지급할 최대 보험금을 말합니다.
   마. 보험가액 : 재산보험에 있어 피보험 이익을 금전으로 평가한 금액으로 보험의 목적에 발생할 수 최대 손해액을 말합니다. (회사가 실제 지급하는 보험금은 보험가액을 초과할 수 없습니다)
   바. 자기부담금 : 보험사고로 인하여 발생한 손해에 대하여 계약자 또는 피보험자가 부담하는 일정 금액을 말합니다.
   사. 보험금 분담 : 이 계약에서 보장하는 위험과 같은 위험을 보장하는 다른 계약(공제계약을 포함합니다)이 있을 경우 비율에 따라 손해를 보상합니다.
   아. 대위권 : 회사가 보험금을 지급하고 취득하는 법률상의 권리를 말합니다.
   자. 배상책임 : 보험증권상의 보장지역 내에서 보험기간 중에 발생된 보험사고로 인하여 타인에게 입힌 손해에 대한 법률상의 책임을 말합니다.
   차. 보상한도액 : 배상책임에 있어 회사와 계약자간에 약정한 금액으로 피보험자가 법률상의 배상책임을 부담함으로써 입은 손해 중 보험금 등의 지급한도에 따라 회사가 책임지는 금액의 최대한도를 말합니다.
3. 지급금과 이자율 관련 용어
   가. 연단위 복리 : 회사가 지급할 금전에 이자를 줄 때 1년마다 마지막 날에 그 이자를 원금에 더한 금액을 다음 1년의 원금으로 하는 이자계산방법을 말합니다.
   나. 평균공시이율 : 전체 보험회사 공시이율의 평균으로, 이 계약 체결 시점의 이율을 말합니다. 이 계약의 평균공시이율은 3.0%입니다.
   다. 해지환급금 : 계약이 해지되는 때에 회사가 계약자에게 돌려주는 금액을 말합니다.

4. 기간과 날짜 관련 용어
   가. 보험기간 : 계약에 따라 보장을 받는 기간을 말합니다.
   나. 영업일 : 회사가 영업점에서 정상적으로 영업하는 날을 말하며, 토요일, '관공서의 공휴일에 관한 규정'에 따른 공휴일과 근로자의 날을 제외합니다.
   다. 월 계약해당일 : 계약일부터 1개월마다 돌아오는 매월의 계약해당일을 말합니다. 단, 해당월의 계약해당일이 없는 경우에는 해당월의 마지막 날을 월 계약해당일로 합니다.
5. 장기 유지 보너스에 관한 사항
   가. 장기유지보너스 금액 : 이 계약의 사업방법서에서 정한 방법에 따라 장기유지계약에 대해 유지보너스 발생일에 책임준비금에 가산하는 금액을 말합니다.
   나. '가'에도 불구하고 유지보너스 발생일에 보험료가 정상적으로 납입되지 않을시 장기유지보너스 금액은 가산되지 않습니다. (단, 총납입보험료 완료 시 제외)
   다. 장기유지보너스 준비금
   유지보너스 발생일에 장기유지보너스 금액을 책임준비금에 가산하기 위하여 회사가 적립하는 금액으로 『보험료 및 책임준비금 산출방법서』에서 정한 방법에 따라 계산한 금액을 말합니다. 다만, 제22조(계약내용의 변경 등)으로 변경될 경우에는 변경된 기준으로 장기유지보너스를 적용합니다.

제2관 보험금의 지급

제3조(보상하는 손해)

제2절 보통약관의 보장조항을 따릅니다.

제4조(보상하지 않는 손해)

제2절 보통약관의 보장조항을 따릅니다.

제5조(보험금의 청구)

피보험자가 보험금을 청구할 때에는 다음의 서류를 회사에 제출하여야 합니다.

1. 보험금 청구서(회사양식)
2. 신분증(주민등록증이나 운전면허증 등 사진이 붙은 정부기관발행 신분증, 본인이 아니면 본인의 인감증명서 포함)
3. 배상책임의 경우 손해배상금 및 그 밖의 비용을 지급하였음을 증명하는 서류

4. 기타 회사가 요구하는 증거자료

제6조(보험금의 지급절차)

〈재물손해 보장의 경우〉

① 회사는 제5조(보험금의 청구)에서 정한 서류를 접수한 때에는 접수증을 드리고 휴대전화 문자메시지 또는 전자우편 등으로도 송부하며, 접수 후 지체없이 지급할 보험금을 결정하고 지급할 보험금이 결정되면 7일 이내에 이를 지급합니다.

② 제1항에 의한 지급할 보험금이 결정되기 전이라도 피보험자의 청구가 있을 때에는 회사가 추정한 보험금의 50%상당액을 가지급보험금으로 지급합니다.

③ 회사는 제1항의 규정에 정한 지급기일내에 보험금을 지급하지 않았을 때에는 그 다음날부터 지급일까지의 기간에 대하여 "보험금을 지급할 때의 적립이율 계산"(【별표】 참조)에서 정한 이율로 계산한 금액을 보험금에 더하여 지급합니다. 그러나 계약자, 피보험자의 책임있는 사유로 지급이 지연된 때에는 그 해당기간에 대한 이자는 더하여 지급하지 않습니다.

〈배상책임 보장의 경우〉

① 회사는 제5조(보험금의 청구)에서 정한 서류를 접수한 때에는 접수증을 드리고 휴대전화 문자메시지 또는 전자우편 등으로도 송부하며, 접수 후 지체없이 지급할 보험금을 결정하고 지급할 보험금이 결정되면 7일 이내에 이를 지급합니다.

② 제1항에 의한 지급할 보험금이 결정되기 전이라도 피보험자의 청구가 있을 때에는 회사가 추정한 보험금의 50%상당액을 가지급보험금으로 지급합니다.

③ 회사는 제1항의 지급보험금이 결정된 후 7일(이하 지급기일이라 합니다)이 지나도록 보험금을 지급하지 않았을 때에는 지급기일의 다음날부터 지급일까지의 기간에 대하여 "보험금을 지급할 때의 적립이율 계산"(【별표】 참조)에서 정한 이율로 계산한 금액을 더하여 지급합니다. 그러나 피보험자의 책임있는 사유로 지체된 경우에는 그 해당기간에 대한 이자를 더하여 지급하지 않습니다.

제7조(손해방지의무)

〈재물손해 보장의 경우〉

보험사고가 생긴 때에는 계약자 또는 피보험자는 손해의 방지와 경감에 힘써야 합니다. 만약 계약자 또는 피보험자가 고의 또는 중대한 과실로 이를 게을리 한 때에는 손해를 방지 또는 경감할 수 있었을 것으로 밝혀진 금액을 손해액에서 뺍니다.

〈배상책임 보장의 경우〉

① 보험사고가 생긴 때에는 계약자 또는 피보험자는 아래의 사항을 이행하여야 합니다.

1. 손해의 방지 또는 경감을 위하여 노력하는 일(피해자에 대한 응급처치, 긴급 호송 또는 그 밖의 긴급조치를 포함합니다.)
2. 제3자로부터 손해의 배상을 받을 수 있는 경우에는 그 권리를 지키거나 행사하기 위한 필요한 조치를 취하는 일
3. 손해배상책임의 전부 또는 일부에 관하여 지급(변제), 승인 또는 화해를 하거나 소송, 중재 또는 조정을 제기하거나 신청하고자 할 경우에는 미리 회사의 동의를 받는 일

② 계약자 또는 피보험자가 정당한 이유없이 제1항의 의무를 이행하지 않았을 때에는 제3조(보상하는 손해)에 의한 손해에서 다음의 금액을 뺍니다.

1. 제1항 제1호의 경우에는 그 노력을 하였더라면 손해를 방지 또는 경감할 수 있었던 금액
2. 제1항 제2호의 경우에는 제3자로부터 손해의 배상을 받을 수 있었던 금액
3. 제1항 제3호의 경우에는 소송비용(중재 또는 조정에 관한 비용포함) 및 변호사비용과 회사의 동의를 받지 않은 행위에 따라 증가된 손해

제8조(대위권)

〈재물손해 보장의 경우〉

① 회사가 보험금을 지급할 때(현물보상한 경우를 포함합니다)에는 회사는 지급한 보험금 한도 내에서 계약자 또는 피보험자가 제3자에 대하여 가지는 손해배상청구권을 취득합니다. 다만, 회사가 보상한 금액이 피보험자가 입은 손해의 일부인 경우에는 피보험자의 권리를 침해하지 않는 범위내에서 그 권리를 취득합니다.

② 계약자 또는 피보험자는 제1항에 따라 회사가 취득한 권리를 행사하거나 지키는 것에 관하여 필요한 조치를 하여야 하며, 또한 회사가 요구하는 증거 및 서류를 제출하여야 합니다.

③ 제1항 및 제2항에도 불구하고 타인을 위한 계약의 경우에는 계약자에 대한 대위권을 포기합니다.

④ 회사는 제1항에 따른 권리가 계약자 또는 피보험자와 생계를 같이 하는 가족에 대한 것인 경우에는 그 권리를 취득하지 못합니다. 다만, 손해가 그 가족의 고의로 인하여 발생한 경우에는 그 권리를 취득합니다.

〈배상책임 보장의 경우〉

① 회사가 보험금을 지급한 때(현물보상한 경우를 포함합니다)에는 회사는 지급한 보험금의 한도내에서 아래의 권리를 가집니다. 다만, 회사가 보상한 금액이 피보험자가 입은 손해의 일부인 경우에는 피보험자의 권리를 침해하지 않는 범

위내에서 그 권리를 취득합니다.

1. 피보험자가 제3자로부터 손해배상을 받을 수 있는 경우에는 그 손해배상 청구권
2. 피보험자가 손해배상을 함으로써 대위 취득하는 것이 있을 경우에는 그 대위권

② 계약자 또는 피보험자는 제1항에 따라 회사가 취득한 권리를 행사하거나 지키는 것에 관하여 필요한 조치를 하여야 하며 또한 회사가 요구하는 증거나 서류를 제출하여야 합니다.

③ 제1항 및 제2항에도 불구하고 타인을 위한 계약의 경우에는 회사는 계약자에 대한 대위권을 포기합니다.

④ 회사는 제1항에 따른 권리가 계약자 또는 피보험자와 생계를 같이 하는 가족에 대한 것인 경우에는 그 권리를 취득하지 못합니다. 다만, 손해가 그 가족의 고의로 인하여 발생한 경우에는 그 권리를 취득합니다.

제9조(만기환급금의 지급)

① 회사는 보험기간이 끝난 때에 만기환급금을 보험수익자에게 지급합니다.

② 회사는 계약자 및 보험수익자의 청구에 따라 제1항에 의한 만기환급금을 지급하는 경우 3영업일 이내에 지급합니다.

③ 회사는 제1항에 의한 만기환급금의 지급시기가 되면 지급시기 7일 이전에 그 사유와 지급할 금액을 계약자 또는 보험수익자에게 알려드리며, 만기환급금을 지급함에 있어 지급일까지의 기간에 대한 이자의 계산은 "보험금을 지급할 때의 적립이율 계산"(【별표】 참조)에 따릅니다.

④ 회사는 보험기간이 끝난 때에는 적립부분 순보험료[38]에 대하여 보험료납입일부터 이 보험의 「보장성-1701 공시이율」(이하 『공시이율』 이라 합니다)을 연단위 복리로 적립한 금액(적립한 금액에서 중도인출액이 있었던 경우에는 그 원금과 이자의 합계액을 차감하여 계산한 금액)을 만기환급금으로 보험수익자(수익자의 지정이 없을 때에는 계약자)에게 지급합니다.

⑤ 제4항의 공시이율[39]은 이 보험의 사업방법서에서 정한 바에 따라 아래와 같이 결정합니다. 다만, 보험기간 중에 공시이율이 변경되는 경우에 변경된 시점 이후에는 변경된 이율을 적용합니다.

1. 「보장성-1701 공시이율」은 매월 마지막날 회사가 정한 이율로 하며, 다음달 1일부터 마지막날까지 1개월간 확정 적용합니다.

---

38) 적립보험료에서 사업비를 차감한 보험료이다.

39) 보험상품에 적용되는 이율이 장기적이고 고정금리이기 때문에 시중금리가 급격하게 변동할 경우 이에 대응하지 못하는 점을 고려하여, 시중의 지표금리 등에 연동하여 일정기간마다 변동되는 이율이다.

2. 회사는 외부지표금리와 운용자산이익률을 가중 평균하여 산출된 공시기준이율에 향후 예상수익 등을 고려한 조정률을 적용하여 보장성-1701 공시이율을 결정합니다.
3. 보장성-1701 공시이율의 최저보증이율은 연단위 복리 0.3%를 적용합니다.
4. 세부적인 보장성-1701 공시이율의 운용방법은 회사에서 별도로 정한 "보장성-1701 공시이율 적용에 관한 지침"을 따릅니다.

⑥ 회사는 제4항 및 제5항의 『보장성-1701 공시이율』 및 산출방법 등을 회사의 인터넷홈페이지 등에 매월 공시합니다.

⑦ 계약자가 제36조(중도인출)에서 정한 방법에 따라 중도인출시 만기환급금에서 인출금액 및 인출금액에 적립되었을 이자만큼 차감되므로 만기환급금이 감소합니다.

제10조(보험금 받는 방법의 변경)

① 계약자(보험금 지급사유 발생 후에는 피보험자)는 회사의 사업방법서[40]에서 정한 바에 따라 보험금의 전부 또는 일부에 대하여 나누어 지급받거나 일시에 지급받는 방법으로 변경할 수 있습니다.

② 회사는 제1항에 따라 일시에 지급할 금액을 나누어 지급하는 경우에는 나중에 지급할 금액에 대하여 평균공시이율을 연단위 복리로 계산한 금액을 더하며, 나누어 지급할 금액을 일시에 지급하는 경우에는 평균공시이율을 연단위 복리로 할인한 금액을 지급합니다.

제11조(주소변경통지)

계약자 또는 피보험자는 주소 또는 연락처가 변경된 경우에는 지체없이 이를 회사에 알려야 합니다. 다만, 계약자 또는 피보험자가 알리지 않은 경우 회사가 알고 있는 최종의 주소 또는 연락처로 등기우편 등 우편물에 대한 기록이 남는 방법으로 회사가 알린 사항은 일반적으로 도달에 필요한 기간이 지난 때에 계약자 또는 피보험자에게 도달한 것으로 봅니다.

제12조(보험수익자의 지정)

보험수익자를 지정하지 않은 때에는 보험수익자를 제9조(만기환급금의 지급)의 제1항의 경우는 계약자로 하고, 사망보험금의 경우는 피보험자의 법정상속인으로 하며, 이외의 보험금은 피보험자로 합니다.

---

40) 회사가 보험사업의 허가를 신청할 때 첨부해야 하는 기초서류의 하나로서, 피보험자의 범위, 보험금액 및 보험기간에 대한 제한 등이 기재된 서류를 말한다.

제13조(대표자의 지정)

① 계약자 또는 보험수익자가 2명 이상인 경우에는 각 대표자를 1명 지정하여야 합니다. 이 경우 그 대표자는 각각 다른 계약자 또는 보험수익자를 대리하는 것으로 합니다.

② 지정된 계약자 또는 보험수익자의 소재가 확실하지 않은 경우에는 이 계약에 관하여 회사가 계약자 또는 보험수익자 1명에 대하여 한 행위는 각각 다른 계약자 또는 보험수익자에게도 효력이 미칩니다.

③ 계약자가 2명 이상인 경우에는 그 책임을 연대로 합니다.

제3관 계약자의 계약 전 알릴 의무 등

제14조(계약 전 알릴 의무)

계약자, 피보험자 또는 이들의 대리인은 청약할 때 청약서(질문서를 포함합니다)에서 질문한 사항에 대하여 알고 있는 사실을 반드시 사실대로 알려야(이하 『계약 전 알릴 의무』라 하며, 상법상 『고지의무』와 같습니다)합니다.

제15조(계약 후 알릴의무)

〈재물손해 보장의 경우〉

① 계약을 맺은 후 보험의 목적에 아래와 같은 사실이 생긴 경우에는 계약자 또는 피보험자는 지체없이 서면으로 회사에 알리고 보험증권에 확인을 받아야 합니다.

1. 이 계약에서 보장하는 위험과 동일한 위험을 보장하는 계약을 다른 보험자와 체결하고자 할 때 또는 이와 같은 계약이 있음을 알았을 때
2. 보험의 목적을 양도할 때
3. 보험의 목적 또는 보험의 목적을 수용하는 건물의 구조를 변경, 개축, 증축하거나 계속하여 15일 이상 수선할 때
4. 보험의 목적 또는 보험의 목적을 수용하는 건물의 용도를 변경함으로써 위험이 변경되는 경우
5. 보험의 목적 또는 보험의 목적이 들어있는 건물을 계속하여 30일 이상 비워두거나 휴업하는 경우
6. 보험의 목적을 다른 곳으로 옮길 때
7. 위험이 뚜렷이 변경되거나 변경되었음을 알았을 때

② 제1항에 따라 위험이 증가하거나 감소되는 경우 납입보험료가 변경될 수 있으며, 계약내용 변경시점 이후 잔여 보험기간의 보장을 위한 재원인 책임준비금

등의 차이로 계약자가 추가로 납입하여야 할(또는 반환받을) 금액이 발생 할 수 있습니다.

③ 회사는 제1항에 따라 위험이 감소된 경우에는 그 차액보험료를 돌려드리며, 위험이 증가된 경우에는 통지를 받은 날부터 1개월 이내에 보험료의 증액을 청구하거나 계약을 해지할 수 있습니다.

〈배상책임 보장의 경우〉

① 계약을 맺은 후 보험의 목적에 아래와 같은 사실이 생긴 경우에는 계약자나 피보험자는 지체없이 서면으로 회사에 알리고 보험증권에 확인을 받아야 합니다.

1. 청약서의 기재사항을 변경하고자 할 때 또는 변경이 생겼음을 알았을 때
2. 이 보장에서 보장하는 위험과 동일한 위험을 보장하는 계약을 다른 보험자와 체결하고자 할 때 또는 이와 같은 계약이 있음을 알았을 때
3. 위험이 뚜렷이 변경되거나 변경되었음을 알았을 때

② 제1항에 따라 위험이 증가하거나 감소되는 경우 납입보험료가 변경될 수 있으며, 계약내용 변경시점 이후 잔여 보험기간의 보장을 위한 재원인 책임준비금 등의 차이로 계약자가 추가로 납입하여야 할(또는 반환받을) 금액이 발생할 수 있습니다.

③ 회사는 제1항에 따라 위험이 감소된 경우에는 그 차액보험료를 돌려드리며, 위험이 증가된 경우에는 통지를 받은 날부터 1개월 이내에 보험료의 증액을 청구하거나 계약을 해지할 수 있습니다.

- o 계약 전 알릴의무 : 고지의무 조항
- o 상법 제651조(고지의무 위반으로 인한 계약 해지), 제655조(계약해지와 보험금액 청구권)조항
- o 고지사항을 보험계약청약서의 기재사항으로 한정
- o 고지의무제도의 취지 : 보험자가 보험계약의 청약에 대한 위험측정을 위해 보험계약자 등의 협력을 구하기 위함(위험측정설 또는 선의계약설)
- o 고지의무위반시에 보험자에게 보험계약 해지권을 부여
- o 고지의무자 : 보험계약자 또는 피보험자(상법 제651조), 대리인
- o 고지의 상대방 : 보험자, 계약체결의 대리권을 수여받은 자
- o 중요한 사항 : 보험자가 위험을 측정하는데 필요한 중요한 사항(상법 제651조)으로서 보험자가 질문한 사항이다.
- o 〈계약 후 알릴 의무 : 통지의무조항〉
- o 보험계약체결 후 위험의 현저한 변경이나 증가를 가져올 사실이 발생할 경우 보험자에게 통지

- o 통지의무자 : 보험계약자, 피보험자
- o 통지의무 위반시 보험자에게 보험계약해지권 부여
- o 통지시점 : 보험계약자 등이 위험의 현저한 변경이나 증가를 가져올 사실을 안 때

제16조(알릴 의무 위반의 효과)

① 회사는 아래와 같은 사실이 있을 경우에는 손해의 발생여부에 관계없이 그 사실을 안 날부터 1개월 이내에 이 계약을 해지할 수 있습니다.

1. 계약자, 피보험자 또는 이들의 대리인이 제14조(계약 전 알릴 의무)에도 불구하고 고의 또는 중대한 과실로 중요한 사항에 대하여 사실과 다르게 알린 때
2. 뚜렷한 위험의 변경 또는 증가와 관련된 제15조(계약 후 알릴 의무)에서 정한 계약 후 알릴 의무를 계약자 또는 피보험자의 고의 또는 중대한 과실로 이행하지 않았을 때

② 제1항 제1호의 경우에도 불구하고 다음 중 하나에 해당하는 경우에는 회사는 계약을 해지할 수 없습니다.

1. 회사가 최초 계약 체결 당시에 그 사실을 알았거나 과실로 알지 못하였을 때
2. 회사가 그 사실을 안 날부터 1개월 이상 지났거나 도는 제1회 보험료 등을 받은 때부터 보험금 지급사유가 발생하지 않고 2년이 지났을 때
3. 최초 계약을 체결한 날부터 3년이 지났을 때
4. 보험설계사 등이 계약자 또는 피보험자에게 알릴 기회를 주지 않았거나 계약자 또는 피보험자가 사실대로 알리는 것을 방해한 경우, 계약자 도는 피보험자에게 사실대로 알리지 않게 하였거나 부실한 사항을 알릴 것을 권유했을 때 다만, 보험설계사 등의 행위가 없었다 하더라도 계약자 또는 피보험자가 사실대로 알리지 않거나 부실한 사항을 알렸다고 인정되는 경우에는 계약을 해지할 수 있습니다.

③ 제1항에 의한 계약의 해지가 손해발생 전에 이루어진 경우에는 제34조(해지환급금) 제1항에 의한 해지환급금을 계약자에게 지급합니다.

④ 제1항에 의한 계약의 해지는 손해가 생긴 후에 이루어진 경우에도 회사는 그 손해를 보상하여 드리지 않습니다. 그러나 손해가 제1항 제1호 및 제2호의 사실로 생긴 것이 아님을 계약자 도는 피보험자가 증명한 경우에는 보상하여 드립니다.

⑤ 회사는 다른 보험가입내역에 대한 계약 전·후 알릴 의무 위반을 이유로 계약을 해지하거나 보험금 지급을 거절하지 않습니다.

⑥ 제29조(보험료의 납입을 연체하여 해지된 계약의 부활(효력회복))에 따라 이 계약이 부활(효력회복)된 경우에는 부활(효력회복)계약을 제2항의 최초 계약으로

봅니다. 또한, 부활(효력회복)이 여러 차례 발생된 경우에는 각각의 부활(효력회복)계약을 최초계약으로 봅니다.

제17조(사기에 의한 계약)

계약자, 피보험자 또는 이들의 대리인의 사기에 의하여 계약이 성립되었음을 회사가 증명하는 경우에는 계약일로부터 5년 이내(사기사실을 안 날부터 1개월 이내)에 계약을 취소할 수 있습니다.

제4관 보험계약의 성립과 유지

제18조(보험계약의 성립)

① 계약은 계약자의 청약과 회사의 승낙으로 이루어집니다.

② 회사는 보험의 목적 및 피보험자가 계약에 적합하지 않은 경우에는 승낙을 거절하거나 별도의 조건(보험가입금액 제한, 일부보장 제외, 보험금 삭감, 보험료 할증 등)을 붙여 승낙할 수 있습니다.

③ 회사는 계약의 청약을 받고 제1회 보험료(이하 '제1회 보험료 등' 이라 합니다)를 받은 경우에 청약일부터 30일 이내에 승낙 또는 거절하여야 하며, 승낙한 때에는 보험증권을 드립니다. 그러나 30일 이내에 승낙 또는 거절의 통지가 없으면 승낙된 것으로 봅니다.

④ 회사가 제1회 보험료 등을 받고 승낙을 거절한 경우에는 거절통지와 함께 받은 금액을 계약자에게 돌려 드리며, 보험료를 받은 기간에 대하여 평균공시이율+1%를 연단위 복리로 계산한 금액을 더하여 지급합니다. 다만, 회사는 계약자가 제1회 보험료 등을 신용카드로 납입한 계약의 승낙을 거절하는 경우 에는 신용카드의 매출을 취소하며 이자를 더하여 지급하지 않습니다.

제19조(청약의 철회)

① 계약자는 보험증권을 받은 날부터 15일 이내에 그 청약을 철회할 수 있습니다. 다만, 보험기간이 1년 미만인 계약 또는 전문보험계약자[41]가 체결한 계약은 청약을 철회할 수 없습니다.

② 제1항에도 불구하고 청약한 날부터 30일이 초과된 계약은 청약을 철회할 수 없습니다.

41) 보험계약에 관한 전문성, 자산규모 등에 비추어 보험계약의 내용을 이해하고 이행할 능력이 있는 자로서 보험업법 제2조(정의), 보험업법시행령 제6조의2(전문보험계약자의 범위 등) 또는 보험업감독규정 제1-4조의2(전문보험계약자의 범위)에서 정한 국가, 한국은행, 대통령령으로 정하는 금융기관, 주권상장법인, 지방자치단체, 단체보험계약자 등의 전문보험계약자를 말한다.

③ 계약자는 청약서의 청약철회란을 작성하여 회사에 제출하거나, 통신수단을 이용하여 제1항의 청약 철회를 신청할 수 있습니다.

④ 계약자가 청약을 철회한 때에는 회사는 청약의 철회를 접수한 날부터 3일 이내에 납입한 보험료를 계약자에게 돌려드리며, 보험료 반환이 늦어진 기간에 대하여는 이 계약의 보험계약대출이율을 연단위 복리로 계산한 금액을 더하여 지급합니다. 다만 계약자가 제1회 보험료 등을 신용카드로 납입한 계약의 청약을 철회하는 경우에 회사는 신용카드의 매출을 취소하며 이자를 더하여 지급하지 않습니다.

⑤ 청약을 철회할 때에 이미 보험금 지급사유가 발생하였으나 계약자가 그 보험금 지급사유가 발생한 사실을 알지 못한 경우에는 청약철회의 효력은 발생하지 않습니다.

⑥ 제1항에서 보험증권을 받은 날에 대한 다툼이 발생한 경우 회사가 이를 증명하여야 합니다.

제20조(약관교부 및 설명의무 등)

① 회사는 계약자가 청약할 때에 계약자에게 약관의 중요한 내용을 설명하여야 하며, 청약 후에 지체없이 약관 및 계약자 보관용 청약서를 드립니다. 다만, 계약자가 동의하는 경우 약관 및 계약자 보관용 청약서 등을 광기록매체(CD, DVD 등) 및 전자우편 등 전자적 방법으로 송부할 수 있으며, 계약자 또는 그 대리인이 약관 및 계약자 보관용 청약서 등을 수신하였을 때에는 해당 문서를 드린 것으로 봅니다. 또한, 통신판매계약의 경우, 회사는 계약자의 동의를 얻어 다음 중 한 가지 방법으로 약관의 중요한 내용을 설명할 수 있습니다.

1. 인터넷 홈페이지에서 약관 및 약관의 중요한 내용을 설명한 문서를 읽거나 내려 받게 하는 방법. 이 경우 계약자가 이를 읽거나 내려 받은 것을 확인한 때에 당해 약관을 드리고 그 중요한 내용을 설명한 것으로 봅니다.
2. 전화를 이용하여 청약내용, 보험료납입, 보험기간, 계약 전 알릴 의무, 약관의 중요한 내용 등 계약을 체결하는 데 필요한 사항을 질문 도는 설명하는 방법. 이 경우 계약자의 답변과 확인내용을 음성 녹음함으로써 약관의 중요한 내용을 설명한 것으로 봅니다.

② 회사가 제1항에 따라 제공될 약관 및 계약자 보관용 청약서를 청약할 때 계약자에게 전달하지 않거나 약관의 중요한 내용을 설명하지 않은 때 또는 계약을 체결할 때 계약자가 청약서에 자필서명을 하지 않은 때에는 계약자는 계약이 성립한 날부터 3개월 이내에 계약을 취소할 수 있습니다.

③ 제2항에도 불구하고 전화를 이용하여 계약을 체결하는 경우, 계약자, 피보험

자가 동일한 계약은 자필서명을 생략할 수 있으며, 제1항의 규정에 의한 음성녹음 내용을 문서화한 확인서를 계약자에게 드림으로써 계약자 보관용 청약서를 전달한 것으로 봅니다.

④ 제2항에 따라 계약이 취소된 경우에는 회사는 이미 납입한 보험료를 계약자에게 돌려 드리며, 보험료를 받은 기간에 대하여 보험계약대출이율을 연단위 복리로 계산한 금액을 더하여 지급합니다.

제21조(계약의 무효)

계약을 맺을 때에 보험의 목적에 이미 사고가 발생하였을 경우 이 계약은 무효로 하며 이미 납입한 보험료를 돌려드립니다. 다만, 회사의 고의 또는 과실로 계약이 무효로 된 경우와 회사가 승낙 전에 무효임을 알았거나 알 수 있었음에도 불구하고 보험료를 반환하지 않은 경우에는 보험료를 납입한 날의 다음날부터 반환일까지의 기간에 대하여 회사는 이 계약의 보험계약대출이율을 연단위 복리로 계산한 금액을 더하여 돌려 드립니다.

제22조(계약내용의 변경 등)

① 계약자는 회사의 승낙을 얻어 다음의 사항을 변경할 수 있습니다. 이 경우 승낙을 서면 등으로 알리거나 보험증권의 뒷면에 기재하여 드립니다.

1. 보험종목
2. 보험기간
3. 보험료 납입방법 및 납입기간
4. 계약자, 피보험자

보험가입금액, 보험료(적립보험료를 포함합니다), 배상책임의 경우 보상한도액 등 기타 계약의 내용

② 계약자는 보험수익자를 변경할 수 있으며 이 경우에는 회사의 승낙이 필요하지 않습니다. 다만, 변경된 보험수익자가 회사에 권리를 대항하기 위해서 계약자는 보험수익자가 변경되었음을 회사에 통지하여야 합니다.

③ 회사는 계약자가 제1회 보험료 등을 납입한 때부터 1년 이상 지난 유효한 계약으로서 그 보험종목의 변경을 요청할 때에는 회사의 사업방법서에서 정하는 방법에 따라 이를 변경하여 드립니다.

④ 회사는 계약자가 제1항 제5호에 따라 보험가입금액 또는 보상한도액을 감액하고자 할 때에는 그 감액된 부분은 해지된 것으로 보며, 제34조(해지환급금) 제1항에 따라 해지환급금을 계약자에게 지급합니다.

⑤ 계약자가 제2항에 따라 보험수익자를 변경하고자 할 경우에는 보험금 지급사유가 발생하기 전에 피보험자가 서면으로 동의하여야 합니다. 또한, 계약자가 보

험수익자 변경권을 행사하지 않고 사망한 경우, 최초 지정된 보험수익자 (별도의 지정이 없는 경우 사망보험금은 피보험자의 법정상속인, 사망보험금 이외는 피보험자로 합니다)의 권리가 확정됩니다. 그러나 계약자가 사망한 경우 그 승계인이 보험수익자 변경에 관한 권리를 행사할 수 있다는 별도의 약정이 있는 경우에는 승계 받은 계약자가 보험수익자를 변경할 수 있습니다.

⑥ 회사는 제1항에 따라 계약자를 변경한 경우, 변경된 계약자에게 보험증권 및 약관을 교부하고 변경된 계약자가 요청하는 경우 약관의 중요한 내용을 설명하여 드립니다.

⑦ 제1항에 따라 위험이 증가하거나 감소되는 경우 납입보험료가 변경될 수 있으며, 계약내용 변경시점 이후 잔여 보험기간의 보장을 위한 재원인 책임준비금[42] 등의 차이로 계약자가 추가로 납입하여야 할(또는 반환받을)금액이 발생할 수 있습니다.

⑧ 제1항에 따라 보험료 등의 감액 또는 증액시 환급금이 업석나 최초가입시 안내한 만기(해지)환급금보다 적거나 많아질 수 있습니다.

제23조(타인을 위한 계약)

① 계약자는 타인을 위한 계약[43]을 체결하는 경우에 그 타인의 위임이 없는 때에는 반드시 이를 회사에 알려야 하며, 이를 알리지 않았을 때에는 그 타인은 이 계약이 체결된 사실을 알지 못하였다는 사유로 회사에 이의를 제기할 수 없습니다.

② 타인을 위한 계약에서 보험사고가 발생한 경우에 계약자가 그 타인에게 보험사고의 발생으로 생긴 손해를 배상한 때에는 계약자는 그 타인의 권리를 해하지 않는 범위 안에서 회사에 보험금의 지급을 청구할 수 있습니다.

제24조(계약의 소멸)

이 계약에서 규정하는 보상하는 손해가 더 이상 발생할 수 없는 경우에는 이 계약은 그 때부터 효력이 없습니다. 이 경우 회사는 『보험료 및 책임준비금 산출방법서』 에 다라 적립부분 책임준비금(중도인출액이 있었던 경유에는 그 원금과 이자의 합계액을 차감한 금액)을 계약자에게 지급합니다.

제25조(제1회 보험료 등 및 회사의 보장개시)

① 회사는 계약의 청약을 승낙하고 제1회 보험료 등을 받은 때부터 이 약관이 정한 바에 따라 보장을 합니다. 또한, 회사가 청약과 함께 제1회 보험료 등을 받은

42) 장래의 보험금, 해지환급금 등의 지급을 위하여 계약자가 납입한 보험료 중 일정액을 회사가 적립해 둔 금액을 말한다.

43) 계약자가 타인의 이익을 위하여 자기의 이름으로 체결하는 보험계약을 말한다. 보험계약자와 피보험자 또는 보험수익자가 다른 경우이다.

후 승낙한 경우에도 제1회 보험료 등을 받은 때부터 보장이 개시됩니다.
자동이체 또는 신용카드로 납입하는 경우에는 자동이체신청 또는 신용카드매출 승인에 필요한 정보를 제공한 때를 제1회 보험료 등을 받은 때로 하며, 계약자의 책임 있는 사유로 자동이체 또는 매출승인이 불가능한 경우에는 보험료가 납입되지 않은 것으로 봅니다.

② 회사가 청약과 함께 제1회 보험료 등을 받고 청약을 승낙하기 전에 보험료 지급사유가 발생하였을 때에도 보장개시일부터 이 약관이 정하는 바에 따라 보장을 합니다.

③ 회사는 제2항에도 불구하고 다음 중 한 가지에 해당되는 경우에는 보장을 하지 않습니다.

1. 제14조(계약 전 알릴 의무)의 규정에 따라 계약자 또는 피보험자가 회사에 알린 내용이 보험금 지급사유의 발생에 영향을 미쳤음을 회사가 증명하는 경우
2. 제4조(보상하지 않는 손해), 제16조(알릴 의무 위반의 효과), 제17조(사기에 의한 계약), 제21조(계약의 무효) 및 제31조(계약의 해지)의 규정을 준용하여 회사가 보장을 하지 않을 수 있는 경우

④ 제1항의 보험료는 이 보장조항의 보험금 지급에 필요한 보험료(이하 『보장보험료』라 합니다)와 회사가 적립한 금액을 돌려주는데 필요한 보험료(이하 『적립보험료』라 합니다)로 구성됩니다. (이하 『보장보험료』와 『적립보험료』를 합하여 『보험료』라 합니다)

제26조(제2회 이후 보험료의 납입)

계약자는 제2회 이후의 보험료를 납입기일까지 납입하여야 하며, 회사는 계약자가 보험료를 납입한 경우에는 영수증을 발행하여 드립니다. 다만, 금융회사(우체국을 포함합니다)를 통하여 보험료를 납입한 경우에는 그 금융회사 발행 증빙서류를 영수증으로 대신합니다.

제27조(보험료의 자동대출납입)

① 계약자는 제28조(보험료의 납입이 연체되는 경우 납입최고(독촉)와 계약의 해지)에 따른 보험료의 납입최고(독촉)기간이 지나기 전까지 회사가 정한 방법에 따라 보험료의 자동대출납입을 신청할 수 있으며, 이 경우 제35조(보험계약대출) 제1항에 따른 보험계약대출금으로 보험료가 자동으로 납입되어 계약은 유효하게 지속됩니다. 다만 계약자가 서면 이외에 인터넷 또는 전화(음성녹음) 등으로 자동대출납입을 신청할 경우 회사는 자동대출납입 신청내역을 서면 또는 전화(음성녹음) 등으로 계약자에게 알려 드립니다.

② 제1항의 규정에 의한 대출금과 보험료의 자동대출 납입일의 다음날부터 그 다음 보험료의 납입최고(독촉)기간까지의 이자(보험계약대출이율 이내에서 회사

가 별도로 정하는 이율을 적용하여 계산)를 더한 금액이 당해 보험료가 납입된 것으로 계산한 해지환급금과 계약자에게 지급할 기타 모든 지급금의 합계액에서 계약자의 회사에 대한 모든 채무액을 뺀 금액을 초과하는 경우에는 보험료의 자동대출납입을 더 이상 할 수 없습니다.

③ 제1항 및 제2항에 의한 보험료의 자동대출납입 기간은 최초 자동대출납입일부터 1년을 한도로 하며 그 이후의 기간에 대한 보험료의 자동대출 납입을 위해서는 제1항에 따라 재신청을 하여야 합니다.

④ 보험료의 자동대출 납입이 행하여진 경우에도 자동대출 납입전 납입최고(독촉)기간이 끝나는 날의 다음날부터 1개월 이내에 계약자가 계약의 해지를 청구한 때에는 회사는 보험료의 자동대출 납입이 없었던 것으로 하여 제34조(해지환급금) 제1항에 의한 해지환급금을 지급합니다.

⑤ 회사는 자동대출납입이 종료된 날부터 15일 이내에 자동대출납입이 종료되었음을 서면, 전화(음성녹음) 또는 전자문서(SMS 포함) 등으로 계약자에게 안내하여 드립니다.

제28조(보험료의 납입이 연체되는 경우 납입최고(독촉)와 계약의 해지)

① 계약자가 제2회 이후의 보험료를 납입기일까지 납입하지 않아 보험료 납입이 연체 중인 경우에 회사는 14일(보험기간이 1년 미만인 경우에는 7일) 이상의 기간을 납입최고(독촉)기간으로 정하여 계약자에게 다음 각 호의 내용을 서면(등기우편 등), 전화(음성녹음) 또는 전자문서 등으로 알려 드립니다. 다만, 해지 전에 발생한 보험금 지급사유에 대하여 회사는 보상하여 드립니다.

1. 납입최고(독촉)기간 내에 연체보험료를 납입하여야 한다는 내용
2. 납입최고(독촉)기간이 끝나는 날까지 보험료를 납입하지 않을 경우 납입최고(독촉)기간이 끝나는 날의 다음날에 계약이 해지된다는 나용
3. 계약자가 회사로부터 보험계약대출을 받은 경우 계약이 해지되는 즉시 해지환급금에서 보험계약대출원금과 이자가 차감된다는 내용

② 납입최고(독촉)기간의 마지막 날이 영업일이 아닌 때에는 최고(독촉)기간은 그 다음날까지로 합니다.

③ 보험수익자와 계약자가 다른 경우 보험수익자에게도 제1항에 따른 내용을 알려 드립니다.

④ 타인을 위한 계약의 경우 그 특정된 타인에게도 제1항에 따른 내용을 알려 드립니다.

⑤ 회사가 제1항에 따른 납입최고(독촉) 등을 전자문서로 안내하고자 할 경우에는 계약자에게 서면, 전자서명법 제2조 제2호에 따른 전자서명 또는 동법 제2조

제3호에 따른 공인전자서명으로 동의를 얻어 수신확인을 조건으로 전자문서를 송신하여야 하며, 계약자가 전자문서에 대하여 수신을 확인하기 전까지는 그 전자문서는 송신되지 않은 것으로 한다. 회사는 전자문서가 수신되지 않은 것을 확인한 경우에는 제1항에서 정한 내용을 서면(등기우편 등) 또는 전화(음성녹음)로 다시 알려 드립니다.

⑥ 제1항에 따라 계약이 해지된 경우에는 제34조(해지환급금) 제1항에 따른 해지환급금을 계약자에게 지급합니다.

제29조(보험료의 납입을 연체하여 해지된 계약의 부활(효력회복))

① 제28조(보험료의 납입이 연체되는 경우 납입최고(독촉)와 계약의 해지)에 따라 계약이 해지 되었으나 해지환급금을 받지 않는 경우(보험계약대출 등에 따라 해지환급금이 차감되었으나 받지 않은 경우 또는 해지환급금이 없는 경우를 포함합니다)계약자는 해지된 날부터 3년 이내에 회사가 정한 절차에 따라 계약의 부활(효력회복)을 청약할 수 있습니다. 회사가 부활(효력회복)을 승낙한 때에 계약자는 부활(효력회복)을 청약한 날까지의 연체된 보험료에 평균공시이율 ±1% 범위내에서 각 상품별로 회사가 정하는 이율로 계산한 금액을 더하여 납입하여야 합니다. 다만, 금리연동형보험은 각 상품별 사업방법서에서 별도로 정한 이율로 계산합니다.

② 제1항에 따라 해지계약을 부활(효력회복)하는 경우에는 제14조(계약전 알릴 의무), 제16조(알릴 의무 위반의 효과), 제17조(사기에 의한 계약), 제18조(보험계약의 성립)및 제25조(제1회 보험료 등 및 회사의 보장개시)를 준용합니다.

③ 제1항에서 정한 해지계약의 부활(효력회복)이 이루어진 경우라도 계약자 또는 피보험자가 최초계약청약시 제14조(계약전 알릴 의무)를 위반한 경우에는 제16조(알릴 의무 위반의 효과)가 적용됩니다.

제30조(강제집행 등으로 인하여 해지된 계약의 특별부활(효력회복))

① 타인을 위한 계약의 경우 회사는 계약자의 해지환급금 청구권에 대한 강제집행, 담보권실행, 국세 및 지방세 체납처분절차에 따라 계약이 해지된 경우 해지 당시의 피보험자가 계약자의 동의를 얻어 계약 해지로 회사가 채권자에게 지급한 금액을 회사에 지급하고 제22조(계약내용의 변경 등) 제1항의 절차에 따라 계약자 명의를 피보험자로 변경하여 계약의 특별부활(효력회복)을 청약할 수 있음을 피보험자에게 통지하여야 합니다.

② 회사는 제1항에 따른 계약자 명의변경 신청 및 계약의 특별부활(효력회복)청약을 승낙하며, 계약은 청약한 때부터 특별부활(효력회복)됩니다.

③ 회사는 제1항의 통지를 계약이 해지된 날부터 7일 이내에 하여야 합니다. 다

만, 회사의 통지가 7일을 지나서 도달하고 이후 피보험자가 제1항에 의한 계약자 명의변경 신청 및 계약의 특별부활(효력회복)을 청약한 경우에는 계약이 해지된 날부터 7일 되는 날에 특별부활(효력회복)됩니다.

④ 피보험자는 통지를 받은 날부터 15일 이내에 제1항의 절차를 이행할 수 있습니다.

제6관 계약의 해지 및 해지환급금 등

제31조(계약의 해지)

〈재물손해 보장의 경우〉

① 계약자는 계약이 소멸하기 전에는 언제든지 계약을 해지할 수 있습니다. 다만 타인을 위한 계약의 경우에는 계약자는 그 타인의 동의를 얻거나 보험증권을 소지한 경우에 한하여 계약을 해지할 수 있습니다.

② 회사는 계약자 또는 피보험자의 고의로 손해가 발생한 경우 이 계약을 해지할 수 있습니다.

③ 제1항 및 제2항의 경우 회사는 제34조(해지환급금)제1항에 의한 해지환급금을 지급합니다.

〈배상책임 보장의 경우〉

① 계약자는 계약이 소멸하기 전에는 언제든지 계약을 해지할 수 있으며, 이 경우 회사는 이 계약의 해지환급금을 계약자에게 지급합니다. 다만 타인을 위한 계약의 경우에는 그 계약자는 그 타인의 동의를 얻거나 보험증권을 소지한 경우에 한하여 계약을 해지할 수 있습니다.

② 제1항에도 불구하고 보험의 목적이 「다중이용업소의 안전관리에 관한 특별법 시행령」제2조(다중이용업)에 해당되는 경우 계약자는 이 계약을 해지 할 수 없습니다. 다만, 아래의 사항에 해당되는 경우에는 해지할 수 있으며, 이 경우 회사는 이 계약의 해지환급금을 계약자에게 지급합니다.

1. 「다중이용업소의 안전관리에 관한 특별법」제7조 제2항 제3호에 따라 다중이용업주가 변경된 경우. 다만, 변경된 다중이용업주가 이 특약을 승계한 경우는 제외합니다.
2. 다중이용업자가 이 특약과 동일한 위험을 보장하는 다른 계약을 가입하고 있는 경우
3. 폐업한 경우
4. 「다중이용업소의 안전관리에 관한 특별법 시행령」제2조(다중이용업)에 해당

하지 않게 된 경우

5. 천재지변, 사고 등의 사유로 다중이용업주가 다중이용업을 더 이상 운영할 수 없게 된 사실을 증명한 경우
6. 회사가 파산의 선고를 받은 때. 단, 회사의 파산선고에도 불구하고 해지하지 않은 계약은 파산선고 후 3개월이 지난 때에는 이 계약은 효력을 잃으며 회사는 이 계약의 해지환급금을 지급합니다.

③ 회사는 계약자 또는 피보험자의 고의로 손해가 발생한 경우 이 계약을 해지할 수 있습니다.

제32조(중대사유로 인한 해지)

① 회사는 아래와 같은 사실이 있을 경우에는 그 사실을 안 날부터 1개월 이내에 계약을 해지할 수 있습니다.

1. 계약자 또는 피보험자가 고의로 보험금 지급사유를 발생시킨 경우
2. 계약자 또는 피보험자가 보험금 청구에 관한 서류에 고의로 사실과 다른 것을 기재하였거나 그 서류 또는 증거를 위조 또는 변조한 경우, 다만, 이미 보험금 지급사유가 발생한 경우에는 이에 대한 보험금은 지급합니다.

② 회사가 제1항에 따라 계약을 해지한 경우 회사는 그 취지를 계약자에게 통지하고 제34조(해지환급금) 제1항에 의한 해지환급금을 지급합니다.

제33조(회사의 파산선고와 해지)

① 회사가 파산의 선고를 받은 때에는 계약자는 계약을 해지할 수 있습니다.

② 제1항에 따라 해지하지 않은 계약은 파산선고 후 3개월이 지난 때에는 그 효력을 잃습니다.

③ 제1항에 따라 계약이 해지되거나 제2항에 따라 계약이 효력을 잃는 경우에 회사는 제34조(해지환급금) 제1항에 의한 해지환급금을 계약자에게 지급합니다.

제34조(해지환급금)

① 이 약관에 따른 해지환급금은 보험료 및 책임준비금 산출방법서에 따라 계산합니다.

② 해지환급금의 지급사유가 발생한 경우 계약자는 회사에 해지환급금을 청구하여야 하며, 회사는 청구를 접수한 날부터 3영업일 이내에 해지환급금을 지급합니다. 해지환급금 지급일까지의 기간에 대한 이자의 계산은 “보험금 지급할 때의 적립이율 계산”(【별표】 참조)에 따릅니다.

③ 계약자가 제36조(중도인출)에서 정한 방법에 따라 중도인출시 해지환급금에서 인출금액 및 인출금액에 적립되었을 이자만큼 차감되므로 해지환급금이 감소합니다.

④ 제1항에 따라 해지환급금을 지급하는 경우 해지시점의 장기유지보너스 준비금은 계약자에게 지급되지 않습니다. 다만, 제33조(회사의 파산선고와 해지)에 따라 계약이 해지된 경우에는 해지시점의 장기유지보너스 준비금을 계약자에게 지급합니다.

⑤ 회사는 경과기간별 해지환급금에 관한 표를 계약자에게 제공하여 드립니다.

제35조(보험계약대출)

① 계약자는 이 계약의 해지환급금 범위 내에서 회사가 정한 방법에 따라 대출(이하 『보험계약대출』이라 합니다)을 받을 수 있습니다. 그러나, 순수보장성보험 등 보험상품의 종류에 따라 보험계약대출이 제한될 수 있습니다.

② 계약자는 제1항에 따른 보험계약대출금과 그 이자를 언제든지 상환할수 있으며 상환하지 않은 때에는 회사는 보험금, 해지환급금 등의 지급사유가 발생한 날에 지급금에서 보험계약대출의 원금과 이자를 차감할 수 있습니다.

③ 제2항에도 불구하고 회사는 제28조(보험료의 납입이 연체되는 경우 납입최고(독촉)와 계약의 해지)에 따라 계약이 해지되는 때에는 즉시 해지환급금에서 보험계약대출의 원금과 이자를 차감합니다.

④ 회사는 보험수익자에게 보험계약대출사실을 통지할 수 있습니다.

제36조(중도인출)

① 계약자는 계약일로부터 2년 이상 지난 유효한 계약으로서 계약자의 요청이 있는 경우에 한하여 『보험료 및 책임준비금 산출방법서』에 따라 계약자가 요청한 시점에서 계산된 기본계약 해지환급금과 적립부분 해지환급금 중 적은 금액(적립한 금액에서 이 계약에서 정한 대출금이 있을 때에는 그 원금과 이자의 합계액을 차감한 후의 잔액을 기준으로 합니다)의 80%범위 내에서 회사가 정한 방법에 따라 중도인출을 할 수 있습니다. 단, 중도인출은 보험기간 내에 한하며, 매 보험년도마다 12회에 한합니다.

② 제1항의 중도인출의 총 누적액은 중도인출을 한번도 지급하지 않았을 경우의 기본계약해지환급금과 적립부분 해지환급금 중 적은 금액의 80%를 한도로 합니다.

제37조(배당금의 지급)

회사는 이 보험에 대하여 계약자에게 배당금을 지급하지 않습니다.

제7관 분쟁의 조정 등

제38조(분쟁의 조정)

계약에 관하여 분쟁이 있는 경우 분쟁 당사자 또는 기타 이해관계인과 회사는 금융감독원장에게 조정을 신청할 수 있습니다.

제39조(관할법원)

이 계약에 관한 소송 및 민사조정은 계약자의 주소지를 관할하는 법원으로 합니다. 다만, 회사와 계약자가 합의하여 관할법원을 달리 정할 수 있습니다.

제40조(소멸시효)

보험금청구권, 만기환급금청구권, 보험료 반환청구권, 해지환급금청구권 및 책임준비 반환청구권은 3년간 행사하지 않으면 소멸시효가 완성됩니다.

제41조(약관의 해석)

① 회사는 신의성실의 원칙에 따라 공정하게 약관을 해석하여야 하며 계약자에 따라 다르게 해석하지 않습니다.

② 회사는 약관의 뜻이 명백하지 않은 경우에는 계약자에게 유리하게 해석합니다.

③ 회사는 보험금을 지급하지 않는 사유 및 보상하지 않는 손해 등 계약자나 피보험자에게 불리하거나 부담을 주는 내용은 확대하여 해석하지 않습니다.

제42조(회사가 제작한 보험안내자료의 효력)

보험설계사 등이 모집과정에서 사용한 회사 제작의 보험안내자료의 내용이 약관의 내용과 다른 경우에는 계약자에게 유리한 내용으로 계약이 성립된 것으로 봅니다.

제43조(회사의 손해배상책임)

① 회사는 계약과 관련하여 임직원, 보험설계사 및 대리점의 책임있는 사유로 계약자 및 피보험자에게 발생된 손해에 대하여 관계 법령 등에 따라 손해배상의 책임을 집니다.

② 회사는 보험금 지급 거절 및 지연지급의 사유가 없음을 알았거나 알 수 있었는데도 소를 제기하여 계약자 또는 피보험자에게 손해를 가한 경우에는 그에 따른 손해를 배상할 책임을 집니다.

③ 회사가 보험금 지급여부 및 지급금액에 관하여 현저하게 공정을 잃은 합의로 계약자 또는 피보험자에게 손해를 가한 경우에도 회사는 제2항에 따라 손해를 배상할 책임을 집니다.

제44조(개인정보보호)

① 회사는 이 계약과 관련된 개인정보를 이 계약의 체결, 유지, 보험금 지급 등을 위하여「개인정보 보호법」[44], 「신용정보의 이용 및 보호에 관한 법률」[45] 등

---

44) 제17조(개인정보의 제공) : 회사는 계약자 등의 동의를 받을 때에는 다음 각 호의 사항을 계약자 등에게 알려야 하며, 다음 각 호의 어느 하나의 사항을 변경하는 경우에도 이를 알리고 동의를 받아야 한다. 1. 개인정보를 제공받는 자 2. 개인정보를 제공받는 자의 개

관계 법령에 정한 경우를 제외하고 계약자, 피보험자 또는 보험수익자의 동의 없이 수집, 이용, 조회 또는 제공하지 않습니다. 다만, 회사는 이 계약의 체결, 유지, 보험금 지급 등을 위하여 위 관계 법령에 따라 계약자 및 피보험자 등의 동의를 받아 다른 보험회사 및 보험관련단체 등에 개인정보를 제공할 수 있습니다.

② 회사는 계약과 관련된 개인정보를 안전하게 관리하여야 합니다.

제45조(준거법)

이 계약은 대한민국 법에 따라 규율되고 해석되며, 약관에서 정하지 않은 사항은 상법, 민법 등 관계 법령을 따릅니다.

제46조(예금보험에 의한 지급보장)

회사가 파산 등으로 인하여 보험금 등을 지급하지 못할 경우에는 예금자보호법에서 정하는 바에 따라 그 지급을 보장합니다.

인정보 이용 목적

45) 제16조(수집 · 조사 및 처리의 제한)제2항 : 회사가 개인의 질병에 관한 정보를 수집하거나 타인에게 제공하는 경우 개인의 동의를 받아야 하며, 대통령령이 정하는 목적으로만 그 정보를 이용해야 한다. 제32조(개인신용정보의 제공 · 활용에 대한 동의) : 회사가 개인신용정보를 타인에게 제공하려는 경우 다음 각 호 중 하나의 방식으로 미리 동의를 얻어야 한다. 1. 서면 2. 전자서명법에 따른 공인전자서명이 있는 전자문서 3. 유무선통신으로 개인비밀번호를 입력하는 방식 4. 유무선통신으로 동의 내용을 알리고 동의를 받는 방법 5. 그 밖에 대통령령으로 정하는 방식

제2장 자동차보험

1. 자동차보험의 개요

자동차를 소유, 사용 또는 관리하는 동안에 발생한 사고로 인하여 생긴 손해를 보상하는 보험을 말한다. 이는 제3자의 신체나 재산에 대한 법률상의 배상책임을 담보하는 자동차손해배상책임보험과 차체의 손해를 대상으로 하는 차량보험 등을 포함한다. 자동차배상책임보험 중 제3자의 신체・생명에 대한 것은 자동차손해배상보장법에 의하여 보험부보가 의무화되어 있다. 제3자에 대한 대물배상과 차량 자체의 손해에 대하여는 임의로 부보하고 있다. 예를 들어, 자동차보험 보통약관 제2조(개인용 자동차보험의 구성)를 보면, 보험회사가 판매하는 자동차보험은 대인배상1, 대인배상2, 대물배상, 자기신체사고, 무보험자동차에 의한 상해, 자기차량손해의 6가지 보장종목과 특별약관으로 구성되어 있다.

1) 자동차보험의 정의

자동차보험이란 자동차를 소유・사용[1]・관리[2] 하는 피보험자가 자동차를 소유・사용・관리하는 동안에 우연한 사고로 인하여 발생한 피보험자의 손해보전을 목적으로 하는 손해보험계약을 말한다. 우연한 사고로 인하여 발생하

1) 운전하는 동안을 포함하는 것은 물론, 주 · 정차하는 동안, 화물차가 화물을 적재하는 동안의 경우 까지도 포함된다고 해석한다.
2) 자동차의 유지 · 정비 · 보관을 말한다. 차고에 주차된 상태까지도 관리에 포함시키며, 수리하는 동안도 관리에 포함시킨다.

는 손해는 배상책임손해, 자기신체상해, 자기차량손해 등이다. 배상책임손해란 피보험자동차사고로 남을 사망하게 하거나 다치게 하여 피보험자가 법률상 손해배상책임을 짐으로써 입은 손해(대인배상책임손해)·타인의 재물에 손해를 입혀 법률상 손해배상책임을 짐으로써 입은 손해(대물배상책임손해)·피보험자 및 그 가족 등이 사고로 다치거나 사망하는 경우(자기신체사고)·피보험자동차가 파손되거나 도난되는 경우(자기차량손해) 등이다.

2) 자동차보험의 기능

(1) 피해자 보호 : 가해자(자동차 소유자)를 대신하여 보상한다.
(2) 자동차 소유자의 경제적 파탄 위험을 예방
(3) 교통사고처리특례법에 의하여 보험가입자의 형사처벌 면제
(4) 개인과 기업에 안정성 제공으로 사회보장적 기능
(5) 교통안전사업 실시 및 지원으로 사고예방적 역할

3) 자동차보험의 적용범위

자동차보험의 종목에 따라 보통약관 및 특별약관에 따라 대한민국 내에서 체결된 자동차보험계약에 대하여 적용한다. 대한민국 내에서 체결된 자동차보험계약이란, 대한민국 내에서 운행하는 자동차에 대해 적용하며, 또한 대한민국(북한지역을 포함) 내에서 일어난 사고만을 담보한다.

4) 자동차보험의 필요성

(1) 교통사고 발생 시 가해자가 부담해야 할 법적 책임을 전가

① 민사적 책임(손해배상책임)

민사상의 책임은 자동차손해배상보장법 제3조(자동차손해배상책임)[3]·민법 제

3) 자기를 위하여 자동차를 운행하는 자는 그 운행으로 인하여 다른 사람을 사망하게 하거

750조(일반불법행위)[4]에 의한 책임으로서, 피보험자동차를 운행 중 다른 사람의 신체나 재물을 손상시켰을 때에는 그 손해를 보상하도록 되어 있다. 대인배상 Ⅰ·Ⅱ 및 대물배상에 가입되어 있으면, 보험자(보험회사)가 교통사고로 인한 통상적인 모든 손해를 약관의 정한 바에 따라 보상하게 되므로 사고운전자는 별도의 손해를 배상하지 않아도 된다.

② 형사적 책임

교통사고의 과실이 있는 사고운전자에게는 형법 제266~268조 및 도로교통법 제108조에 따라 형사적 책임을 지우는 것을 원칙으로 하고 있다. 그러나 교통사고는 고의적 사고가 아닌 과실사고인 만큼 피해자와 합의하거나 또는 피해자와 원만히 합의한 것으로 간주할 때(대인배상 Ⅰ·Ⅱ 및 대물배상에 가입되어 있으면)에는 "공소권이 없음"으로 처리되어 형사적 처벌을 면제받게 된다. 그러나 사망사고, 도주사고, 10대 중과실 사고 등은 교통사고처리특례법의 예외규정에 해당되어 피해자와의 합의여부와 자동차보험가입 여부에 관계없이 형사적 처벌을 받게 된다.

표 2-1 / 자배법·민법의 비교

구 분	자배법	민 법	비 고
배상책임의 주체	운행자(법 제3조)	운전자(법 제750조), 사용자(법 제756조)	
과실책임	조건부 무과실책임주의	과실책임주의	
입증책임(거증책임)	가해자(운행자)	피해자	
배상책임발생요건	객관적·추상적	구체적·제한적	
손해배상보장제도	·보험가입의 강제 ·의료보험수가 법제화 ·압류 및 양도의 금지	없음	
적용사고	자배법을 우선 적용하되, 자배법에 없으면 민법을 적용	대인·대물사고	

나 부상하게 한 때에는 그 손해를 배상할 책임을 진다.

4) 고의 또는 과실로 인한 위법행위로 타인에게 손해를 가한 자는 그 손해를 배상할 책임이 있다.

교통사고처리 특례법

교통사고처리특례법은 업무상 과실 또는 중대한 과실로 교통사고를 일으킨 운전자에 관한 형사처벌 등의 특례를 정함으로써 교통사고로 인한 피해자의 신속한 법적·경제적 안정의 회복을 도모하고 국민생활의 편익을 위해 1981년12월31일 제정 공포되었다.

③ 행정적 책임

행정상의 책임에는 벌점과 범칙금 등에 관한 규정을 두어, 교통법규를 위반하여 사고가 발생한 때에는 면허정지나 취소 등의 행정적 처분대상이 된다(도로교통법).

2. 자동차보험계약의 요소(개인용 자동차보험의 경우)

1) 보험자(보험회사)

자동차보험상품을 판매하는 보험회사이다.

2) 보험상품명

자동차보험상품은 차종 및 사용용도 등에 따라 구분되어진다.

3) 보험기간

자동차보험의 보험기간은 보험증권에 기재된 보험기간의 첫날 24시부터 마지막 날 24시까지이다. 다만, 자동차보험에 처음 가입하는 자동차와 의무보험의 경우에는 보험료를 받은 때로부터 마지막 날 24시까지로 한다.

4) 피보험자동차

자동차보험에 가입된 자동차를 지칭한다.

5) 보험계약관계자

(1) 보험계약자

보험회사와 보험계약을 체결하고 보험료 납입의무를 지는 사람

(2) 피보험자

보험사고 발생의 대상이 되는 사람이며, 보험증권에 기재된 운전할 수 있는 범위의 자를 말한다.

6) 보험계약조건

(1) 가입담보종목

예 대인배상Ⅰ, 대인배상 Ⅱ, 대물배상, 자기신체사고, 무보험차상해, 자기차량손해 등

(2) 가입특별약관[5)]

예 가족한정, 만26세 이상, 긴급출동서비스 등

※ 가족한정의 경우 가족의 범위 ① 기명피보험자 ② 법률상의 배우자 또는 사실혼관계에 있는 배우자 ③ 기명피보험자의 부모와 양부모, 계부모 ④ 기명피보험자의 배우자의 부모 또는 양부모, 계부모 ⑤ 법률상의 혼인관계에서 출생한 자녀, 사실혼관계에서 출생한 자녀, 양자 또는 양녀, 계자녀 ⑥ 기명피보험자의 며느리 또는 사위(계자녀의 배우자 포함)에 한정된다.

※ 해당연령은 사고발생일 현재 주민등록상의 만 연령을 기준으로 한다.

---

5) 자동차보험 가입 시 선택 가입함으로써 보통약관에서 보장하는 내용에 추가로 보상 또는 비용, 서비스를 제공받을 수 있는, 즉 보상내용을 축소하거나 제한하는 약관이다.

7) 보험료 납입방법

예 분납, 일시납 등

사고발생 시 사고내용에 따라 보험료가 할증될 수 있다.

자동차보험 가입경력이 3년 미만인 경우 피보험자가 관공서·법인체에서 운전직으로 근무한 경력, 군에서 운전병으로 복무한 경력이 있을 경우 그 증명서를 제출할 경우 보험료의 할인이 가능하다.

3. 보험계약의 내용 및 보장내역

표 2-2 / 보험계약의 내용 및 보장내역

구 분	지급사유	가입금액(보상한도)	비 고
대인배상 I	자동차사고로 다른 사람을 죽게 하거나 다치게 한 경우에 자동차손해배상보장법에서 정한 한도내에서 보상	사망 : 최고한도 1억원, 최저한도 2천만원 후유장해 : 최고한도 1억원, 후유장해등급별 지급 부상 : 최고한도 2천만원, 부상급별 한도내 지급	자동차손해배상보장법상 의무보험임 ※가입하지 않을 경우 과태료가 부과된다. ※강제보험이기 때문에 해지권이 제한된다.
대인배상 II	자동차사고로 다른 사람을 죽게 하거나 다치게 한 경우, 그 손해가 대인배상 I 에서 지급하는 금액을 초과하는 경우에 그 초과 손해를 보상	피해자 1인당 최고한도 :	영업용의 경우 자동차손해배상보장법상 대인배상 Ⅱ(보험가입금액1억원)까지 의무보험임
대물배상	자동차사고로 다른 사람의 재물을 없애거나 훼손한 경우에 보상	1사고당 최고한도 :	가입금액 1천만원까지는 자동차손해배상보장법상 의무보험임 ※가입하지 않을 경우 과태료가 부과된다. ※강제보험이기 때문에 해지권이 제한된다.

구 분	지급사유	가입금액(보상한도)	비 고
자기신체사고	피보험자가 죽거나 다친 경우에 보상	사망, 후유장해 : 최고한도 설정 부상 : 최고한도 설정 부상급별 한도내 지급	
무보험자동차에 의한 상해	무보험자동차에 의해 죽거나 다친 경우에 보상	최고한도 :	
자기차량손해	피보험자동차가 파손된 경우 보상		가입금액 및 차량가액 한도내 보상(단, 피보험자가 무면허운전을 하였거나, 음주운전을 하였을 때에 생긴 손해는 보상되지 않는다.)
긴급출동서비스	자동차를 소유·사용·관리하는 동안에 긴급출동서비스가 필요한 경우 제공		보험기간에 따라 이용 횟수 제한
기타특약			

4. 실손담보보험에 관련한 사항

1) 실손담보보험

교통사고처리지원금(형사합의금 · 벌금) 특약과 같이 실제 발생한 손해를 실손 보상하는 보험계약이다.

☞ 2개 이상의 보험회사에 실손 보상형 의료보험을 가입한 경우 중복하여 보험금을 지급받을 수 없다.

☞ 실제 손해를 보상하는 보험계약체결 시 보험계약자는 '실손담보 보험 사전조회'를 통하여 담보내용, 가입금액, 보험기간 등을 확인하고 가입여부를 결정하여야 한다.

2) 다수보험

실제 손해를 보상하는 실손담보 보험계약이 동시에 또는 순차적으로 2개 이상 체결되었고, 그 계약이 동일한 보험사고에 대하여 보상책임이 있는 다수의 실손담보 보험계약이다.

3) 비례보상

다수보험의 경우 각 계약의 보상책임액에 따라 각 계약의 비례분담액을 보상책임액(보험금)으로 지급한다.

5. 보험가입자의 권리와 의무에 관한 사항

1) 청약철회

보험계약자는 청약한 계약내용이 실제 체결된 보험계약내용과 다를 경우에는 청약한 날 또는 제1회 보험료를 납입한 날부터 15일 이내에 보험계약의 청약을 철회할 수 있다. 그러나 다음 중 어느 하나에 해당하는 경우에는 보험계약의 청약을 철회할 수 없다(자동차보험 보통약관 제41조).

① 전문보험계약자[6]가 보험계약의 청약을 한 경우
② 청약한 날로부터 30일이 지난 경우
③ 의무보험에 해당하는 보험계약
④ 보험기간이 1년 미만인 보험계약

2) 계약취소

보험계약자는 약관 및 청약서 부본을 교부받지 못했거나, 보험약관의 주요내용에 대한 설명을 듣지 못한 경우에는 청약일로부터 1개월 이내에 보험계약을 취소할 수 있다.

☞ **보험계약자는 언제든지 임의로 보험계약을 해지할 수 있다. 다만, 의무보험(대인배상 Ⅰ, 대물배상)에 대한 보험계약은 자동차의 양도, 자동차의 등록말소, 중복계약에 의한 해지 등 제한적인 경우에 한하여 해지가 가능하다.**

---

6) 전문보험계약자라 함은 보험계약에 관한 전문성과 자산규모 등에 비추어 보험계약의 내용을 이해하고 이행할 능력이 있는 자로서 국가, 한국은행, 금융기관, 주권상장법인 등을 말하며, 구체적인 범위는 보험업법 제2조 제9호에서 정하는 바에 따른다.

3) 계약 전 알릴의무(고지의무) 및 위반효과

보험계약자는 다른 보험계약사항, 피보험자동차 및 실소유자, 피보험자와 관련한 사항, 기타 서면으로 질문한 사항 또는 청약서 기재사항에 대하여 사실대로 보험자(보험회사)에게 알려야 하며, 사실과 다르게 알리거나 알리지 아니한 경우에는 보험계약이 해지되거나 보험사고가 발생한 경우 보상받지 못하는 경우가 발생할 수 있다. 단, 보험자(보험회사)는 계약체결 후 계약 전 알릴의무 위반사실을 확인한 때에는 추가보험료를 징수하고 승인할 수도 있다. 계약 전 알릴 구체적인 사항은 다음과 같다.

① 피보험자동차의 검사에 관한 사항
② 피보험자동차의 용도, 차종, 연식, 적재정량, 구조 등 피보험자동차에 관한 사항
③ 기명피보험자의 성명, 연령 등에 관한 사항
④ 그 밖에 보험청약서에 기재된 사항 중에서 보험료의 계산에 영향을 미치는 사항

☞ **보험계약이 보험계약자 또는 보험계약자의 대리인의 사기행위에 의하여 체결된 경우에는 무효로 된다.**
☞ **보험자(보험회사)는 보험계약자가 계약 전 알릴의무(고지의무)를 위반한 경우, 정당한 이유 없이 법령에서 정한 자동차검사를 받지 아니한 경우, 보험금의 청구에 관하여 보험계약자 · 피보험자 · 보험금을 수령하는 자 또는 이들의 법정대리인의 사기행위가 있는 경우에는 보험계약을 해지할 수 있다.**

4) 계약 후 알릴 의무

보험계약자는 보험계약을 맺은 후 다음의 사실이 생긴 것을 알았을 때에는 지체 없이 보험회사에 그 사실을 알리고 승인을 받아야 한다. 이 경우 그 사실에 따라 보험료가 변경되는 경우 보험회사는 보험료를 더 받거나 돌려주고 계약을 승인하거나, 보통약관 제53조에 따라 계약을 해지할 수 있다.

① 용도, 차종, 등록번호, 적재정량, 구조 등 피보험자동차에 관한 사항이 변경된 사실

② 피보험자동차에 화약류, 고압가스, 폭발물, 인화물 등 위험물을 싣게 된 사실

③ 그 밖에 위험이 뚜렷이 증가하는 사실이나 적용할 보험료에 차이가 발생한 사실

또한 보험계약자는 보험증권에 기재된 주소 또는 연락처가 변경된 때에는 지체 없이 보험회사에 알려야 한다. 보험계약자가 이를 알리지 않으면 보험회사가 알고 있는 최근의 주소로 통지함으로 인하여 불이익이 발생할 수 있다.

5) 보험료의 납입연체

보험계약자가 보험료를 분할해서 납입하는 경우 제2회 이후의 보험료를 납입기일까지 납입하지 않았을 때에는 약정한 납입기일부터 일정기간의 납입최고기간을 둔다. 이 기간이 종료되는 날의 24시부터 보험계약은 해지된다. 보험료 납입최고기간에 보험사고가 발생하는 경우에는 보상이 되나, 납입최고기간(납입유예기간)이 종료되고 보험계약이 해지된 이후에 발생한 보험사고에 대하여는 보험자가 보상책임을 지지 아니한다.

6. 보험계약과 관련한 분쟁의 해결

보험소비자는 보험분쟁이 발생하면 해당 보험회사의 민원담당부서에 먼저 이의를 제기한 후 문제가 해결되지 않을 경우 그 다음 순서로 금융감독원에 직접 보험분쟁조정을 신청(우편, Fax, 인터넷, 직접 방문)할 수 있다. 그러나 분쟁조정의 신청 이후 또는 조정신청사건의 처리절차의 진행중에 일방당사자가 소를 제기한 경우에는 그 조정의 처리가 중지된다.

그림 2.1 | 분쟁조정의 절차

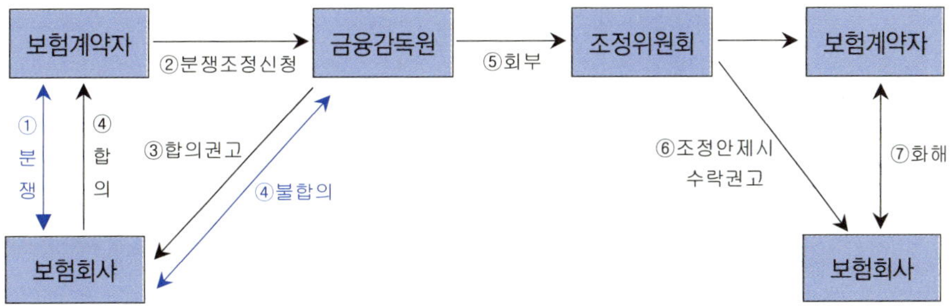

7. 자동차보험에서의 차량 구분

표 2-3 / 자동차보험에서의 차량 구분

비사업용(개인용 · 업무용)	사업용(영업용)
<개인용> · 개인소유승용차(소형, 중형, 대형, 다인승 1 · 2종) <업무용> · 법인소유승용차 · 화물차(1 · 2 · 3 · 4종, 경화물) · 승합차(1 · 2 · 3종, 경승합) · 특정용도자동차 · 특수작업용자동차 · 일반건설기계 · 6종 건설기계	· 승합버스 -시내 · 시외버스 -전세버스(관광버스) -고속버스 -공항버스(시내 · 시외) · 학생통학용버스 · 택시(일반 · 개인) · 화물차 · 대여자동차(승합 · 승용) · 6종 건설기계

제3장 생명보험 및 상해보험

1. 생명보험

생명보험은 질병보험, 상해보험 등과 함께 인보험의 일종으로, 사람의 생・사를 보험사고로 하여 일정한 금액을 지급할 것을 유상적으로 인수한 보험이다. 생명보험은 생존보험・사망보험・혼합보험의 세 종류로 나눠지는데, 연금도 생존보험의 일종이라고 할 수 있다. 혼합보험은 생존보험에 사망보험의 일종인 정기보험을 합친 보험인데, 양로보험이라고도 부른다. 이는 사망보험만의 경우에는 피보험자의 생전에 만기보험금을 지급받을 수 없는 단점을 보완한 것이다. 생명보험은 손해보험의 경우에 비하여 보다 장기계약인 것이 많으며, 더욱이 평준보험료[1]의 방법을 취하고 있기 때문에 자금의 저축성이 크다. 따라서 보험 본래의 기능 이외에도 금융적인 기능이 크다. 원칙적으로 생명보험은 손해보험과 달라서 정액보험이다.

1) 생명보험의 의의

인간은 스스로 자기의 생활에 필요한 수입을 마련하고 자기의 계획과 책임하에 이를 소비한다. 따라서 수입과 지출이 균형을 유지할 때 그 경제적 생활

1) 생명보험계약에 있어서 보험료가 자연보험료로 될 경우 사망률이 증가함에 따라 노년에 이르러서는 보험료납입이 거의 불가능한 상태로 높은 율이 된다. 이러한 부담성의 불합리를 제거하기 위하여 보험료납입 전기간을 통하여 평준화된 보험료를 납입하는 방법이다.

은 안정되었다고 할 수 있다. 즉, 수입이 지출을 초과할 때 가계는 경제적 안정을 기할 수 있으나 역의 현상이 일어날 때 그 가계는 경제적 어려움에 빠지게 된다. 따라서 수입과 지출이 균형을 유지해 갈 수 있도록 자기의 생활을 꾸려 나가야 한다. 그러나 우리들 자신의 일상생활을 생각해보면 여러 가지 우연한 사고에 의하여 끊임없이 경제적 위협을 받고 있으며 이로 인해서 우리의 경제생활은 항상 불안에 싸여있다.

특히 인간이 겪게 되는 여러 가지 위험 중 질병, 고도의 장해(폐질), 상해, 사망(특히 재해사망) 등 인간의 생명이나 신체에 관련한 여러 가지 위험이 문명의 발달과 함께 날로 증가하고 있으며, 신체외적 요인으로는 실업이라는 불안이 있다. 물론 이것은 생명보험과는 연관되어질 부문은 아니다. 이러한 위험에서 경제생활을 합리적이고 안정적으로 확보하기 위한 수단으로 탄생되고 발전되어 온 것이 생명보험이며 소득상실의 위험을 관리하기 위한 수단이라고 볼 수 있다.

결국 생명보험이라는 것을 정리해 보면 (1) 대부분의 인간이 공통적으로 느끼는 일정한 우연한 사고, 즉 질병, 고도의 장해(폐질), 상해, 사망, 퇴직 등에 대비하기 위해서, (2) 그 경우에 발생할 수 있는 경제적 수요를 충족할 목적으로, (3) 다수의 사람들이 보험단체(위험단체)를 구성하여, (4) 과학적이고 합리적으로 산출된 보험료를 모아서 공동준비재산을 형성하여 놓고, (5) 우연한 사고가 발생했을 경우에 약정된 보험금액을 보험자가 지급함으로서 경제적 수요를 충족시켜주는 경제준비의 한 형태라 볼 수 있다.

서로 알지 못하는 많은 사람들이 생명보험이라는 매개체를 통하여 무형의 보험단체를 구성하고 서로 도움을 주고받은 제도라 볼 수 있다. 이러한 과정을 그림으로 나타내어 보면 가계에서 가정경제를 책임진 가장의 소득은 중기에는 소비를 능가하는 플러스의 소득이지만 말기에서는 마이너스의 소득으로 반전된다. 여기에서 플러스의 소득기간에서는 예기치 않는 사망이라는 위험과, 재해나 질병에 의한 취업불능이라는 양대 위험이 존재하고 있으며, 말기에는 소득이 없어진 후 살아가야 하는 경우가 발생할 장수(長壽)의 위험이 도사리고 있다. 그러나 인간의 소비는 죽음을 맞이하는 순간까지 지속된다.

그림 3.1 | 전 생애에 걸친 소득 및 소비의 흐름

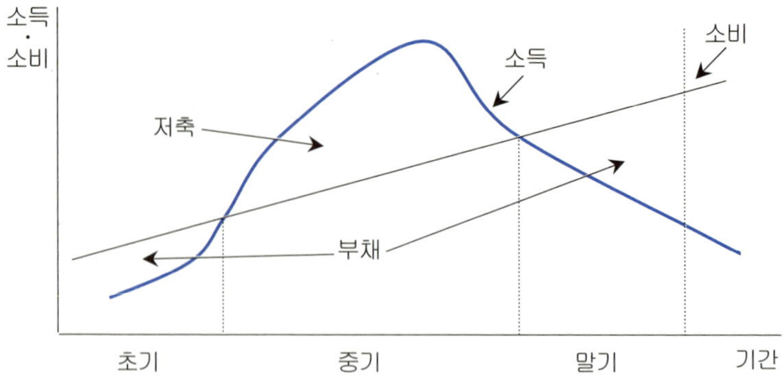

2) 생명보험의 대상이 되는 위험

(1) 가장의 조기 사망의 위험 - 가정경제를 책임진 가장의 조기사망

(2) 수입 없는 장수의 위험 - 수입이 없어진 후 노후생활

(3) 상해나 질병에 의한 취업불능이 될 위험

3) 생명보험의 대상이 되는 위험의 특색

(1) 사망(보험사고)의 손해는 확실하게 발생하며 시기만 알 수 없다.

(2) 손해보험의 경우에는 발생여부(보험사고)가 불확실하다. 즉, 보험사고가 발생하지 않을 수도 있다.

(3) 사망위험은 손해가 전체적이다.

(4) 사망에 의한 손해는 금전적으로 산정이 곤하다.

표 3-1 / 사회보험과 생명보험의 차이점

사회 보험	생명 보험
강제가입	임의가입
최저소득보장	보험료 부담에 따른 보험급여
사회적 적정성(복지개념)	개인적 차이
정부독점	자유경쟁
정확한 사전비용 예측불가능	정확한 사전비용 예측가능
목적 및 결과에 대한 이해당사자의 의견 불일치 존재	목적 및 결과에 대한 합의
정부에 의한 적립기금 운용	보험사에 의한 적립금 운용

4) 보험료계산의 기초

(1) 대수의 법칙

우리들은 특정한 개인에 대해서 그 사람이 언제 사망할 것인가를 미리 예측할 수는 없다. 건강한 사람도 어느 날 갑자기 재해로 불의의 죽음을 당할지도 모른다. 또 허약한 사람일지라도 이외로 장수할 수 있다. 이와 같이 개인에 대해서 그 사림의 수명을 아는 것은 거의 불가능에 가깝다. 그렇지만 우리들은 일반적으로 젊은 사람은 노인보다 앞으로 오래 살 수 있다고 예상한다.

이것은 통계적인 경험에서 젊은 사람보다도 늙은 사람이 사망하는 비율이 높다는 것을 알고 있기 때문이다. 실제로 다수의 사람에 대해서 연령별 집단으로 분류하여 그 집단마다의 사망자가 발생하는 비율을 관찰하면, 그 관찰의 시기를 달리하여도, 연령을 동일하게 하는 집단마다 대개 일정한 사망비율을 나타낸다. 20세의 집단보다 35세 집단이, 35세 집단보다 40세 집단으로 연령이 높아짐에 따라서 사망률이 높아지는 경향을 알 수 있다.

이와 같이 개개의 경우에는 우발적인 것이라도 다수를 모아놓고 보면 일정한 결과에 접근하는 현상을 '대수의 법칙'이라고 한다. 예를 들어 동전을 던져서 앞 면과 뒷 면이 나오는 비율이다. 2~3회 던진 것만으로는 앞 면과 뒷 면의 어느 한쪽만이 나올지도 모르지만 계속해서 실시하면 앞 면과 뒷 면이 나타나는 비율은 거의 5 대 5에 가까워진다고 하는 현상이다.(웨스트 가르드 씨의 실험결과에서, 가령 통속에 동질, 동형의 백구와 흑구를 넣고 흔든 후 눈을 감고 그 중 한 개를 꺼내서 흑인가 백인가 검사하고 이것을 넣은 후에 흔들어서 꺼내는 실험을 1만회를 거듭하면 백구를 꺼낸 횟수는 5,011회 흑구를 꺼낸 횟수는 4989회로 되었다.)

대수의 법칙이 성립하기 위해서는 일정한 전제가 필요하다. 예로서, 동전의 앞 면이 나오는 확률이 1/2의 된다는 전제로서, 그 동전의 앞, 뒷 면이 같게 만들어져 있어야 한다. 마찬가지로 사람들의 집단이 연령, 건강, 생활환경 등 사망률에 관계된 제 조건이 거의 동일한 사람들로 구성될 필요가 있다.

동일연령, 같은 정도의 건강상태로 그다지 생활환경의 차이가 없는 사람들을 집단(homogeneous risk group)으로 하기 위하여, 생명보험회사에서는 계약체결 시 의사에 의한 진단 및 고지에 의한 피보험자의 선택, 사정(underwriting) 등을 실시하고 있다. 그 결과 장래 발생하는 사망자의 비율은 과거의 통계를 근거로 한 추계와 그다지 차이가 없다고 할 수 있다. 대수의 법칙존재가 보험사업 존립의 기초가 되고 있다는 것을 인식할 필요가 있다.

(2) 수지상등의 원칙(Principle of Equivalence)

보험단체(위험단체)에 있어서 수입보험료중 순보험료(純保險料, net premium)의 총액이 지급보험금의 총액과 일치해야 한다는 수지상등의 원칙이 있다. 보험료의 산정은 보험수리의 원칙에 따라 보험계리인에 의하여 행하여지는데 보험은 대수의 법칙에 의하여 위험단체 안에서의 보험사고의 발생률에 따라 납입되는 보험료총액과 지급되는 보험금총액이 균형을 유지하도록 계산되는 것이다.

즉, 보험료의 산정은 통계적인 확률을 이용하여 각 보험계약자가 내는 보험료의 총액이 보험사고로 지급될 보험금의 총액과 균형을 유지하도록 하지 않으면 안 된다. 독일의 경제학자 렉시스는 보험료를 p, 확률을 w, 보험금액을 z라고 하여 p=zw라는 산식으로 나타내었다.

이것은 개개의 보험계약에 있어서 각 보험계약자가 보험자에게 지급할 보험료액은 그가 보험사고발생 시에 받을 보험금액의 기대치와 같게 되지 않으면 안 된다는 중요한 원칙을 나타낸 것으로 '급여, 반대급여균등의 원칙' 또는 '렉시스의 원칙'이라고 부른다. 이 원칙 p = wz의 w를 r/n(r은 보험금 수취자의 수, n은 가입자 수)로 바꾸면 q = r/n, z로 된다. 수지상등의 원칙을 실현하기 위

해서는

① 동질의 위험을 많이 모아 대수의 법칙이 적용될 수 있도록 위험집단을 구성하고
② 그 위험집단에 대한 위험률을 측정하고
③ 그 위험률에 근거해서 지급보험금의 총액을 예측하고
④ 예측한 지급보험금의 총액에 수입보험료중 순 보험료의 총액이 같게 되도록 개개의 위험구성원으로부터 보험료를 징수해야 한다.

수지상등의 원칙에는 실제적으로는 두 가지 측면에서 고려되고 있다. 먼저 이론적 측면에서 지급되는 보험금과 소요되는 보험료를 일치시키는 것이다(지급보험금=순보험료). 현실적으로 생명보험에 가입한 사람들이 지불하는 영업보험료는 보험금지급부문과 보험회사를 경영하는데 필요한 사업비부문을 부담하는 것을 합한 금액을 지출하고 있다(지급보험금 + 보험사 경영경비 = 영업보험료).

표 3-2 / 영업보험료의 구성

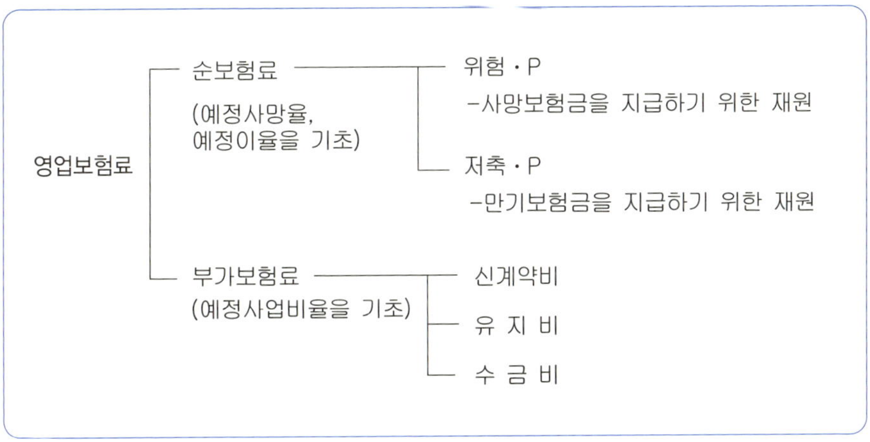

표 3-3 / 생명보험료의 예정치와 실제치 구성도

보험료 (예정)	=	위험보험료 (예정위험율)	+	저축보험료 (예정이자율)	+	사업비 (예정사업비율)
(실제)		위험보험료 (예정위험율)	+	저축보험료 (예정이자율)	+	사업비 (예정사업비율)
계약자배당 (예정과 실제의 차)	=	위험보험료 (예정위험율)	+	저축보험료 (예정이자율)	+	사업비 (예정사업비율)

그림 3.2 | 보험과 은행의 이자형성비교

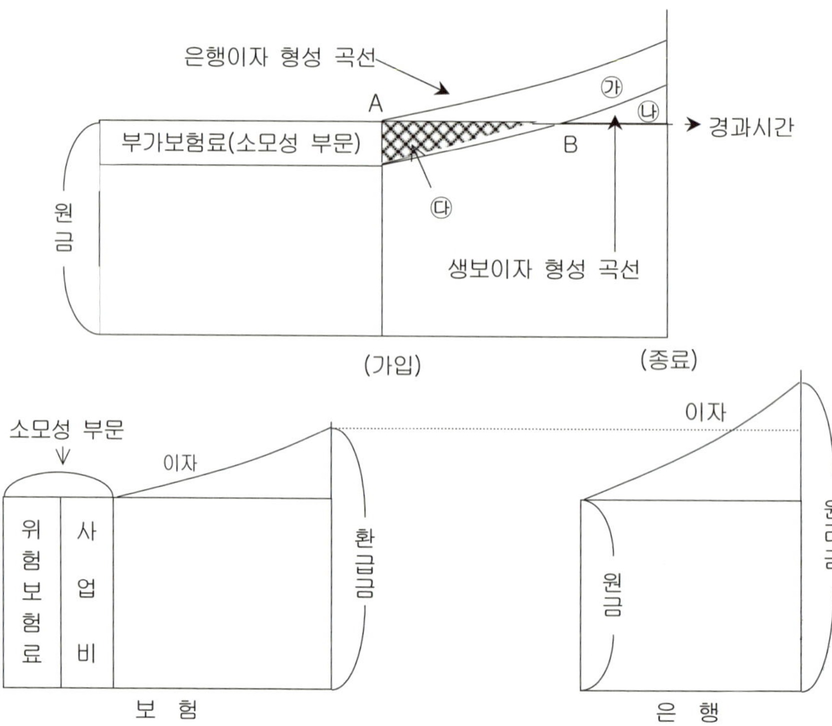

5) 책임준비금(Liability Reserve)

(1) 책임준비금의 의의

책임준비금은 보험계약자준비금(Policyholder's Reserve)이라고도 하는데, 이것은 생명보험회사가 보험계약에 대한 장래의 보험금지급의 책임을 완전히 완수할 수 있도록 준비하는 금액이다. 이 책임준비금은 대단히 중요한 것으로서 보험사업의 건전한 운영을 위하여 보험업법 및 동 시행규칙에서 책임준비금의 적립에 관하여 규정하고 있다.

계약자로부터 생명보험회사에 납입되는 영업보험료는 보험금 지급의 재원이 되는 순보험료와 회사의 제경비의 재원이 되는 부가보험료로 구성되는데, 이 영업보험료는 수지상등의 원칙에 의해 전 수입과 전 지출이 과부족 없이, 또한 전 납입기간을 통해 동일액이 되도록 산정되고 있지만, 순보험료 중 만기보험금 지급의 재원이 되는 생존보험의 보험료에 해당하는 부문(주축보험료 부문)은 만기까지 지급의 필요가 없기 때문에 그때까지 적립해서 이자를 불려 나가지 않으면 안 된다.

또, 사망보험금의 재원이 되는 부문(위험보험료 부문)도 평준화되고 있기 때문에 보험기간의 전반에서 잉여부문은 후반에서의 부족을 보충하기 위해서 적립해 나가지 않으면 안 된다. 이와 같이 생명보험회사에 납입되는 보험료 중 순보험료 부분에 대해서는 그 연도에 사망보험금 지급에 쓰이고 난 후, 나머지는 장래의 사망 및 만기보험금 지급을 위해서 적립해야 할 금액으로 이 금액의 누적액을 책임준비금이라 한다.

책임준비금은 보험계약이 늘어나면 점차 누적되게 되는데 이로 인하여 자기자본비율이 자연히 감소하게 되고 결과적으로 자기자본은 회사설립당시 일정기간동안 설립준비에 필요한 기본자금으로서의 역할을 하는데 불과하게 되고 근본적인 재산형성요소로서의 구실을 하지 못하게 된다. 이와 같이 보험재산을 형성하는 자금의 원천으로서 준비금이 대종을 이루고 있을 뿐 아니라 동시에 운용대상으로서도 큰 비중을 차지하고 있는 것이다.

(2) 책임준비금의 형태

생명보험에서의 책임준비금은 두 가지 형태로 나누어 생각할 수 있는데 첫째는 보유계약에 있어 실효, 부활이나 미지급보험금(지급비금) 등을 감안하지 않은 이상적이고 이론적인 금액을 보험년도 기준으로 적립하는 준비금(보험년도 책임준비금)으로 보험료적립금과 미경과보험료를 말한다. 이때 보험년도 책임준비금은 보험년도 말 현재는 보험료적립금만 표현되고 보험년도 중에는 보험료적립금과 미경과보험료의 합계액으로 나타난다. 둘째는 보험사업년도말 현재 결산을 위하여 현실적이고 실제적인 금액을 사업년도 기준으로 적립하는 준비금(사업년도 책임준비금)으로 보험료적립금, 미경과보험료, 지급비금 등을 말한다.

6) 생명보험상품의 기본유형

생명보험상품은 가정경제를 책임지고 있는 사람이 일반적인 사망, 불의의 재해사망, 장해 등으로 나머지 유족들에게 발생할 수 있는 경제적 위험에 대처하기 위하여 구입하거나 또는 피보험자 자신이 경제적 여유 없이 장수하는 위험에 대비하여 구입하는 상품이다. 전자는 주로 타인(예를 들면, 가족)을 위한 구매형태이며 후자는 자기 자신을 위한 구매형태이다.

이러한 성질을 가진 생명보험상품은 소비자가 스스로 구입하기보다는 대부분 생명보험사의 가입권유에 의하여 구매되는 특성을 갖고 있다. 이러한 생명보험의 기본유형은 피보험자가 보험기간의 최종일(만기일)까지 생존했을 때에만 보험금이 지급되는 생존보험, 피보험자가 보험기간 중 사망했을 때에 보험금이 지급되는 사망보험, 그리고 사망보험의 보장기능과 생존보험의 저축기능을 합친생・사혼합보험(양로보험)이 있다. 이러한 형태를 가진 보험이 은행의 저축과 구별되는 점은 첫째, 목적면에서 보험은 발생이 불확실한 우연적인 사건에 대비하려는 것이고, 저축은 발생이 확실한 사건에 대비하려는 것이다. 둘째, 그 정신면에서 보험은 상부상조의 정신에 입각하고 있는 반면에 저축은 개인 각자의 자조정신에 입각하고 있다는 점이다.

인생의 5대 필요자금

인간은 태어나서 일상생활을 해 나가는 데는 금전을 지출해야 하는 크고 작은 일들이 수 없이 발생하게 된다. 통계에 의하면 사람이 살아가는 동안 일생을 통하여 5번 정도의 목돈을 쓸 일이 있다고 한다. 이 자금은 자녀의 교육과 결혼자금, 주택마련자금, 가정의 생활자금, 긴급예비자금, 노후자금 등이다.

(1) **생존보험**(Pure Endowment)

생존보험은 피보험자가 정해진 기간까지 생존했을 때 약정된 금액 지불을 약속한다. 즉, 피보험자가 어느 일정기간까지 생존하고 있는 것을 사유로 해서 보험금을 지급하는 계약을 생존보험이라고 한다. 따라서 피보험자가 사망했을 때에는 보험금은 물론 납입한 보험료도 환급되지 않는다. 그러나 우리나라의 경우 보험 실무상으로 판매되고 있는 생존보험은 보험기간 중 사망 시에도 사망급여금을 지급하기 위하여 사망보장이 부가되어 판매되고 있다.

생존보험의 특징은 피보험자의 사망 시 유족의 생활보장보다는 피보험자 자신의 노후보장에 중점을 둔 상품이다. 즉, 경제적 여유 없이 장수하는 위험에 대비하기 위한 보험의 종류이다.

(2) **사망보험**(Insurance Payable at Death)

피보험자가 보험기간 중 사망, 또는 고도의 장해상태가 되었을 때 보험금이 지급되는 보험이다. 따라서 피보험자가 보험기간 만료일까지 생존했을 때에는 보험금이 지급되지 아니함은 물론 납입한 보험료도 환급되지 아니한다.

이 보험상품은 보험기간을 미리 정해 놓고 보험금지급을 약속하는 정기보험(定期保險)과 일정한 기간을 정하지 않고 피보험자의 일생을 통하여 언제든지 사망했을 때에 또는 고도의 장해상태(폐질)가 되었을 때 보험금을 지급하는 종신보험(終身保險)으로 나누어진다. 사망보험은 피보험자의 생존 시 만기보험금의 지급 약속이 없기 때문에 급히 저렴한 보험료의 납입으로 큰 보장을 약속하는 보장기능이 뛰어난 상품으로서 보장성 상품형태이다.

사망보험은 피보험자 자신의 생활보장에 중점을 둔 것이 아니라 가정경제에 책임을 지고 있는 피보험자가 사망 시 유족의 경제생활을 보장하는 데 중점을 둔 보험의 종류이다. 사망보험의 목적은 피보험자의 사망에 의하여 발생할 수 있는 경제적 손실을 보상하려는 것이겠으나 사람의 사망에 의하여 생기는 경제적 손실의 크기는 물건의 멸실에 의한 것과 같이 정확하게 계산되기 어렵고 피보험자의 사망과 보험수익자와의 관계도 여러 가지 형태가 있기 때문에 도덕적 위험이 존재할 수도 있으며 역선택의 위험성이 큰 상품이다.

(3) **생 · 사 혼합보험**

생 · 사 혼합보험(Endowment Insurance, Mixed Insurance, 양로보험)은 피보험자가 일정기간 내에 사망했을 때에 보험금을 지급하는 정기보험과 만기까지 생존했을 때에 보험금을 지급하는 생존보험을 합친 것이다. 즉, 사망보험의 보장기능과 생존보험의 저축기능을 동시에 가질 수 있도록 만들어진 보험이다. 따라서 생 · 사혼합보험(양로보험)은 피보험자가 보험기간 중 사망한 경우와 보험기간의 만료일까지 생존했을 경우 어느 때에나 보험금을 지급하는 보장기능과 저축기능을 함께 하는 생명보험종류이다. 즉, 피보험자 자신과 유족의 생활보장 양기능을 결합한 상품의 종류로서 저축과 보장을 겸비한 보험의 종류이다.

그림 3.3 생명보험 상품형태

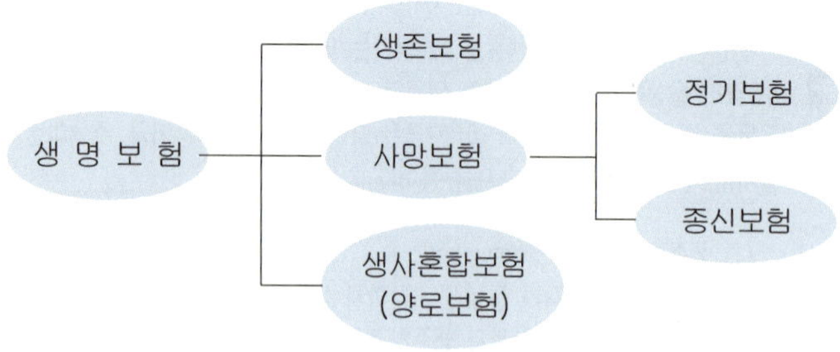

표 3-4 / 생명보험 상품내용에 대한 요약

분류 방법	내 용
보장방법	생명보험의 가장 기본적인 분류방법으로서 사망보장을 주목적으로 할 것인가 아니면 생존보장을 주목적으로 할 것인가에 따라 상품구성 방법이 달라지는데, 크게 사망보험과 생존보험, 양로보험(생사혼합보험)으로 분류할 수 있다. 사망보험은 다시 보험기간의 유무에 따라 정기보험과 종신보험으로 구분된다.
상품성격	보험상품은 성격, 즉 고객의 가입목적에 따라 저축성보험, 보장성보험, 연금보험, 교육보험, 양로보험 등 5가지로 분류된다. 이 중 보장성보험은 사망보험에 속하고 연금보험과 교육보험은 생존보험에 속하며 저축성보험은 양로보험에 속한다.
피보험자수	보험가입 1건(보험증권 1매)으로 몇 명의 피보험자를 보장할 수 있는가에 따라 피보험자 1인만 보장하는 단생보험, 교육보험과 같이 피보험자 2인 이상을 보장하는 연생보험, 일정한 단체에서 일정직업에 종사하는 수십명 또는 수천명 이상의 사람을 보장하는 단체보험으로 구분한다.
배당유무	보험회사가 합리적인 경영을 행한 결과 발생한 사차익, 이차익 등 이익금을 보험계약자에게 배당금으로 지급하는 배당보험상품과 보험료 산정의 기초가 되는 예정사망률, 예정이율, 예정사업비율의 안전도를 가능한 한 축소하여 배당금을 지급하지 않는 대신 보험료를 저렴하게 한 무배당보험상품으로 구분된다. 무배당보험상품의 개발은 보장성보험과 일반사망보험의 합계가 생존보험금의 합계 이상인 생사혼합보험(양로보험)에 한하여 할 수 있도록 규정하고 있다.
건강진단	보험가입시 건강진단을 받고 가입하는 진단보험과 보험가입시 건강진단을 받지 않고 가입하는 무진단보험으로 구분된다.
보 험 금 지급방법	보험사고가 발생했을 때 보험금 전액을 일시불로 지급하는 일시금보험과 연금형태로 분활지급하는 연금보험이 있다.
보 험 료 납입방법	보험료를 보험기간에 맞춰 납입하는 전기납보험과 보험기간보다 보험료 납입기간이 짧은 단기납보험, 계약시 보험료 전액을 일시에 납입하는 일시납보험 등이 있다.

7) 생명보험계약관계자

생명보험의 계약당사자는 보험자와 보험계약자가 되지만 내용상에 있어서 피보험자는 전혀 다른 개념을 갖는다. 손해보험의 피보험자는 보험수익자의 다른 이름이지만 생명보험에 있어서 피보험자는 보험의 목적인 자연인이다. 손해보험의 피보험자는 변경이 될 수 있지만 생명보험에 있어서 피보험자는 변경될 수 없는, 즉 고착되어진 보험의 목적이다. 또한 보험계약관계자에 있어서는 피보험자의 신체상의 위험을 측정하기 위하여 검진의가 필요하므로 인해 보험의가 존재하고 있다. 보험의는 고지의무에 대한 수령권을 갖는 생명보험에 있어서의 특수한 보험계약관계자이다. 보험자와의 협약에 의하여 피보험자의 신체를 검진하고 있다.

8) 생명보험계약의 표준약관

생명보험계약은 보험계약자와 보험회사 사이에 피보험자의 생존이나 사망에 대한 위험을 보장하기 위하여 체결되는데 이에 관한 표준약관은 43개 조항을 두고 있다. 표준약관은 2005.2.15., 2008.3.26., 2010.1.29., 2011.1.19., 2013.12.17., 2014.12.26., 2015.8.31.일자로 개정되어 현재 사용되어지고 있다.

2. 상해보험

1) 상해보험의 의의

상해보험계약은 피보험자가 급격하고 우연한 외래사고에 의해 신체에 상해를 입었을 때에 보험금액 기타의 급여를 할 것을 약정하는 보험계약이다(상법 제737조-상해보험자의 책임). 상해보험약관에서는 일정한 기준에 따라 신체상해의 직접적 결과로 사망한 경우에는 사망보험금을, 후유장해(신체의 일부를 잃거나 그 기능이 상실된 것)가 있는 경우에는 후유장해보험금을, 그리고 생활기능・업무능력의 멸실・감소로 의사의 치료가 필요한 경우에는 의료비 보험금을 지급하도록 하는 것이 보통이다. 즉, 상해보험은 피보험자가 일상생활 중 발생할 수 있는 급격하고도 우연한 외래의 사고로 신체상해를 입고 그 직접결과로서 사망하거나, 다치거나, 치료할 때 생기는 경제적 손실을 보상하는 보험이다.

2) 상해보험의 효용 및 특성

(1) 상해보험의 효용

상해보험의 발전은 비교적 뒤늦게 이루어진 것으로 철도운송수단의 출현과 함께 나타나고 있다. 즉, 영국에서 1846년부터 실시된 것으로 철도사고로 인한 피해자에 대한 손해보상을 위한 보험제도가 상해보험의 시작이라 할 수 있다. 오늘날 각종 교통수단의 출현과 확대와 더불어 기계문명의 발달은 필연적으로 사람의 신체상의 상해를 일으키는 사고발생의 위험을 증가시켜 이에 대비하는 상해보험의 수요도 증가하여 보험제도에 있어서 중요한 한 분야가 되고 있다.

(2) 특 성

① **보험사고의 특성** : 급격하고도 우연한 외래의 사고이다.

② **보험금 급부의 형태** : 정액보상을 원칙으로 한다. 상법 제739조는 "상해보험에 관하여는 제732조(15세 미만자 등에 대한 계약의 금지)를 제외하고 생

명보험에 관한 규정을 준용한다."라고 규정하고 있다. 이것은 상해보험을 생명보험과 같이 정액보험으로 다루고 있음을 나타낸 것이라 할 수 있다. 상해보험은 보험사고로 인한 피보험자의 실질손해를 산정할 수는 없으므로 손해보상계약으로 다룰 수는 없다. 이러한 점 때문에 우리나라 상법은 상해보험을 인보험으로 분류하고 있다. 그러나 보험실무에서는 생명보험회사와 손해보험회사가 공히 상해보험상품을 개발하여 판매하고 있다.

③ **중복보험, 초과보험의 개념이 없다.** 상해보험에서는 중복보험과 초과보험의 개념이 존재하지는 않지만 보험실무상에 있어서 손해보험회사는 판매하고 있는 상해보험상품의 약관에서 같은 피보험자에 대하여 상해를 담보하는 다른 계약을 맺을 때 보험계약자 측은 보험자에게 통지의무를 부과하고 있다.

④ **보험자 대위권이 없다.** 보험자대위(subrogation)라 함은 보험자가 보험사고로 인한 손실을 피보험자에게 보상하여 주고, 그 피보험자 또는 보험계약자가 보험의 목적이나 제3자에 대하여 가지는 권리를 법률상 당연히 취득하는 것을 말하는데, 상해보험에 있어서는 이러한 보험자 대위권이 없다.

(3) 보상하는 손해

피보험자가 보험기간 중 급격하고도 우연한 외래의 사고로 신체상해를 입었을 때 그 상해로 인하여 생기는 손해이다.

(4) 보상하지 아니하는 손해(약관의 명시조항)

(5) 손해의 보상

① **사망보험금** : 보험기간 중 우연한 사고로 상해를 입고 사고의 직접적 결과로 사망하였을 때 사망보험금(보험가입금액)을 지급한다.

② **후유장해보험금** : 보험기간 중 우연한 사고로 상해를 입고, 신체의 일부를 잃거나 그 기능이 상실되었을 때 그 장해 정도에 따라 보험가입금액(지급비율에 따라)을 지급한다.

③ **의료비 보험금**

제4장 무역보험

사보험인 해상적하보험과 공보험인 수출보험은 보험제도 내에서 갖는 담보 성격이나 상품내용을 구성하는 여러 가지 측면에서 상당히 다르다. 그러나 보험이 갖는 본질적인 토대는 동일하다고 본다. 해상적하보험증권은 선적서류(운송서류)을 구성하는 기본서류이자 필수서류이다. 이러한 것을 제외하더라도 국가간 상거래를 영위하는 무역업자는 상품을 거래하는데 있어 운송도중의 화물에 대한 멸실 및 손괴에 대한 위험이 항상 상존하고 있다. 이러한 운송도중의 화물에 대한 위험회피, 그리고 물품을 매도한 수출업자는 상품대금회수불능시에는 금전적 손실이라는 위험이 있다. 이러한 대금결제상의 위험회피에 대한 수출보험의 필요성이 요구되어진다. 이 두 가지 보험에 대한 이해와 실무적 지식은 무역인에게 필수불가결한 것이다.

Ⅰ. 해상적하보험

1. 해상보험의 개요

1) 해상보험의 의의 및 정의

해상보험은 해상사업과 관련된 사고를 보험사고로 하여 보험의 목적인 선박・적하 또는 운임에 생긴 손해를 보상하는 손해보험의 일종이다. 해상보험은 해상기업에 수반되는 각종의 위험에 대한 보험으로서 해상위험과 밀접한 관련을 맺고 있다. 우리나라 상법은 해상보험자의 책임범위를 확장하여 해상사업에 부수하는 육상위험도 담보하도록 하기 위해서 해상사업에 관련된 사고로 인하여 생길 손해까지 보상하는 것으로 하고 있다.

해상보험을 운송보험과 구별하는 이유는 항해와 관련된 위험이 육상위험에 비하여 특수성이 있기 때문이다. 이러한 연유로 우리나라 상법은 해상보험에 관하여는 비교적 다수의 규정을 두고 있으나, 이것만으로 충분하지 않기 때문에 이를 보완하는 약관이 발달되고 있다. 해상적하보험의 경우에는 런던 국제언더라이팅협회의 협회적하약관(ICC)에 근거하여 보험계약이 체결되고 있다. 이 약관에는 "이 보험계약에서 생기는 책임문제는 영국의 법과 관습에 따른다."는 준거법조항을 두고 있는데, 우리 법원도 이 준거법조항의 효력을 인정하고 있다.

(1) 경제적 정의

'해상보험'(Marine Insurance)이란 해상사업과 관련된 사고로 인한 선박이나 적하의 손해를 담보하기 위하여 이용되는 것으로서, 사고를 당할 우려가 있는 다수인이 위험의 정도에 따라 과학적이고 합리적인 보험료를 산출하여 공동준비재산을 형성한 다음, 그 중 특정인이 보험사고를 당하여 손해를 입었을 때 보험자가 이를 보상함으로써 재산권을 가진 피보험자의 경제상의 불이익을 제거 또는 경감시킬 수 있는 경제시설이다.

(2) 법적 정의

① 영국해상보험법(Marine Insurance Act-MIA, 1906) 제1조

"해상보험계약은 보험자가 피보험자에 대하여 그 계약에서 합의된 방법과 범위에 따라 해상손해, 즉 해상위험에 수반되는 손해의 보상을 인수하는 계약이다"라고 규정하고 있다.

"A contract of Marine insurance is a contract whereby the insurer undertakes to indemnify the assured in manner and to the extent thereby agreed, against marine losses, that is to say the losses incident to marine adventure."

② **우리나라 상법 제693조**(해상보험자의 책임)

"해상보험계약의 보험자는 해상사업에 관한 사고로 인하여 생길 손해를 보상할 책임이 있다"라고 규정하여 해상사업에 관한 사고로 인하여 발생하는 손해를 보상할 것을 목적하는 보험이라고 밝히고 있다.

③ **해상보험계약에 관한 준거법**

해상보험은 국가와 국가 사이에서 국가 간의 무역을 배경으로 하므로 한 국가 내에서만 이용되는 보험과는 달리 국제성을 갖는다. 그러므로 국제규칙 또는 국제협정이나 조약 등이 필요하나 이를 위한 별도의 규칙이나 협정 또는 조약을 제정하지 않고 있다. 이러한 사유는 근대적인 해상보험제도를 도입하여 발전시키고 세계 해상보험시장을 주도해 온 영국의 법과 관습이 국제규칙이나 조약 또는 협정의 역할을 대신하고 있기 때문이다.

우리나라를 포함하여 세계의 많은 국가들이 영국에서 제정하여 공포한 협회보험약관을 사용하고 있고, 본 약관에는 "이 보험증권하에서 일어나는 일체의 책임문제는 영국의 법률과 관습에 의할 것임" 또는 "이 보험증권에 기재되어 있거나 첨부되어 있는 어떠한 반대규정이 있음에도 불구하고, 이 보험은 일체의 전보청구 및 결제에 관해서 영국의 법률과 관습에 따를 것을 합의한다."라는 내용의 준거법 조항이 포함되어 있다. 본 조항에 따라서 보험자의 책임과 보험금 지급에 관한 사항은 영국의 법률과 관습에 따르게 된다. 그러나 보험계약의 성립여부, 보험료 납입, 계약의 해지 등과 같은 사항까지 영국의 법과 관습에 따른다고 볼 수 없다.[1]

2) 해상위험의 종류

해상위험이란 항해에 기인하고 항해에 부수하여 발생하는 사고를 말한다.

---

1) 대법원 1998.7.14 선고 96다 39707 판결, 참조

영국해상보험법(MIA)에서는 해상위험을 다음과 같이 정의하고 있다. "해상위험이란 항해에 기인 또는 부수하는 위험, 즉 해상고유의 위험, 화재, 전쟁, 해적, 좀도둑, 포획(捕獲), 나포(拿捕), 공후(公候)[2] 및 국민에 의한 억지 또는 억압, 투하(投荷), 선장 또는 선원의 부정행위(선주 · 화주에게 손해를 끼치는) 그리고 상기의 여러 위험과 동종의 위험 또는 보험증권에 기재되는 모든 위험을 말한다"고 정의하고 있다.

> "'Maritime perils' means the perils consequent on, or incidental to, the navigation of the sea, that is to say, perils of the seas, fire, war perils, pirates, rovers, thieves, captures, seizures, restraints, and detainments of princes and peoples, jettisons, barratry, and any other perils, either of the like kind or which may be designated by the policy."

(1) 해상고유의 위험

침몰(Sinking), 좌초(Stranding), 촉초(Touch and Go, 선박이 암초 등에 잠시 접촉하고 선체가 긁혔지만 항해를 계속할 수 있는 경우의 위험), 충돌(Collision), 악천후(Heavy Weather), 행방불명(Missing) 등을 말하는 것으로 해상에서 우연히 발생해야 하며 바다의 작용을 원인으로 하거나 바다 특유의 발생사건이어야 한다.

(2) 해상의 위험

화재(Fire or Burning), 투하(Jettison), 선장 및 선원의 악행(Barratry of Master abd Mariners), 해적 · 강도(Pirates or Rovers · Thieves)

(3) 전쟁위험

전쟁 · 변란, 억류 · 감금 및 구금 등이 있다. 전쟁(War · Warlike Operation), 억류 · 감금 및 구금(Arrest · Restraints and Detainments, 범죄를 수사하거나 검역을 하기 위해 선박 또는 화물을 압류하는데 따른 위험)

---

2) 공작과 후작을 아울러 이르는 말.

(4) 기타의 모든 위험

① 도난, 발화, 불착손에 따른 위험(Theft, Pilferage and Non-Delivery-TPND)

② 빗물, 그리고/또는 담수에 의한 손해에 따른 위험(Rain and/or Freshwater Damage-RFWD)

③ 유류 그리고/또는 다른 선적된 화물과의 접촉에 의한 손해에 따른 위험(Contact with Oil and/or Other Cargo-COOC)

④ 갑판적 화물 유실의 손해에 따른 위험(Washing Overboard-WOB)

⑤ 갈고리에 의한 손해에 따른 위험(Hook and Hole)

⑥ 파손, 곡손에 따른 위험(Breakage, Bending and/or Denting)

⑦ 누손 그리고/또는 부족손에 따른 위험(Leakage and/or Shortage)

⑧ 못질에 의한 손해에 따른 위험(Nail Damage)

⑨ 습기와 가열에 의한 손해에 따른 위험(Sweat and/or Heating)

⑩ 곰팡이에 의한 손해에 따른 위험(Mould and Mildew)

⑪ 오염에 의한 손해에 따른 위험(Contamination)

⑫ 쥐 및 벌레에 의한 손해에 따른 위험(Rats and Vermin)

3) 해상보험의 구분

(1) 적하보험과 선박보험

해상보험의 목적물을 기준으로 하여 적하(화물)를 보험의 목적물로 하는 보험은 적하보험(Cargo Insurance)이며, 선박 자체를 보험의 목적물로 하는 것은 선박보험(Hull Insurance)이다.

(2) 기간보험 · 항해보험 · 혼합보험 · 소급보험

해상보험의 보험기간을 기준으로 하는 분류로서 보험자의 책임기간 시기와 종기를 일정한 기간으로 하는 기간보험, 특정한 항해구간을 기준으로 하는 항해보험, 그리고 "부산에서 L/A까지로 하되, 단 양륙 후 30일을 한도로 한다."와 같이 기간과 항해를 혼합한 혼합보험이 있다. 적하보험은 협회적하보험약관의 수송약관 규정에 따라 혼합보험으로 이용되고 있다. 이 보험기간은 보험계약이 성립하여 존속하는 기간인 보험계약기간과 반드시 일치하는 것이 아니고 보험계약에 의하여 보험기간을 달리 정할 수도 있다. 따라서 해상보험은 기간보험, 항해보험 및 혼합보험으로 구분된다(영해법 제25조 제1항). 선박보험은 통상 1년을 보험기간으로 하는 기간보험이고, 적하보험은 항해보험이다.

① 기간보험(정시보험)

주로 선박보험에서 많이 이용된다. 몇년 몇월 몇일부터 몇년 몇월 몇일까지 기간을 정하는 것이 보통이다.

② 항해보험

항해보험은 보험기간이 일정한 항해를 기준으로 정하여지는 보험으로서 선박보험보다는 적하보험에서 많이 이용된다. 항해보험은 가령 선적항에서 선적에 착수한 때로부터 양륙항에 도착하여 양륙할 때까지의 기간에 생길 위험을 담보하는 것이나(예를 들어 부산항에서 상해항까지), 실제로는 적하보험에서의 항해보험은 화물의 운송을 시작하여 목적지에서 화물을 인도할 때까지를 보험기간으로 하고 있다.

③ 혼합보험

일정 항해 및 일정기간을 동시에 보험기간으로 정하는 보험이다.

④ 소급보험(遡及保險)

소급보험은 보험계약의 성립 전의 어느 시기부터 보험기간이 시작되는 것으로 정한 보험을 이른다(상법 제643조). 일반적으로 보험계약에서 보험자는 보험계약이 성립하고 최초의 보험료를 받은 때로부터 생긴 보험사고에 대해서만 보험금 지급책임을 지는 것이나(상법 제656조), 소급보험의 경우에는 보험계약 성립 전의 어느 시기로부터의 위험에 대해서 담보하게 되므로 그 계약성립 전의 사고에 대해서도 책임을 지게 된다.

(3) 보험기간

① **위험개시**

해상적화보험의 위험은 화물이 보험증권에 기재된 지역의 창고 또는 보관된 장소를 떠날 때부터 개시된다. 위험개시는 보험의 이론적 측면에서 볼 때 보험기간(책임기간 또는 위험기간)의 시작과 동시에 위험이 시작되며 동시에 보험자의 책임도 시작된다.

② **위험의 종료**

해상적화보험의 위험은 다음의 세 가지 중 먼저 일어난 때에 위험이 종료된다.

- 보험증권에 기재된 목적지의 수화인 또는 기타의 최종창고나 보관장소에 화물이 인도된 때
- 통상의 운송과정이 아닌 보관 또는 할당이나 분배의 목적에 사용하고자 택한 창고 또는 보관장소에 인도된 때
- 최종 양륙항에서 외항선으로부터 화물을 하역한 일정기간이 경과 된 때

(4) 개별보험과 포괄보험

해상적하보험에 있어 특정한 운송화물이나 선적물품에 대하여 하나의 해상보험계약인가 아니면 연속되는 일련의 해상사업에 관한 계약인가 여부에 따른 분류이다. 수출이나 수입하는 물품을 선적 단위별로 그때마다 보험에 가입하는 계약을 개별보험이라 하고, 일정한 자격기준을 갖춘 무역업체가 통상 1년간의 적하 전체에 대해 일괄적으로 해상적하보험계약을 체결하는 경우를 포괄보험이라고 한다.

포괄보험은 하나의 보험증권(Open Policy)이 발급된 후 추후 보험목적물과 송장가액이 확정되면 이를 보험계약자가 보험자에게 통보하여 줌으로써 계약내용이 구체적으로 확정되는 보험이다. 정기적으로 상품을 수출하거나 수입하는 경우 화물에 대해 포괄보험계약을 체결함으로써 확정통지의 의도적인 지연이나 누락이 아닌 이상 보험보호를 받을 수 있다. 보험계약자(피보험자)는 포괄보험의 대상이 되는 모든 운송화물의 목록을 매월 또는 분기별로 보험자에게

통지하여야 하고 이에 따라 보험료를 정산하게 된다.

한편, 무역거래가 확정된 화물 중 선적이나 운송의 일시 또는 적재할 선박 등이 미확정된 운송화물의 경우에는 개별미확정보험계약을 선택할 수 있는데, 특히 선박이 확정되지 않은 상태에서 가입하는 보험은 '선명미확정보험'이다. 이 경우 증권상 선명은 TBD(to be declared)로 기재되고 이후 확정통지로 구체화시킨다. 선명미확정보험은 개별보험에 해당되어진다.

4) 해상보험의 특성

(1) 손해보상계약

해상보험계약은 원칙적으로 손해보상계약이다. 손해보상계약은 실손보상의 원칙(The principle of indemnity)에 따라 손해를 입은 자에게 손해가 발생하기 전의 상태로 회복시켜주는 계약을 의미한다. 해상보험은 피보험자가 금전상 입은 손해의 정도에 따라 보상하고, 중복보험의 경우는 부보된 각 보험에서 비례 보상하고, 초과보험은 초과분을 무효로 하여 실손 이상으로 보상받지 못하도록 하고 있다. 그리고 보상을 한 후 피보험자의 보험목적물에 대한 잔존물이나 제3자에 대한 손해배상청구권리를 보험자가 대신 행사하도록 하고 있다. 그러나 현실적인 실무에 있어서는 해상보험이 기평가보험으로 이용되고 있으므로 보상금액은 협정보험가액을 근거로 계산되므로 완전한 개념의 실손보상은 실행되지 않고 있다. 이러한 이유는 보험가액이 장소와 때에 따라 달라질 수 있기 때문이며, 보험자가 보험사고 시 지급하는 보험금은 보험계약체결 당시에 보험자와 보험계약자가 합의한 보험가액에 따라 계산되어 있기 때문에 실제손해금액을 초과하여 피보험자가 수령할 수도 있고 부족한 보험금을 수령할 수도 있기 때문에 완벽한 실손보상의 구현에는 어려움이 있다.[3)]

---

3) 예를 들어, 보험가액을 US$ 1만불로 하여 체결된 화물이 운송 중 전부 멸실되었다면, 보험자는 US$ 1만불을 보험금으로 지급하게 되고 보험사고 당시의 시장가액은 고려하지 않는다. 만약, 이 화물의 시장가액이 1만 2천불로 형성되어 있다면 피보험자는 실제손해보다 부족되게 보상받을 것이고, 시장가액이 8천불로 되었다면 이득이 될 수도 있을 것이다.

(2) 해상・육상의 복합위험부담

해상보험은 해상에서의 손해뿐만 아니라 해상사업에 수반되는 육상위험이나 강이나 호수 같은 내수로 손해까지도 확장하여 담보하고 있다. 해상적하보험의 수송약관-창고간약관포함(구협회적하약관 제1조), 운송약관(신협회적하약관 제8조)에는 화물이 하주 또는 매도업자의 창고를 떠날 때에 보험기간이 개시되어 매수인의 최종창고에 인도될 때 보험기간이 종료되는 것으로 약정하고 있다. 즉, 해상위험뿐만 아니라 육상위험까지도 확장하여 담보하고 있다.[4)]

(3) 국제성

해상보험의 전제가 되는 무역과 해운은 국제규칙 또는 국제조약에 많은 영향을 받는다. 그리고 해상위험은 대부분이 거대위험이기 때문에 해외재보험에 의존도가 높다. 이와 같은 배경 때문에 해상보험은 국제성이 강하다. 이러한 국제지향성으로 인하여 국내적 보험에 비하여 정부의 인가, 신고 등의 규제가 거의 없다고 볼 수 있다. 그리고 해상적하보험증권은 운송서류를 구성하는 필수서류로서 무역대금결제수단으로 이용되고 있다.

(4) 추정전손과 위부(委付)의 개념 존재

해상보험에서는 다른 보험에 없거나 또는 일부 도입하여 사용하고 있는 추정전손과 위부라는 개념이 있다. 위부는 해상법상 자기물건이나 권리를 상대방에게 이전하고 그 대신 책임을 면하거나, 권리를 얻거나 하는 결과가 되는 일방적 의사 표시이다. 즉, 보험에 가입한 피보험목적물의 소유권을 포기하고 보험자에게 이전하는 것으로 이는 피보험자가 보험에 가입한 보험목적물의 전손을 주장하는 행위의 근거가 된다. 추정전손이란 현실전손은 아니지만 법규가 정한 일정 요건이 충족되는 경우에 보험자에게 전손보험금을 청구할 수 있는데, 이러한 경우를 추정전손이라 한다.

---

4) 항공으로 운송되는 화물의 경우에도 해상보험인 적하보험을 이용한다. 이 경우는 협회항공화물약관이 사용된다(구협회항공화물약관, 신협회항공화물약관).

5) 해상보험에 관한 기본원칙

해상보험에서 그 목적물에 대하여 보호를 받기 위해서는 다음과 같은 기본원칙에 의거하여 보험계약을 체결하여야 한다. 그 기본적 원칙에는 ① 최대선의의 원칙, ② 손해보상의 원칙, ③ 근인주의, ④ 담보 등이 있다.

(1) 최대선의의 원칙

보험계약자는 보험자에게 보험청약을 할 경우에 자기가 신고하는 모든 사항에 대하여 최대선의에 의거하여 고지하여야 한다. 우리나라의 상법에서도 해상보험계약이 최대선의의 계약이 되기 위하여 보험계약자에게 고지의무를 지우고 있는데 보험계약체결 당시에 중요한 사실을 고지하지 아니하면 계약이 해지되고, 통지의무, 즉 계약체결 후 보험목적물의 위험이 변경 또는 증가되면 보험자에게 통지하여야 하며 통지하지 아니하면 보험자는 계약을 해지할 수 있다고 규정하고 있다(상법 제652조). 영국해상보험법에서도 "해상보험계약은 최대선의에 의한 계약이며 당사자의 일방이 최대선의를 준수하지 않을 경우에는 타방은 그 계약을 취소할 수 있다"고 규정하고 있다. 따라서 당사자는 상대방이 보험계약에 대하여 위험의 인수여부에 관한 결정을 할 수 있도록 도와줄 의무를 부담하고 있다고 할 수 있다.

(2) 손해보상의 원칙

보험계약은 보험자가 우연한 사고의 발생에 따른 손해를 보상한다는 점에서 사행계약(射倖契約, aleatory contract)이지만 보험에 의하여 이득을 얻지 못한다는 원칙이 적용된다. 해상보험계약은 보험자가 피보험자에 대한 해상손해, 즉 항해사업에 부수하는 손해만을 보상하는 것을 약속하는 계약으로 해상손해 이외의 손해는 보상하지 않는다. 이처럼 손해보상은 해상보험계약에서의 손해 발생시 손해금액을 한도로 지급되어야 한다는 원칙을 손해보상의 원칙이라고 한다. 즉, 해상보험계약에서 손해보상의 원칙은 피보험자는 보험사고로 입은 손해보다도 더 큰 이익을 얻을 수 없다는 것이다. 또한 여기서 이득금지의 원칙을 도출하게 된다. 이득금지의 원칙은 하나의 공리일 뿐 아니라 절대적인 강행법 원리이다. 이것은 해상보험의 도박화를 방지하고 인위적으로 사고를 일으킬 주관적인 위험을 줄일 수 있게 된다.

이러한 원칙하에서 해상보험계약은 기평가액으로 약정되어진 손해보상계약으로 손해금액(또는 보험가입금액)을 한도로 보상받게 된다. 즉, 해상보험계약의 목적은 피보험이익을 회복하는데 있다. 또한 보험자는 대위의 원리에 의해서 보험사고에 책임 있는 제3자로부터 피보험자에게 지급한 금액을 보상받을 권리가 있다.

① 피보험이익의 영문에서의 정의

Insurable interest : Relationship such that loss or destruction of life or property would cause a pecuniary loss. An interest in the life of an individual or in property by which there will be a financial loss if the insured dies or in the case of property if it is lost, damaged, or destroyed.

〈*dictionary of insurance*, Lewis e. davids. A Littlefield, Adams Quality Paperback, p.140〉

② 피보험이익의 요건

㉠ **적법한 이익** : 해상보험계약을 비롯한 모든 보험계약은 합법적이어야 하며, 피보험이익도 반드시 법률상 인정되는 적법성을 가져야 한다. 영국 해상보험법(제3조 1항)에서도 합법적인 해상사업에 한하여 보험계약이 체결될 수 있음을 강조하여 피보험이익의 합법성을 강조하고 있다. 밀수품·도난품·수출입금지품목 등은 적화보험의 대상이 될 수 없으며 밀수에 동원된 선박은 선박보험의 대상이 될 수 없다. 법령이나 공공질서에 위반되는 보험목적물의 소유주는 피보험이익을 가질 수 없기 때문에 보험계약이 체결되더라도 보상을 받을 수 없다.

㉡ **경제적 이익** : 피보험이익이 될 수 있는 것은 경제적 이익이라야 하며 감정적, 도덕적 이익은 비경제적 이익, 즉 금전으로 평가할 수 없는 것이기 때문에 피보험이익이 될 수 없다. 우리나라 상법 제668조에서도 "보험계약은 금전으로 산정할 수 있는 이익에 한하여 보험계약의 목적으로 할 수 있다"고 규정하고 있으므로 이는 곧 피보험이익의 경제적 이익을 의미하고 있다.

ⓒ **확정성 있는 이익** : 피보험이익은 금전적으로 확정되고 그것이 누구에게 귀속될 것인지가 확실해야 한다. 즉, 피보험이익으로 인정되기 위해서는 피보험이익이 경제적으로 얼마의 가치가 있고, 또한 누구의 것인지가 분명해야 한다는 것이다. 아무리 경제적으로 높게 평가되더라도 확정될 수 없는 이익은 보험의 대상이 될 수 없다.

그러나 해상적화보험에서는 피보험이익이 현재 확정되어 있지 않더라도 장래에 확정될 것이 확실하면 보험의 대상이 될 수 있다. 예를 들어 가격조건에서 보험계약자는 보험가액의 110%를 통상적으로 적화보험에 부보하는데 여기서 10%를 추가로 인정하는 것은 화물이 무사히 도착하여 시장에 판매되면 그 정도의 이익이 발생될 것이라고 예측하기 때문이다. 이러한 희망이익[5]은 보험계약을 체결할 때는 확정되어 있지 않지만 장래에 확실해질 것이므로 피보험이익으로 인정되어지는 것이다.

(3) 근인주의

근인주의의 본질은 '근인을 보고 원인을 보지말라'는 원칙에 의거 손해보상 여부를 결정한다는 이론으로 여러 조건 중에서 손해발생에 직접적 효력을 갖는 것이 무엇인가를 판단해야 한다는 것이다. 손해에 대하여 보험자가 보상을 받기 위해서는 그 손해와 담보위험 사이에 인과관계가 성립되어야 하는데 영해법(MIA)에서도 "보험자는 피보험위험에 근인으로 일어나는 모든 손해에 대하여 보상책임을 진다."고 규정하고 있다.

해상보험이 손해보상 여부를 결정함에 있어서 손해의 원인에도 직접원인, 간접원인, 위험결과의 손해 등 그 종류가 많고 연쇄적으로 발생하여 손해가 발생한 경우 보험자는 이 손해가 과연 담보위험에 의하여 발생한 손해인지 여부를 판단한다는 것은 어려운 일이다. 초기의 근인원칙에서는 시간적으로 손해가 발생한 시각에 가까운 원인이 담보위험이면 보상하는 것으로 시간적 측

5) 희망이익보험은 무역거래에 있어서 매수인은 그 물건을 수입하여 매각함으로써 이익을 얻을 것을 기대하고 있는 것이다. 희망이익은 바로 적하(積荷)가 목적지에 무사히 도착하면 수하인이 얻으리라고 기대되는 이익을 말하고, 이러한 희망이익에 관한 보험이 희망이익보험이다. 그러나 이 보험은 선적지의 적하의 가액에 일정률(통상 10%정도)의 가액을 더하여 적화보험과 함께 붙이고 있는 것이 일반적이다.

면을 중요시하였지만 오늘날에는 실질적으로 손해를 유발시킨 중요한 원인이 무엇인가를 규명하려 함으로써 지배력과 효과면에서 비중이 큰 효과적 근인을 판단기준으로 하는 것으로 해석하고 있다.

(4) 담 보

보험에서의 담보란 일반적인 담보의 개념과는 다른 의미를 갖고 있다. 담보는 특정 조건의 준수를 보증하는 보험계약자 측에 의한 약속이다. 즉, 담보는 보험계약자 및 피보험자가 지켜야 할 약속으로서 이들이 담보를 위반할 경우에는 보험계약을 무효화할 권리를 보험자가 갖는다. 담보에는 명시담보[6] · 묵시담보[7] · 적법담보 · 안전담보 · 중립담보가 있다.

① **명시담보**(express warranty)

명시담보는 보험증권의 본문, 난외 혹은 그 여백인가를 불문하고 보험증권에

② **묵시담보**(implied warranty)

해상보험증권은 원칙적으로

③ **적법담보**(warranty of legality)

영국의 해상보험법에서 적법담보란 모든 피보험항해가 합법적이어야 하며

④ **안전담보**(warranty of good safety)

보험의 목적이 특정일에

⑤ **중립담보**(warranty of neutrality)

보험의 목적이 중립재산임을 확약하는 담보로서 선박 또는 적하가 교전국에 의하여 포획 또는 나포될 우려가 있느냐의 여부에 대하여 보험자가 확인하기 위하여 필요하다. 피보험자가 보험의 목적이 중립재산임을 담보하는 경우 후에 아님이 밝혀지면 보험계약은 무효가 되고 보험보호를 받지 못한다.

---

6) 명시담보는 보험증권의 본문, 난외 혹은 여백인가를 불문하고 보험증권에 반드시 기입하든가 또는 보험증권의 일부로 포함된 특정서류에 반드시 명시되어야 하며 그렇지 않을 경우에는 명시담보로 인정되지 않는다.

7) 보험증권에 명시하지 않더라도 계약체결의 행위 자체에 의하여 당연히 효력이 인정되는 담보를 말한다.

주요 명시담보에 관한 해설

1. Towage Arrangements Warranty
Warranty approval of tug, tow, towage and stowage arrangements by approved surveyor and all recommendations complied with. : 화물이 피예인선에 적재되어 운송될 경우 보험자가 승인한 검정인으로부터 예인선, 피예인선, 예인방법, 화물적재의 적격여부에 대한 검사를 받고, 이에 따른 모든 권고사항을 준수하여야 함.

2. Contamination(Excluding contamination caused by improper tank cleaning) : 통상 원유, 액체화공품 등 BULK화물에 적용되는 조건으로 오염손이 탱크청소상태의 부적절에 기인하여 발생하였을 경우에는 그 오염손은 보상하지 않음.

3. Excluding the risks of shortage(contamination) unless packaged in drum or can. : 통상 고체화공품의 경우에 적용되는 문구로 포장이 드럼 또는 캔 이외의 경우에는 부족손과 오염손을 담보하지 아니함.

4. Excluding Rust, Oxidation Discoloration unless directly caused by Sinking, Stranding, Burning, Collision and/or Heavy Weather. : 이 조건은 비록 ALL RISKS 조건이라 할지라도 침몰, 좌초, 대화재, 충돌, 그리고/혹은 악천후에 직접 기인하지 않는 녹(rust), 산화(oxidation), 변색(discoloration) 위험은 담보하지 아니한다는 내용임.

5. Full value declared to carrier and valuation charge paid. : 귀금속 등 고가의 화물이나 고급회화나 예술품 등 가액산정이 어려운 품목에 첨부되는 조건이며 그 내용은 운송인에게 운송의뢰 시 화물의 실제가액을 통지하고 그 가액에 따른 운임을 지불할 것을 보험인수조건으로 한다는 의미임.

※ 보험계약자(피보험자)가 보험증권을 수령하면 반드시 보험조건란을 확인하고 그 의미를 알 수 없거나 청약조건과 다른 경우에는 반드시 보험자(보험회사)에게 연락하여 확인을 하여야 한다.

6) 해상손해의 종류

해상손해의 유형을 대별하면 물적 손해와 비용손해로 분류할 수 있다.

(1) 물적 손해

① 전 손

전손은 담보위험으로 인하여 보험목적물이 전부 멸실되는 경우를 뜻한다. 그러나 전손이라고 하여 반드시 보험목적물이 완전하게 소멸되는 것만을 의미하지는 않는다. 즉, 일부의 잔존물이나 잔존이익이 있다고 하더라도 그 손해의 정도를 보아 사실상 전부소멸에 가깝다고 판단되면 전손으로 간주한다. 전손은 보험목적물의 물리적 손상만을 의미하지 않고, 보험목적물이 손상을 입지 않고 현존하더라도 피보험자가 더 이상 점유할 수 없으면 전손이 성립된다. 해상보험에서는 전손을 현실전손과 추정전손으로 구분하고 있다. 추정전손은 해상보험에서만 유일하게 인정되고 있는 전손이다(MIA, 제56조 제2항).

㉠ **현실전손**(actual total loss) : 현실전손은 보험목적물이 완전히 파손되거나 원래의 성질을 갖지 못할 정도로 심하게 손상되거나, 또는 박탈당하여 피보험자가 다시 보험의 목적물을 회복할 가능성이 없을 경우에 성립된다. 절대전손이라고도 한다.

㉡ **추정전손**(constructive total loss) : 현실전손을 피할 수 없거나 보험목적물의 복구비용이 오히려 보험가액을 초과하여 그대로 현실전손으로 처리하는 것이 경제적인 경우 피보험자가 위부를 통지하고 보험금 전액을 청구하는 손해이다. 해상보험에서 추정전손을 인정하는 이유는 해상에서 발생하는 보험사고는 그 사실을 증명하고 손해의 정도를 파악하는 것이 대단히 어렵거나 불가능할 경우가 있기 때문이다. 추정전손이 성립되기 위해서는 보험자와 피보험자 간에 추정에 관한 합의가 있어야 한다.

② **분손**(partial loss)

분손은 전손의 상대적인 개념으로서 전손에 속하지 않는 모든 손해는 분손에 해당된다. 분손은 단독해손과 공동해손으로 구분되는데 단독해손은 담보위험으로 인하여 발생한 보험목적물 일부분의 손해를 피보험자가 단독으로 책임지는 손해이다(MIA, 제64조제1항). 이에 반하여 공동해손은 공동의 안전을 위하여 희생된 손실이나 비용을 해상사업에 관련되는 이해관계자들이 공동으로 비례하여 분담하는 손해이다. 분손의 형태는 주로 선박의 파손, 화물의 일부 손실, 운임의 미수령(未受領) 등으로 나타난다.

(2) 비용손해

① **손해방지비용**(Sue and Labour Charge : S/L Charge)

보험계약자・피보험자 또는 그의 대리인이 손해방지 및 손해경감의무를 수행하기 위해서 지출한 비용을 손해방지비용이라 하며 이러한 비용은 보험자가 별도로 보상한다. 보험계약자 측의 손해방지의무는 보험계약자 측을 위한 것이 아니라 결국은 보험자를 위한 의무이기 때문에 보험계약자 측이 의무를 수행하는 과정에서 소요되는 비용은 당연히 보험자가 보상하여야 한다. 이러한 손해방지비용을 보상하여 줌으로써 보험계약자 측이 스스로 손해방지를 위해 노력하도록 유도할 수 있기 때문이다. 손해방지비용은 보험목적물의 손해 이외에 추가로 보상된다.

② **특별비용**(Particular Charge)

선박이나 화물 등 보험목적물의 안전과 보존을 위하여 발생한 비용 중에서 공동해손과 구조비용 이외의 모든 비용을 특별비용이라고 한다. 손해방지비용은 보험계약자 측이 보험목적물의 손해를 방지하거나 경감시키기 위해 지출된 비용을 말하는데, 주로 목적지에 도착하기 전에 발생되는 비용이다. 이에 반하여 특별비용은 주로 목적지에서 지출되는 비용이다(손해조사비용, 재포장비용 등).

③ **구조비용**(Salvage charge)

구조는 위험에 직면한 선박이나 화물 등을 구해내는 행위를 말하는데 그 성격에 따라 순수구조와 계약구조로 구분된다. 순수구조는 구조계약을 체결하지 않은 상태에서 구조자가 자발적으로 위험에 직면한 재산을 구조하는 행위이다. 해상보험에서 구조비가 성립하기 위한 구조행위는 순수구조이다. 해상법에서 위험에 처한 선박 및 적하를 계약에 의하지 않고 자발적으로 구조한 자가 해상법에 의하여 보상받는 비용이다.

구조료(求助料)

선박 또는 적하(積荷)가 해난에 조우한 경우 제3자가 의무없이 이를 구조한 때에는 그 결과에 대하여 상당한 보수를 청구할 수 있다(상법 제849조). 이처럼 해난구조자(海難救助者)가 구조된 선박 또는 적하의 이해관계인에게 청구하는 보수가 구조료이다.

(3) 배상책임손해

배상책임손해는 보험계약자 측이 제3자에 대해서 법적으로 배상책임을 부담하게 되는 경우를 말하는데 대표적으로 충돌로 인한 충돌손해배상책임이 있다.

표 4-1 / 해상손해의 구분

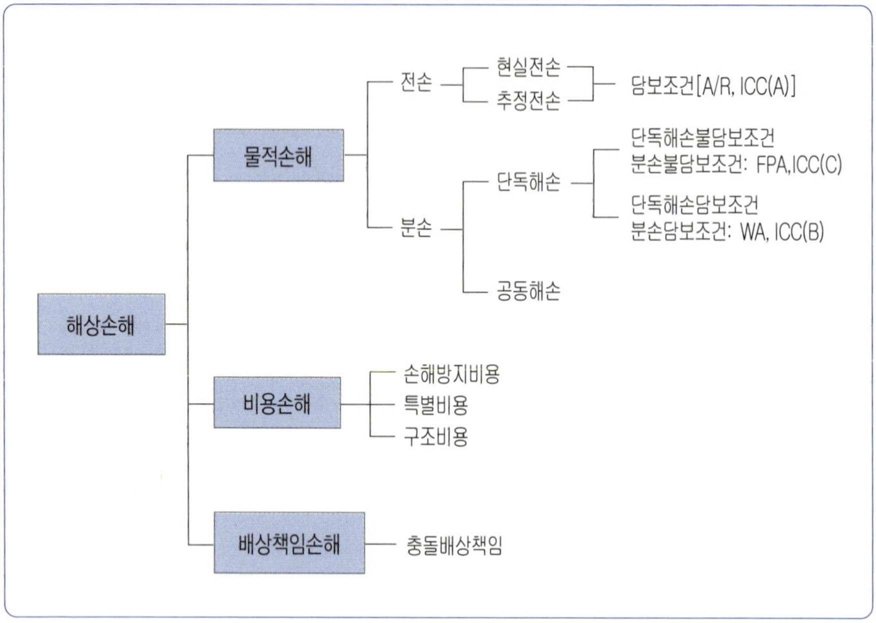

7) 보험가액과 보험금액

(1) 보험가액(保險價額, insurable value)

보험가액이란 보험사고가 발생한 경우에 피보험자가 입게 되는 손해액의 최고한도액이며 피보험이익의 평가액을 말한다. 보험가액은 보험기간중 일정하지 않고 시간·장소·물가에 따라 변동할 수 있는 것이기 때문에 그 평가가 문제시된다. 일반적으로 손해보험종목은 손해발생시점의 실제 현금가치로 보상해야 하는 손해보상의 원칙이 적용되어야 하는 데 반해, 해상보험에서는 피보험이익인 선박과 적하는 시간적으로 항상 움직이고 있어 보험가액측정이 어렵기 때문에 보험계약체결시 보험계약자와 보험자가 상호협의하에 보험가액을 평가하는 협정보험가액으로 부보하게 된다.

(2) 보험금액(保險金額, sum insured)

보험금액은 보험자가 보험을 인수하여 보험사고가 생긴 때에 지급할 금액이다. 손해보험계약에서 보험자는 보험사고로 생길 피보험자의 재산상의 손해를 보상할 책임을 진다(상법 제665조). 따라서 해상보험계약에서 보험금액이란 보험자가 보험계약자와 합의하여 정한 손해보상책임의 최고한도액을 의미하고, 현실적으로 보험사고가 발생하여 보험자가 지급하는 손해보상액의 뜻으로 사용하기도 한다(상법 제682조 참조). 실무에서 보험금액이란 손해발생시 보험자가 부담하는 보상책임의 최고한도액이며 보험계약의 체결에 있어 보험자와 보험계약자 간에 약정된 금액을 말한다.

(3) 보험가액과 보험금액과의 관계

보험계약에 있어서 보험가액과 보험금액이 동일한 경우를 전부보험(全部保險)이라 하고, 보험가액보다 보험금액이 적은 경우를 일부보험(一部保險), 보험가액보다 보험금액이 큰 경우를 초과보험(超過保險)이라고 한다. 보험사고 시 보상에 따른 문제에 있어서, 전부보험의 경우는 손해액 전부를 보험자가 보상하게 되므로 보상에 어려운 문제는 없다고 볼 수 있지만 일부보험의 경우는 그렇지 않다. 손해보상의 산출에 있어서는 비례보상방식과 실손보상방식이 있다. 비례보상방식은 보험금액의 보험가액에 대한 비율에 따라 보상한다는 의미이다. 즉, 비례보상방식은 다음과 같다.

손해액 × (보험금액÷보험가액) = 보상금액

실손보상방식에 있어서는 손해액이 보험금액에 달할 때까지의 손해액을 보상하며 실제손해액이 보험금액을 초과할 때는 초과부분은 보상하지 않는다.

8) 해상보험계약의 직접 당사자

(1) 보험자(Insurer, Assurer, Underwriter)

보험자(보험회사)는 보험계약의 직접당사자로서 보험계약자와 보험계약을 체결하고, 보험사고가 발생한 경우에 보험금을 지급할 의무를 지는 자이다.

(2) 보험계약자(Policy holder)[8)]

보험계약자는 보험계약의 직접당사자로서 보험자의 상대방이 되어 자기명의로 보험계약을 체결하고 보험료의 지급의무를 지는 자이다. 보험계약자의 자격에는 제한이 없다. 따라서 권리능력이 있는 자는 누구나 보험자와 보험계약을 체결할 수 있으며, 대리인을 통해서 계약을 체결할 수도 있다. 대리인에 의하여 보험계약을 체결한 경우에는 대리인이 안 사유는 그 본인이 안 것과 동일한 것으로 한다. 보험계약자는 또한 보험자에 대하여 보험계약성립전에 부담하는 고지의무와 보험계약성립후에 부담하는 위험의 변경・증가의 통지의무 등도 부담하게 된다.

(3) 피보험자(Assured, Insured)

피보험자란 피보험이익의 주체로서 피보험이익을 갖는 자이다. 즉, 보험사고가 발생한 경우에 손해보상을 받을 권리가 있는 자를 말한다. 해상적하보험에서는 보험계약자와 피보험자가 동일인이 될 수도 있고 타인이 될 수도 있다. FOB 조건이나 CFR 조건에서는 매수인이 보험계약자이면서 자신을 피보험자로 보험에 부보한다. 이 경우는 보험계약자와 피보험자는 동일인이 된다. 따라서 보험계약체결자와 보험금수취권자가 동일인이 된다. 반면에 CIF・CIP 조건하에서는 매도인 자신을 우선 피보험자로 하여 보험계약을 체결하고 매도인이 보험료를 지불하지만 교부받은 보험증권에 배서하여 매수인에게 양도하는 형식을 취한다. 이것은 결국 보험금수취권이 매수인에게 귀속되기 때문에

---

8) Policyholder : The individual or firm in whose name an insurance policy is written. Synonymous with insured.[dictionary of insurance, lewis e. davids, p.209]. 영국에서는 피보험자와 동의어로 사용하고 있다. 우리나라에서는 피보험자와 다른 개념으로 사용하고 있다.

보험계약자와 피보험자는 동일인이 아니다. 이 피보험자는 사실상 보험수익자이므로 보험용어상 보험수익자로 개칭하는 것이 타당하다고 본다. 해상적하보험에서 피보험자가 보험수익자다.

9) 적하보험청약서

해상적하보험계약은 낙성계약이기 때문에 보험계약자가 청약을 하고 보험자가 이를 승낙했을 때 성립한다. 보험청약은 긴급한 경우에는 구두나 전화로 청약하기도 하지만 원칙적으로 소정의 청약서에 필요한 사항을 기입한 후 서명・날인하여 보험대리점・보험중개인 또는 보험자에게 제출한다. 보험자는 이에 대해 보험증권 또는 보험증서(Certificate of Insurance)를 발행한다. 우리나라에서 실무적으로 해상적하보험계약이 체결될 경우 청약서에 기재해야 할 내용은 다음과 같다.

① **피보험자**(Assured)・**보험계약자**(Applicant)
② **참고번호**(Reference No) : 수출의 경우 신용장 번호(L/C No)・송장번호 등을 기입하고 수입의 경우에는 수입승인번호(I/L No) 등을 기입한다.
③ **보험금지급지**(Claims, if any, payable at) : 보험금 지급을 희망하는 장소를 기입하는데, 수입의 경우 보험회사의 본사로 하고 수출의 경우는 해당 도착지의 정산대리점(Settling Agent) 및 검정인(Surveyor)을 지정한다.
④ **질권은행**(Endorsement Bank) : 수입자의 경우 만약 화물이 질권이 설정되어 있으면 해당 은행명을 기입한다.[9] 수입의 경우만 해당은행을 기입한다.
⑤ **선박/항공기명**(Vessel/Aircraft) : 화물을 적재한 본선명을 기입한다. 항공기의 경우는 'Air parcel post', 우편으로 수송할 경우에는 'Sea parcel post', 'Air parcel post' 등을 기입한다. 수입의 경우 대개 선명・항공기명 등을 알 수 없으므로 TBD(To be declared) 또는 TBN(To be noticed)으로 기입하고 후에 선명 또는 항공기명을 통지한다.

---

9) 수입업자가 은행자금으로 물품을 수입할 경우 해당 은행은 수입화물에 대해서 질권을 설정할 수 있다.

⑥ 출항일(Sailing on or about) · 출발항(At and from) · 환적항(Transshipped at) · 도착항(Arrived at)

⑦ **최종도착지**(Thence to) : 양하항 도착 후 다시 내륙지역까지 부보할 경우 최종 도착지를 기입한다.

⑧ 보험가입금액(Amount Insured) · 보험조건(Conditions) · 보험목적물

⑨ **특별 지시사항**(Special Instructions) : 중요 보험조건에 대한 Wordings을 기재하는 것으로 대개 수출인 경우 L/C에서 요구되는 보험조건을 기입할 때가 많다.

⑩ **포장상태**(Packing) : 포장상태는 위험측정의 중요한 요소이므로 정확하게 고지되어야 한다.

⑪ **보험증권의 필요 매수**(Documents Required) : 필요 매수를 신용장 등에서 특별히 지정한 경우에만 매수를 기입한다. 보험증권은 통상 2통(duplicate)으로 발행된다.

⑫ 증권발행일(Under Date) · 청약일(Signed Date) · 청약자의 서명(Signature of Applicant)

10) 적하보험증권

무역의 실제에서 특히 L/C 방식과 추심방식(D/A · D/P)에서 수출자가 환어음을 발행하여 무역대금을 수취하는 과정에서 운송서류 중의 하나로 해상적하보험증권은 필수불가결한 기본서류가 되고 있다. 보험증권은 보험약관과 밀접한 관련성을 갖고 있으며, 약관의 중요한 규정들이 보험증권으로 나타내어지고 있다. 적하보험증권은 운송서류의 일부를 이루는 것으로 화환어음에 첨부되기 때문에, 동일한 증권이 2통 이상 작성되고 그 어느 1통으로도 보험금의 지급을 받을 수 있는 점에서 다른 종류의 보험증권에서 볼 수 없는 특색이 있다. 상법 제695조는 해상보험증권의 기재사항에 관하여 손해보험계약상의 보험증권 일반의 사항 외에 다음 각 사항을 기재하여야 한다는 것을 규정하고 있다. 선박의 명칭 · 국적과 종류, 선박의 범위(선박보험증권) · 적하보험의 경우에는

선박의 명칭 · 국적과 종류, 선적항 및 양륙항 등이다.

(1) 보험증권의 뜻

보험증권(Insurance Policy)이라 함은 보험계약이 성립한 후에 보험계약의 내용을 증명하기 위하여 보험자가 발행하는 일종의 증거증권이다. 보험계약은 요식계약(要式契約)이 아니고 낙성계약(諾成契約, 상법 제638조)이므로 보험증권의 발행은 계약당사자의 편의를 위한 것이지 계약의 성립요건도 아니고, 또 보험자만이 기명날인(記名捺印) 또는 서명(署名)하는 것이므로 계약서도 아니다.

(2) 보험증권의 법적 성질

① 요식증권성

보험증권에는 일정한 사항을 기재하고 보험자가 기명날인 또는 서명하여야 한다(상법 제666조). 즉, ㉠ 보험의 목적, ㉡ 보험사고의 성질, ㉢ 보험금액, ㉣ 보험료와 그 지급방법, ㉤ 보험기간을 정한 때에는 그 시기와 종기, ㉥ 무효와 실권의 사유, ㉦ 보험계약자의 주소와 성명 또는 상호, ㉧ 보험계약의 연월일, ㉨ 보험증권의 작성지와 그 작성연월일 등을 기재하지 않으면 안 된다. 상법은 위의 기본적 기재사항 이외에 해상보험증권(상법 제695조)에는 특별한 기재사항을 정하고 있다. 보험증권은 요식증권이나 그 요식성은 어음 · 수표에 있어서와 같이 엄격한 것이 아니고, 법정사항의 기재를 결하거나 또는 그 밖의 사항을 기재하여도 보험증권의 효력에는 아무런 영향이 없다.

② 증거증권성(證據證券性)

보험증권은 증거증권으로서 보험계약의 성립과 그 내용에 관하여 사실상의 추정력을 가진다.

③ 면책증권성(免責證券性) · 상환증권성(相換證券性)

보험자는 보험금을 지급함에 있어서 제시자의 자격의 유무를 조사할 권리는 있으나 의무가 없으므로 보험증권은 면책증권이다. 또한 보험사고의 발생으로 보험자가 보험금을 지급할 때에는 보험증권과 상환하는 것이 일반적이고, 따라서 보험증권은 상환증권으로서의 성질을 가지고 있다.

④ 지시식 보험증권의 유가증권성

㉠ 부정설, ㉡ 긍정설, ㉢ 일부긍정설 : 운송보험증권, 적하보험증권 등에 유가증권성을 인정하는 설이다.

(3) 해상보험증권의 양식

현재 우리나라는 S.G. Policy와 그의 특별약관 ICC(FPA, WA 및 AR)조건을 실무상에서 구약관이라 하고 1982년 1월부터 사용한 ICC(A, B, C)조건을 신약관이라 하여 보험계약자가 선택적으로 사용하고 있다. 구약관 S. G. Policy는 본문약관(20개 조항), 이태리서체 약관(3개 조항), 난외약관(1개 조항)조항으로 구성되어 있으며, I.C.C 약관은 14개 조항으로 구성되어 있으며 그 중 5조(위험약관)만 제외하고 나머지 13개 조항은 그 내용이 서로 동일하며 5조의 내용에 따라 FPA, WA, A/R조건으로 구분된다.

신약관은 19조개 조항으로 구성되어 있는데 그 조항들은 구약관의 S. G. Policy 또는 ICC약관에서 채택된 약관 및 신설약관 등으로 되어 있으며 이 신약관은 우리나라에서 제정한 본문 약관과 난외(중요)약관에 추가되어 하나의 보험약관(보험증권)을 구성하고 있다. 즉, 본문약관(4개 조항), 난외약관(3개 조항), ICC(19개 조항)로 구성되어 있으며, 이 중 ICC약관의 담보위험과 면책위험 조항에 따라 A, B, C 조건으로 구분된다.

(4) 우리나라 상법 제695조(해상보험증권)

해상보험증권에는 제666조에 게기한 사항 외에 다음 사항을 기재하여야 한다.

① 선박을 보험에 붙인 경우에는 그 선박의 명칭, 국적과 종류 및 항해의 범위

② 적하를 보험에 붙인 경우에는 선박의 명칭, 국적과 종류, 선적항, 양륙항 및 출하지와 도착지를 정한 때에는 그 지명

③ 보험가액을 정한 때에는 그 가액

표 4-2 / 보험증권에 기록되는 사항

assured, applicant	assured는 보험목적물에 대한 피보험이익을 가진 피보험자로서 보험사고시 보험금 수취인이다. applicant 보험료를 납입해야하는 보험계약자를 말한다. CIF 계약의 경우도 assured, applicant 모두 매도인의 이름이 기재되고 이후 피보험이익의 양도를 전제로 보험증권을 매수인에게 양도하게 된다. 신용장상에 특별한 요청이 있을 경우 assured로 은행명이 기재되기도 한다.(증권상에 있어서 은행이 피보험자로 기재되어 있는 경우에는 보험사고 후 보험금을 하주가 수취하고자 한다면 은행의 지급동의서를 보험자에게 제출하여야 한다.)
선명, 항공기 편	수입화물의 경우 선명이 확정되지 않은 상태에서 보험에 가입된 경우는 TBD (to be declared)라고 명기하고 보험증권이 발행된다. 수출의 경우는 보험계약체결시 선명이 확정되어 있는 경우가 많으므로 증권상에 선명이 기록된다.
reference no	참조번호로 보험사고시 손상된 화물과 보험에 가입된 화물이 일치하는지 판단하는 근거로 사용된다. 특히, 동일제품을 반복적으로 수출입하는 경우는 reference no 관리가 반드시 필요하다.
voyage	선적항 및 양하항
포장구분	일부 화물의 경우 포장방법에 따라 보험요율의 할인 및 할증이 될 수 있다.
품명	품명은 요율산출의 가장 기초적인 근거로 상업송장이나 신용장 및 선하증권의 내용과 일치하여야 한다.
보험가입금액	통상적으로 송장가액의 110%를 보험금액으로 하는 경우가 많으나 송장가액에서 110%를 초과하는 금액도 보험자와의 협의에 의하여 가입할 수 있다.
보험조건	Incoterms 상 보험계약의 의무사항이 규정되어 있는 조건[CIF, CIP]의 경우 신용장에 규정되어 있는 조건대로 보험에 가입하여야 한다.
질권은행	대금지불보증을 한 신용장 개설은행이 보험증권에 보험금 수취를 통해 채권확보를 하여야 하는 경우에 기재하는 것으로, 이러한 조건의 보험증권일 경우 은행지급동의가 있어야 하주는 보험금 수령이 가능하다.

표 4-3 / 보험증권(Insurance Policy)의 실제양식

<table>
<tr><td colspan="3">Assured(s), etc ②</td></tr>
<tr><td colspan="2">Certificate No.
① 002599A65334</td><td>Ref. No.③</td></tr>
<tr><td colspan="2">Claim, if any, payable at : ⑥
Claims are payable in</td><td>Amount insured ④</td></tr>
<tr><td colspan="2">Survey should be approved by ⑦</td><td rowspan="5">Conditions ⑤</td></tr>
<tr><td>⑧ Local Vessel or Conveyance</td><td>⑨ From(interior port or place of loading)</td></tr>
<tr><td>⑩ Ship or Vessel called the</td><td>⑪ Sailing on or amount</td></tr>
<tr><td>⑫ at and from</td><td>⑬ transshipped at</td></tr>
<tr><td>⑭ arrived at</td><td>⑮ thence to</td></tr>
<tr><td colspan="2">Goods and Merchandises ⑯</td><td>Subject to the following Clauses as per back hereof institute Cargo Clauses Institute War Clauses(Cargo) Institute War Cancellation Clauses(Cargo)
Institute Strikes Riots and Civil Commotions Clauses
Institute Air Cargo Clauses(All Risks)
Institute Classification Clauses
Special Replacement Clause(applying to machinery)
Institute Radioactive Contamination Exclusion Clauses
Co-Insurance Clause Marks and Numbers as</td></tr>
<tr><td colspan="3">Place and Date signed in ⑰ SEOUL, KOREA JANUARY 27, 2012 No. of Certificates issued. ⑱ TWO
⑳ This Certificate represents and takes the place of the Policy and conveys all rights of the original policyholder
(for the purpose of collecting any loss or claim) as fully as if the property was covered by a Open Policy direct to the holder of this Certificate.
This Company agrees loosed, if any, shall be payable to the order of Assured on surrender of this Certificate.
Settlement under one copy shall render all others null and void.
Contrary to the wording of this form, this insurance is governed by the standard from of English Marine Insurance Policy.
In the event of loss or damage arising under this insurance, no claims will be admitted unless a survey has been held with the approval of this Company's office or Agents specified in this Certificate.

SEE IMPORTANT INSTRUCTIONS ON REVERSE

⑲ ×× Insurance Co., Ltd.

AUTHORIZED SIGNATORY

This Certificate is not valid unless the Declaration be signed by an authorized representative of the Assured.</td></tr>
</table>

(5) 보험증권에 관한 이의신청

보험증권은 증거증권으로서 사실상의 추정력을 가질 뿐이므로 그 증권상의 기재내용이 실제 계약과 다를 때에는 이를 정정하여 당사자 사이의 불필요한 분쟁을 막을 필요가 있다. 상법은 보험계약의 당사자는 보험증권의 교부가 있은 날로부터 1월을 경과하지 않는 기간 안에 한하여 그 증권내용의 正否에 관한 이의를 할 수 있음을 약정할 수 있다(상법 제641조)고 규정하고 있다.

(6) 보험증권의 멸실(滅失)·훼손(毁損)과 再交付

보험증권은 보험금청구서류에 첨부하는 것이 일반적이나, 보험증권을 멸실 또는 훼손한 경우에도 다른 방법에 의하여 그 권리를 입증하여 보험금을 청구할 수 있다. ① 보험증권의 재교부 청구(상법 제642조), ② 지시식 또는 무기명식으로 발행되어 유가증권성이 인정되는 보험증권의 경우에는 공시최고의 절차(민사소송법 제496조 이하)를 거쳐야 한다고 본다.

신용장통일규칙에서 보험관련조항-제28조 보험서류와 부보범위
(Insurance Document and Coverage)

b. 잠정적 보험영수증(cover notes)은 수리되지 않는다.

※ 보험증권과 구별해야 할 것으로 커버 노트(cover note)라는 것이 있다. 커버 노트란 손해보험의 실무에서 공통된 양식으로 인쇄되어 보통 보험회사를 위하여 대리점이 계약의 조건 또는 보험증권의 표시를 하여 청약자에게 교부하고 계약성립후 보험증권과 대체되는 것으로서, 보험계약자가 보험료 지급 등의 조건을 이행한 때에는 그 커버 노트에 기재된 바대로 계약의 이행에 대한 권리를 가지는 등의 효력이 인정된다. 이 커버 노트에는 중개인에 의하여 발행되어 부보되었음을 증명하는 것도 있으나 보험자를 구속하지는 않는다.

(7) 보험증권해석의 원칙

보험계약은 불요식계약이지만, 계약의 성립과 내용을 명확히 하기 위한 증거서류로서 보험증권이 발행되어 보험계약의 직접당사자 내지 보험계약관계자와 보험계약의 요소가 기재되고, 또한 계약당사자 간에 구체적으로 합의하여야 할 보험조건은 보험증권에 보험약관으로서 부동문자로 인쇄되거나 또는 별지로 첨부된다. 이러한 보험증권상의 기재문언 또는 보험약관의 조항 내지 규정의 의미와 내용에 이의가 있는 경우 이를 어떻게 해석할 것인가에 관한 원칙이 보험증권해석의 원칙이다. 보험약관의 해석에 관한 문제는 이에 포함시킬 수 없을른지 모르지만, 보험약관이 보험증권과 일체가 되어 보험계약의 내용을 이루는 것이기 때문에, 보험약관해석의 문제도 보험증권해석의 경우에 포함시켜도 무방한 일이다. 보험증권해석의 원칙을 요약하여 보면, ① 보험증권의 문언은 평이한 통상적인 의미로 해석하여야 한다. ② 보험증권의 문장은 확립된 관습에 의하여 특별한 의미를 가질 수 있다. ③ 약관의 일반문언은 그것에 선행하는 열거사항과 동종의 사항만을 가리킨다(동종제한의 원칙). ④ 보험증권의 문언이 애매하여 여러 가지로 해석할 수 있는 경우에는 작성자의 불이익으로 해석하여야 한다. ⑤ 약관이 상호 모순되지 않으면 누적적 효과를 가지게 된다. ⑥ 약관이 상호 모순되는 경우에는 특별약관이 보통약관에 우선한다.

- **동종제한의 원칙**(principle of ejusdem generis) : 제정법, 유언, 증언 등에 앞서 특약적 또는 한정적인 부가문언에 의하여 그것을 확장하고 있는 경우에는 후자의 적용은 선행하는 특약적인 사항과 동질의 것만을 의미한다고 하는 영국법의 하나의 원칙을 말한다. 보험증권이나 선하증권의 문언의 해석에 많이 원용되고 있다. 동류제한의 원칙이라고도 한다.

  영문해상보험증권에서는 위험약관중의 일반문언, 즉 "....기타의 모든 위험, 멸실 및 불행(all other perils, losses and misfortunes....)"이라고 하는 말의 해석에 이 원칙이 적용되어, 위험약관에 열거된 해상고유의 위험 등과 동종(ejusdem generis)의 위험만을 의미하는 것이라는 것이 영해법의 보험증권해석규칙 제12조에 규정되어 있다.

11) 런던 국제언더라이팅협회의 협회적하약관(ICC)

(1) 개 요

보험계약자가 선적화물에 대하여 보험자와 보험계약을 체결할 때 보험자가 담보할 위험과 손해보상에 관한 조건이 가장 중요한 문제이다. 적하가 운송

중 해상위험에 직면하는 정도가 다양하므로 이를 일률적으로 규정할 수 없으나, 해상적하보험에서 특별히 담보위험과 손해보상에 관한 전형약관이 있는데 이것이 협회적하약관이다. 협회약관은 런던보험자협회와 로이즈보험자협회의 기술 및 약관위원회가 합동으로 만든 약관이며 이 중 적하보험에 적용되는 약관을 협회적하약관이라 한다. 협회적하약관으로서 처음 제정된 것은 1912년 런던보험자협회가 채택한 협회적하약관 분손부담보약관(FPA)이며, 이 약관의 주요 내용은 보험자가 분손(分損), 소손해(小損害) 등을 부담하지 않는 것이다. 1921년에는 분손을 담보하는 협회적하약관 분손담보약관(WA)이 제정되었다. 그 후 보험자들이 담보범위를 확장하는 추세에 발맞추어 1951년에 협회적하약관 전위험담보약관(A/R)이 제정되어 이 세 종류가 협회적하약관의 기본약관으로 사용되기 시작하였다. 이 세 가지 약관은 1958년과 1963년에 대폭 개정되었다. 그러나 이 약관은 손해의 형태에 따라 구분된 것이어서 그 내용이 애매모호한 점이 많았고, 약관의 명칭과 실제 내용이 일치하지 않는 부분도 있었다. 이에 따라서 1982년 신양식의 해상보험증권이 제정될 때 약관의 명칭과 내용이 알기 쉽게 대폭 정비되어 지금에 이르고 있다.

1963년에 개정된 약관을 '구 협회적화약관'이라 하고 1982년에 개정된 약관을 '신 협회적하약관'이라 하며 현재는 병행해 사용하고 있다. 구 협회적화약관에서 기본적인 조건은 담보위험의 성질에 따라 분류했지만 신 협회적하약관은 이런 위험 위주의 분류에서 벗어나 담보범위에 따라 분류했다. 즉, 구 협회적하약관에는 원칙적으로 분손을 담보하지 않는 분손부담보조건과 분손을 담보하는 분손담보조건, 그리고 면책사유(면책사항)[10] 이외에 모든 외부의 우발적 원인에 의한 손해를 담보하는 전위험담보조건이 있다. 이에 대비해 신 협회적하약관은 담보범위가 큰 것에서 작은 순으로 (A), (B), (C)가 있고, ICC(A)는 포괄책임주의를 채택하며, ICC(B) 및 (C)는 열거책임주의를 채택하고 있다.

10) 보험계약법이나 보험약관은 보험기간 안에 보험사고가 생긴 경우에도 보험자의 보험금지급 책임을 면제하는 사유를 정하고 있는데, 이를 보험자의 면책사유라 한다. 보험제도가 보험단체 안에서 위험을 효율적으로 분산시켜 위험에 대비하기 위한 제도라는 점에서 보험계약자 등에 의한 도덕적 위험을 방지하고, 나아가서는 보험사업의 합리적인 관리를 위하여 법은 보험자의 면책사유를 인정하고 있다. 보험자의 면책사유는 법률상으로 인정되는 것과 보험약관에 의하여 인정되는 것이 있다.

어떠한 조건을 이용할 것인가는 보험을 인수하는 보험회사의 규정에 따르지만, 특정약관을 사용하고자 하는 경우 어느 약관을 사용하느냐를 보험증권에 명시적으로 기재한다.

(2) 현재 사용 중인 약관

현재 사용중인 협회적하약관은 기본약관 14종류와 특별약관 55종류가 있다. 그 명세는 아래와 같다.

① **기본약관**(Basic Clause)

· 구협회적하약관[Institute Cargo Clauses(All Risks, WA, FPA)]

· 구협회항공화물약관[Institute Air Cargo Clauses(All Risks)]

INSTITUTE AIR CARGO CLAUSES (ALL RISKS)
(excluding sendings by post)

[Transit Clause]

1. This insurance attaches from the time the subject-matter insured leaves the warehouse, premises or place of storage at the place named in the policy for the commencement of the transit, continues during the ordinary course of transit and terminates either on delivery

(a) to the Consignees or other final warehouse, premises or place of storage at the destination named in the policy

(b) to any other warehouse, premises or place of storage, whether prior to or at the destination named in the policy, which the Assured elect to use either

(i) for storage other than in the ordinary course of transit or

(ii) for allocation or distribution, or

(c) on the expiry of 30 days after unloading the subject-matter insured from the aircaraft at the final place of discharge, whichever shall first occur.

This insurance shall remain in force (subject to termination as provided for above and to the provisions of Clause 2 below) during delay beyond the control of the Assured, any deviation, forced discharge, reshipment or transshipment and during any variation of the adventure arising from the exercise of a liberty granted to the air carriers under the contract of carriage.

[Termination of Adventure Clause]

2. If owing to circumstances beyond the control of the Assured either the contract of carriage is terminated at a place other than the destination named therein or the adventure is otherwise terminated before delivery of the subject-matter insured as provided for in Clause 1 adove, then, subject to prompt notice veing given to Underwriters and to an additional premium if required, this insurance shall remain in force until either

(i) the subject-matter is sold and delivered at such place or, unless oherwise specially agreed, until thaw expiry of 30 days after completion of unloading of the subject-matter hereby insured from the aircraft at such place, whichever shall first occur, or

(ii) if the subject-matter is forwarded within the said period of 30 days (or any agreed extension thereof) to the destination named in the policy or to ant other destination, until terminated in accordance with te provisions of Clause 1 above.

- 구협회전쟁약관[Institute War Clauses(Cargo)]
- 구협회동맹파업폭동소요약관(Institute Strikes Riots and Civil Commotion Clauses)
- 구협회전쟁약관(항공적하)[Institute War Clauses(Air Cargo)]
- 신협회적하약관(A)[Institute Cargo Clauses(A)]
- 신협회적하약관(B)[Institute Cargo Clauses(B)]
- 신협회적하약관(C)[Institute Cargo Clauses(C)]
- 신협회항공화물약관[Institute Cargo Clauses(Air)]
- 전부손해부담약관[Total Loss Clauses(Cargo)]
- 신협회전쟁약관[Institute War Clauses(Cargo)]
- 신협회동맹파업약관[Institute Strikes Clauses(Cargo)]
- 신협회전쟁약관(항공적하)[Institute War Clauses(Air Cargo)]
- 신협회동맹파업약관(항공적하)[Institute Strikes Clauses(Air Cargo)]

② **특별약관**(Special Clause)

- 해손정산인약관
- 산적유약관
- 적하ISM약관
- 공동보험약관
- 컴퓨터밀레니엄약관
- 원산지손해약관
- 관세약관
- 개포지연약관
- 하송인책임약관
- 보험보증기금의 지급보장
- 가열 및 자연발화약관
- 중요약관
- 협회선급약관
- 협회냉동식품약관
- 협회냉동식품약관
- 협회적하보험계약을 위한 표준조건
- 협회방사능오염면책약관
- 협회전쟁해지약관(적하)
- 상표약관
- 활어류약관(A)
- 활어류약관(B)
- 생동물약관
- 해상확장담보약관(산적유류에 적용)
- 갑판적약관(A)
- 갑판적약관(B)
- 소포우편약관
- 송유관약관(A)

- 송유관약관(B)
- 체항약관
- 뗏목약관
- 원당약관
- 통관거부약관(B)
- 양하후위험담보약관
- 고무약관
- 냉동화물약관
- 냉동기계약관
- 중고기계수선약관
- 기계수선특별약관
- 임신동물확장담보약관
- 국제전시일괄담보약관
- 갑판적하물특별약관(원목)
- 어획물보험특별약관(A)
- 어획물보험특별약관(B)
- 어획물보험특별약관
- 특별검정약관
- 운송종료특별약관(30일간)(A)
- 운송종료특별약관(30일간)(B)
- 운송종료약관(테러리즘)
- 원목무역협회약관
- 대위권포기약관
- 협회 방사능오염, 화학, 생물학, 생화학, 전자기적 무기 면책약관
- 협회 화학, 생물학, 생화학, 전자기적 무기 및 사이버 공격 면책약관
- 협회 방사능오염, 화학, 생물학, 생화학, 전자기적 무기 면책약관
- 사이버공격 면책약관

(3) 포괄책임주의와 열거책임주의

① 포괄책임주의

해상보험에서 보험자가 위험을 담보하는 방법 중 하나로 면책위험을 제외한 모든 우발적 위험을 담보하는 방식이다. 이 방식하에서는 면책위험을 제외한 모든 위험을 보험자가 담보하므로 피보험자는 각각의 담보위험이 발생한 원인을 증명할 필요가 없다. 보험자가 발생한 손해에 대해 보상책임을 면제받으려면 해당 손해가 면책위험으로 인해 발생했음을 입증해야 한다. 따라서 발생한 위험의 입증책임은 보험자에게 있으며, 면책위험에 의해 손해가 발생되었다는 사실을 입증하지 못할 경우 보상을 해 주어야 한다.

② 열거책임주의

해상보험에서 보험자가 위험을 담보하는 방법 중 하나로 보험약관에 열거된 위험만을 담보하고 열거되지 않은 위험은 담보하지 않는 방식이다. 이 방식하에서 손해보상을 받으려면 피보험자는 보험자에 대해 담보된 위험으로 인해 손해가 발생했음을 입증해야 한다. 따라서 발생한 위험의 입증책임은 피보험자에게 있으며 보험약관에 열거된 위험에 의해 손해가 발생했다는 사실을 입증해야 보상을 받을 수 있다.

(4) 담보위험과 부담보위험

보험자가 해당 위험으로 인해 발생한 손해에 대해서 보상을 해 주기로 약속한 위험을 담보위험이라 한다. 열거책임주의를 채택하는 경우 면책위험에 포함되지 않으면서 보험약관에도 열거되어 있지 않아 담보되지 않는 위험을 부담보위험이라 한다.

(5) 약관의 주요 내용

① 구 협회적하보험약관

구 협회적하보험약관하에서 담보위험의 범위(좁은 곳에서 넓은 곳으로)가 분손부담보조건, 분손담보조건, 전위험담보조건 순이다. 즉, 전위험담보조건의 경우 보험자의 책임범위가 가장 넓고 분손부담보조건의 경우 책임범위가 가장 좁다.

㉠ **분손부담보**(Free from Particular Average, FPA. 또는 단독해손 부담보 조건) **조건** : 분손부담보조건은 전손, 공동해손, 손해방지비용, 구조비 등과 일부 특정한 단독해손만을 보상하는 조건이다. 특정한 단독해손, 즉 침몰, 좌초, 화재 등을 제외한 단독해손은 보상하지 않으므로 단독해손부담보조건이라고도 한다. 이는 신 협회적하약관 중 (C)조건과 유사한 보상을 하고 있지만 분손부담보조건하에서는 보상이 이루어지고 있는 '하역작업 중의 포장당 전손'이 (C)조건하에서는 보상되지 않는다. 분손부담보조건은 다음과 같은 위험을 담보해 주는 열거책임주의를 채택하고 있다.

㉡ **분손부담보조건의 담보위험 범위** : 전손(현실전손 및 추정전손), 해손(단독해손,[11] 공동해손) 확장담보 : ⓘ 선적, 환적, 하역 작업 중의 포장당 전손, ⓘⓘ 다음 위험과의 상당한 인과관계로 인한 단독해손-화재, 폭발, 충돌, 운송용구와의 접촉, 피난항에서의 화물의 하역, ⓘⓘⓘ 손해방지비용, 구조비, 피난항에서의 특별비용 및 부대비용과 같은 특별비용

분손담보조건의 담보위험 범위

분손담보조건에는 분손부담보조건의 담보위험 이외에 풍랑으로 인한 단독해손 등이 포함된다. 즉, 분손부담보조건하에서는 단독해손이 원칙적으로 담보되지 않지만 분손담보조건하에서는 단독해손도 보험증권에 명기된 담보위험에 의한 손해는 모두 담보된다. 이런 위험에 대해서는 면책비율[12], 즉 소손해면책률(Franchise)이 적용된다. 이 소손해 면책비율은 면책비율을 초과했을 경우 해당 손해를 전부 보상해 주느냐 아니면 면책비율을 초과한 부분만을 보상해 주느냐에 따라 두 가지로 분류된다. "nondeductible franchise"는 전부를 보상해 주는 방식이고, "deductible franchise"는 초과부분만을 보상해 주는 방식이다. 이에 비해 WAIOP(With Average Irrespective of Percentage)조건인 경우 보험자에 대한 면책비율 없이 보험자가 손해를 모두 보상해 주는 방식이다.

면책비율이 적용되는 소손해의 범위에서 통상 5%품목과 3%품목이 있다. 5%품목이란 5% 미만의 손해가 발생하면 보험자가 담보하지 않고 5%부터 그 이상이면 보험자가 담보

---

11) 부보된 위험에 의해 야기되었고 공동해손이 아닌 피보험목적물의 분손을 말한다. 피보험이익의 일부가 멸실되거나 훼손되어 발생된 손해로, 손해를 입은 자가 단독으로 부담하는 손해, 즉 동일운반선의 다른 화주와 선주 등에게 그 손해의 분담을 청구할 수 없는 손해를 말한다.

12) 분손담보조건(WA)에서 보험자가 담보하지 않는 범위를 말한다. 보험자가 담보하지 않는 소손해 면책비율은 통상 손해조사에 따른 사무상 비용이나 인건비 등에도 미치지 않는 손해는 담보하지 않겠다는 뜻이다.

하게 되는 품목을 말한다. 3%품목인 경우에도 또한 같다. 5%품목에는 연초, 대마, 설탕, 피혁, 아마 등이 있고, 3%품목은 위 5%품목과 어류, 곡물, 소금, 과일, 밀가루, 종자를 제외한 모든 품목이다. 우리나라에서는 총부보량 또는 부보금액의 2%를 면책비율로 규정하고 있으나 국가에 따라서 약간의 차이가 있다. 통상적으로 3%의 면책비율을 적용하는 것이 국제관습으로 되어 있다.

㉢ **분손담보**(With Average, WA 단독해손 담보조건)**조건** : 분손담보조건은 보험자가 원칙적으로 단독해손을 담보하는 조건이므로 단독해손 담보조건이라고도 한다. ICC(B)조건과 보상범위가 유사하지만 분손담보조건은 소손해 면책비율이 적용되는데 반해 ICC(B)조건은 면책비율이 적용되지 않고 손해액 전액을 보상한다.

㉣ **전위험 담보**(All Risk, A/R) : 전위험담보조건은 전쟁 및 동맹파업 위험을 비롯해 면책이 되는 위험을 제외하고 모든 멸실이나 손상에 대해 보험자가 보상을 해 주는 조건이다. 전위험담보조건으로 부보를 하는 경우 전쟁이나 동맹파업 위험을 담보받기 위해서는 해당 위험을 담보하는 별도의 담보조건을 추가로 부보해야 한다. 고의적인 불법행위, 적하 고유의 하자에 의한 손해 등과 같은 보험자의 면책위험으로 인한 손해는 어떤 경우에도 보험사고시 손해를 보상받지 못한다. 전위험담보는 구 협회적하보험약관의 담보조건 중 그 담보범위가 가장 넓다. 신 협회적하보험약관의 ICC(A)조건과 담보범위가 유사하다.

표 4-4 / 구협회적하보험약관상 보험조건별 담보범위

보상하는 손해(담보하는 위험)	보상여부		
	A/R	WA	FPA
S.G Form상 열거위험에 근인한 전부손해	○	○	○
화물을 적재한 선박 본선이나 부선의 침몰, 좌초, 대화재 발생시 인과관계를 불문한 단독해손	○	○	○
화재, 폭발, 충돌, 타 물체와의 충돌 또는 접촉에 기인하여 발생한 단독해손	○	○	○
선적, 환적, 하역작업 중에 발생한 매 포장 단위당 전부손해	○	○	○
공동해손, 구조비, 특별비용, 손해방지비용	○	○	○
악천후로 인한 단독해손	○	○	×
면책위험을 제외한 모든 외부의 우발적 원인에 의한 손해	○	×	×

② 신 협회적하보험약관

구 협회적하보험약관의 경우 분손부담보조건과 분손담보조건을 담보하는 범위를 구별하기가 명확하지 않았으며 또한 전위험담보조건의 경우에는 면책위험을 명확하게 규정하고 있지 않았다. 이런 문제점들을 해결하기 위해 신 협회적하보험약관은 다음과 같은 개선책을 마련했다. 첫째 담보조건을 분손부담보조건, 분손담보조건, 전위험담보조건으로 구분하지 않고 간단히 (A), (B), (C)로 구분해 (A)는 포괄책임주의를 채택하고 (B) 및 (C)는 담보위험을 구체적으로 열거하는 열거책임주의를 채택했다. 따라서 각 조건의 담보범위를 쉽게 이해할 수 있게 되었다. 둘째 보험자의 면책위험을 구체적으로 열거해 면책위험의 불확실성으로 인하여 발생할 수 있는 분쟁을 줄일 수 있게 되었다. 셋째 구 협회적하보험약관의 분손부담보조건과 분손담보조건의 담보범위 차이보다 (C)조건과 (B)조건의 담보 범위 차이가 확대되었다.

㉠ 신 협회적하약관(C) : 협회적하보험약관 (C)[Institute Cargo Clause, ICC(C)]는 구 협회적하보험약관의 분손부담보(Free from Particular Average, FPA) 조건과 유사하며, 신 협회적하보험약관 중에서 담보범위가 가장 제한되어 있다. 약관에 열거된 위험만을 담보하는 열거책임주의를 채택하고 있다.

(C)약관의 담보위험범위

- **다음 위험에 정당하게 기인된 보험의 목적의 멸실 또는 손상**

ⓐ 화재(fire) 또는 폭발(explosion), ⓑ 선박 또는 부선의 좌초, 교사, 침몰 또는 전복(vessel or craft being stranded grounded sunk or capsized), ⓒ 육상운송용구의 전복 또는 탈선(overturning or derailment of land conveyance), ⓓ 선박, 부선 또는 운송용구와 물 이외의 타물체와의 충돌 또는 접촉(collision or contact of vessel craft or conveyance with any external object other than water), ⓔ 조난항에서의 적하의 양하(discharge of cargo at a port of distress)

- 다음의 위험으로 인한 보험의 목적의 멸실 또는 손상

ⓐ 공동해손희생(general average sacrifice) ⓑ 투하(jettison)

㉡ 신 협회적하약관(B) : 신협회적하보험약관 (B)[Institute Cargo Clause, ICC(B)]는 구 협회적하보험약관의 분손담보(With Average, WA)조건과 유사한

조건으로, 담보위험을 구체적으로 열거하는 열거책임주의를 채택하고 있다. 이 조건하에서 담보되는 위험은 다음과 같다.

(B)약관의 담보위험범위

(C) 약관의 담보위험범위 이외에 다음과 같은 위험이 추가적으로 포함된다(기호는 C약관에 추가하여 표기하였다).

- 다음 위험에 정당하게 기인된 보험의 목적의 멸실 또는 손상

ⓕ 지진, 분화 또는 낙뢰(earthquake volcanic eruption or lightning)

- 다음의 위험으로 인한 보험의 목적의 멸실 또는 손상

ⓒ 투하 또는 파도에 의한 갑판상의 유실(jettison or washing overboard)

ⓓ 선박, 부선, 선창, 운송용구, 컨테이너, 리프트 밴 또는 보관소에 해수, 호수 또는 하천수의 유입(entry of sea lake or river water into vessel craft hold conveyance container liftvan or place of storage)

- 선박 또는 부선에 선적 또는 양하작업 중 해수면으로 낙하하여 멸실되거나 추락하여 발생된 포장당 전손(total loss of any package lost overboard or dropped whilst loading on to, or unloading from, vessel or craft)

㉢ 신 협회적하약관(A) : 신 협회적하약관(A)[Institute Cargo Clause(A), ICC(A)]는 구 협회적하약관의 전위험담보(All Risks, A/R)조건과 유사한 조건으로 신협회적하약관에서 면책되는 위험을 제외한 모든 위험을 담보한다. 즉, 이 조건은 일반면책약관 · 불내항 및 부적합면책약관 · 전쟁면책약관 · 동맹파업면책약관에 규정하고 있는 것을 제외하고 보험의 목적의 멸실 또는 손상의 모든 위험을 담보한다(포괄책임주의). 협회적하약관(A)는 신 협회적하약관에서 담보범위가 가장 넓다. 면책위험 중 전쟁위험을 담보받기 위해서는 협회전쟁약관(Institute War Clause, IWC)에 부보해야 하며, 동맹파업 위험을 담보받기 위해서는 협회동맹파업약관(Institute Strike Clause, ISC)에 각각 부보해야 한다.

③ 신 협회적하약관의 구성

표 4-5 / 신 협회적하약관의 구성

구 분	조항 및 약관내용
담보위험 (Risks Covered)	1. 위험약관(Risks Clause) 2. 공동해손약관(General Average Clause) 3. 쌍방과실충돌약관(Both to Blame Collision Clause)
면책조항 (Exclusions)	4. 일반면책약관(General Exclusions Clause) 5. 불내항 및 부적합면책약관(Unseaworthiness and Unfitness Exclusion Clause) 6. 전쟁면책약관(War Exclusion Clause) 7. 동맹파업면책약관(Strikes Exclusion Clause)
보험기간 (Duration)	8. 운송약관(Transit Clause) 9. 운송계약종료약관(Termination of Contract of Carriage Clause) 10. 항해변경약관(Change of Voyage Clause)
보험금청구 (Claims)	11. 피보험이익약관(Insurable Interest Clause) 12. 계반비용약관(Forwarding Charge Clause) 13. 추정전손약관(Constructive Total Loss Clause) 14. 증액약관(Increased Value Clause)
보험이익 (Benefit of Insurance)	15. 보험이익불공여약관(Not to Insure Clause)
손해경감 (Minimizing Losses)	16. 피보험자의무약관(Duty of Assured Clause) 17. 포기약관(Waiver Clause)
지연의 방지 (Avoidance of Delay)	18. 신속조치약관(Reasonable Despatch Clause)
법률 및 관례 (Law and Practice)	19. 영국법률 및 관례약관(English Law and Practice Clause)

※ 피보험자가 이 보험에 의거 '계속 담보를 받는' 사유의 발생을 알았을 때에는, 지체없이 그 취지를 보험자에게 통지함을 요한다. 계속 담보를 받을 수 있는 권리는 본 의무의 이행여부에 달려있다.

④ 신 협회적하약관의 주요약관 해설

1. **위험약관**(Risks Clause)

위험약관은 보험자의 담보범위를 규정하고 있는 약관이다. A약관은 포괄책임주의의 원칙이기 때문에 위험약관에는 보험자의 면책위험이 열거되어 있다. 즉, 보험자는 제4조 일반면책위험, 제5조 선박의 불내항 및 부적합위험, 제6조 전쟁위험, 제7조 동맹파업위험을 제외한 모든 위험에 근인하여 발생한 보험사고에 대하여 손해를 보상한다. 만약 사고의 원인이 네 가지 면책위험에 속하면 보험자는 보상하지 않지만 그러한 사실을 입증할 책임은 보험자에게 있다. 이와 같은 원칙을 포괄책임주의라 한다. 종래 이 약관을 전위험담보약관이라고 했는데 실제로는 모든 위험을 담보하는 조건이면서도 전쟁, 동맹파업, 폭동, 소요위험은 담보하지 않았기 때문에 전위험담보조건이라는 명칭은 이 명칭에 부합되는 보험조건이 되지 못했다. 따라서 단순히 명칭만 보고 담보위험을 오해하는 경우도 발생하고 보험자의 담보범위도 명확하지 않아 1982년 신약관을 제정하면서 불합리한 명칭을 피하고 보험자가 피보험자에게 손해를 보상해주는 범위를 명확하게 명시하였다.

2. **공동해손약관**(General Average Clause)

공동해손 및 구조비용을 보험자가 보상한다는 내용이다. 즉, 공동해손으로 피보험자가 분담해야 할 공동해손분담금이 있으면 보험자가 이를 대신 부담한다. 그리고 제3자의 구조활동에 따라 피보험자가 부담해야 할 구조비도 보험자가 보상한다.

> ☞ 공동해손(共同海損) : 공동해손이란 본래 선박과 적하의 공동위험을 면하기 위하여, 선장이 선박 또는 적하에 대하여 한 처분으로 인하여 생긴 손해 및 비용을 말한다(상법 제832조). 공동해손은 '공동해손손해'를 가리킨다. 법률적으로는 이러한 손해와 비용은 이익을 얻는 선박 및 적하의 이해관계인에게 공평하게 부담시키는 데 의의가 있다. 본래 일반적 의미의 공동해손은 해손의 일종으로 단독해손에 대립하는 손해이다.

3. **쌍방과실충돌약관**(Both to Blame Collision Clause)

보험자의 손해보상범위를 확장하여 선하증권의 쌍방과실충돌약관에 의하여 피보험자가 부담해야 할 금액 중 보험증권에서 보상받을 수 있는 손해에 관한 부분을 보험자가 지급해 줄 것을 규정한 약관이다.

> ☞ 쌍방과실에 의한 선박충돌로 인하여 발생한 적하의 손해에 대한 선주의 손해배상책임과 관련하여, 종래 미국법의 특수성으로 인하여 운송선박의 하주가 입는 불이익 내지 그 결과를 시정하기 위하여 선하증권약관 기타 운송약관 및 적하보험약관에 설정하는 계약조항으로, 미국충돌약관이라고도 한다.

4. **일반 면책약관**(General Exclusions Clause) **〈신해상적하보험증권첨부용〉 협회적하약관(A)**

여하한 경우에도 이 보험은 다음의 손해를 담보하지 아니함.

4.1 피보험자의 고의적 비행에 기인한 멸실, 손상 또는 비용

4.2 보험의 목적의 통상의 누손, 중량 또는 용적상의 통상의 손실 및 통상의 자연소모

4.3 보험의 목적의 포장 또는 준비의 불완전 또는 부적합으로 인하여 발생한 멸실, 손상 또는 비용(본 조항 4.3에 있어서 '포장'이라 함은 '컨테이너' 또는 '리프트밴'에 적하하는 것을 포함하는 것으로 간주함. 단, 그와 같은 적하는 이 보험의 개시 전에 행하여지거나 또는 피보험자 또는 그 사용인에 의하여 행하여진 경우에 한함.)

4.4 보험의 목적의 고유의 하자 또는 성질로 인하여 발생한 멸실, 손상 또는 비용

4.5 지연이 피보험위험으로 인하여 발생된 경우일지라도 지연을 근인으로 하여 발생한 멸실, 손상 또는 비용(상기 제2조에서 지급할 비용은 제외함)

4.6 본선의 소유자, 관리자, 용선자 또는 운항자의 지불불능 또는 재정상의 채무불이행으로부터 생긴 멸실, 손상 또는 비용

4.7 원자력 또는 핵의 분열 및/또는 융합 또는 기타 이와 유사한 반응 또는 방사능이나 방사성물질을 응용한 무기의 사용으로 인하여 발생한 멸실, 손상 또는 비용

[General Exclusions Clause]

4. In no case shall this insurance cover

4.1 loss damage or expense attributable to wilful misconduct of the Assured

4.2 ordinary leakage, ordinary loss in weight or volume, or ordinary wear and tear of the subject-matter insured

4.3 loss damage or expense caused by insufficiency or unsuitability of packing or preparation of the subject-matter insured(for the purpose of this Clause 4.3 "packing" shall be deemed to include stowage in a container or liftvan but only when such stowage is carried out prior to attachment of this insurance or by the Assured or their servants)

4.4 loss damage or expense caused by inherent vice or nature of the subject-matter insured

4.5 loss damage or expense proximately caused by delay, even though the delay be caused by a risk insured against(except expenses payable under Clause 2 above)

4.6 loss damage or expense arising from insolvency or financial default of the owners managers chatterers or operators of the vessel

4.7 loss damage or expense arising from the use of any weapon of war employing atomic or nuclear fission and/or fusion or other like reaction or radioactive force or matter

5. 불내항 및 부적합 면책약관

이 약관은 선박의 불내항 및 부적합성으로 인한 보험사고에 대해서 보험자가 책임을 지지 않는다는 약관이다. 그런데 선박, 운송용구 등의 불내항 및 부적합성은 화주(보험계약자 또는 피보험자)가 통제할 수 없는 요인이기 때문에 화주가 화물을 적재할 때 불내항 및 부적합성을 모르고 있을 경우에는 보험자가 보상한다. 불내항 및 부적합면책위험은 어떠한 특약에 의해서도 담보되지 않는다.

[불내항 및 부적합 면책약관]〈신해상적하보험증권첨부용〉협회적하약관(A)

5 5.1 어하한 경우에도 이 보험은 다음의 사유로부터 생긴 멸실, 손상 또는 비용을 담보하지 아니함.

선박 또는 부선의 불내항 보험의 목적의 안전수송을 위한 선박, 부선, 운송용구, 컨테이너 또는 리프트밴의 부적합.

단, 보험의 목적을 적재할 때에 피보험자 또는 그 사용인이 그와 같은 불내항 또는 부적합을 알고 있을 경우에 한함.

5.2 보험자는 선박의 내항 및 보험의 목적을 목적지로 운송하기 위한 선박의 적합에 대한 목기 담보의 일체의 위반에 대하여 보험자의 권리를 포기함.

단, 피보험자 또는 그 사용인이 그러한 불내항 또는 부적합을 알지 못한 경우에 한함.

[Unseaworthiness and Unfitness Exclusion Clause]

5 5.1 In no case shall this insurance cover loss damage or expense

arising from unseaworthiness of vessel or craft, unfitness of vessel craft conveyance container or liftvan for the safe carriage of the subject-matter insured, where the Assured or their servants are privy to such unseaworthiness or unfitness, at the time the subject-matter insured is loaded therein.

5.2 The Underwriters waive any breach of the implied warranties of unseaworthiness of the ship and fitness of the ship to carry the subject-matter insured to destination, unless the Assured or their servants are privy to such unseaworthiness or unfitness.

6. **전쟁면책약관**(War Exclusion Clause)

이 약관은 전쟁위험에 근인한 손해에 대해서 보험자의 면책을 규정한 약관이다. 전쟁위험은 협회전쟁약관을 채택할 경우 담보된다.

- 전쟁, 내란, 혁명, 모반, 반란 또는 이로 인하여 발생한 국내투쟁, 교전국에 의하여 또는 교전국에 대하여 행해진 적대행위(war, civil war, revolution, rebellion, insurrection, or civil strife arising therefrom, or any hostile act by or against a belligerent power)
- 포획, 나포, 강류, 억지 또는 억류(해적행위제외) 및 그러한 행위의 결과 또는 그러한 행위의 기도(capture, seizure, arrest, restraint, or detainment(piracy excepted), and the consequences thereof or any attempt thereat)
- 유기된 기뢰, 어뢰, 폭탄 또는 기타의 유기된 전쟁무기(derelict mines torpedoes bombs or other derelict weapons of war)

7. **동맹파업면책약관**(Strikes Exclusion Clause)

동맹파업, 폭동, 소요 등으로 인한 손해에 대해서 보험자가 면책됨을 규정한 약관인데, 동맹파업위험은 특약에 의해서 담보가 가능하다.

- 동맹파업자, 직장폐쇄를 당한 노동자 또는 노동분쟁, 소요 또는 폭동에 가담한 자에 의하여 발생한 것
- 동맹파업, 직장폐쇄, 노동분쟁, 소요 또는 폭동의 결과로 생긴 것
- 테러리스트 또는 정치적 동기로 행동하는 자에 의하여 발생한 것

8. **운송약관**(Transit Clause)

운송약관은 보험자가 손해보상의 책임을 져야 하는 보험기간에 관한 약관

이다. 보험자의 책임을 선적항의 창고에서 목적항의 창고까지 연장하는 창고간약관(Warehouse to Warehouse Clause)이 사용되고 있다. 과거 Lloyd's SG 보험증권에서는 보험기간을 화물이 본선에 적재될 때부터 도착항에 양륙될 때까지 소위 항해구간(port to port)으로 규정하였다. 이러한 보험기간은 실무적으로 불편한 점이 많아 현재와 같은 형태로 전환하였다. 신 협회적하약관은 보험기간을 명시하고 운송약관을 규정하고 있다.

◆ 신 협회적하약관의 실제적 규정 예시

보험기간

[운송약관]

8.1 이 보험은 화물이 운송개시를 위하여 이 보험증권에 기재된 지역의 창고 또는 보관장소를 떠날 때에 개시되고 통상의 운송과정 중에 계속되며,

8.1.1 이 보험증권에 기재된 목적지의 수하주 또는 기타의 최종창고 또는 보관장소에 인도될 때,

8.1.2 이 보험증권에 기재된 목적지에 도착하기 이전이건 목적지에서 이건을 불문하고 피보험자가 다음의 목적 중 어느 것에 사용코자 택한 기타의 창고 또는 보관장소에 인도될 때,

8.1.2.1 통상의 운송과정에서가 아닌 보관 또는

8.1.2.2 할당 또는 분배 또는

8.1.3 최종 양하항에서 외항선으로부터 피보험화물의 하역 완료 후 60일이 경과될 때, 중 어느 것이든 먼저 생긴 때에 종료함.

8.2 최종양하항에서 외항선으로부터 양하 후 그러나 이 보험이 종료되기 전에, 화물이 이 보험에 부보된 목적지 이외의 장소로 운송되는 경우에는, 이 보험은 상기 보험종료의 규정에 따라 계속되나, 그러한 다른 목적지로 운송이 개시될 때 종료함.

8.3 이 보험은(상기 보험종료의 규정 및 하기 제9조의 규정에 따라) 피보험자가 좌우할 수 없는 지연, 일체의 이로, 부득이한 양하, 재선적 또는 환적 및 해상운송계약상 선주 또는 용선자에게 부여된 자유재량권의 행사로부터 생기는 위험의 변경기간 중 유효하게 계속됨.

DURATION

[Transit Clause]

8 8.1 This insurance attaches from the time the goods leave the warehouse or place of storage at the place named herein for the commencement of the transit, continues during the ordinary course of transit and terminates either

8.1.1 on delivery to the Consignees' or other final warehouse or place of storage at the destination named herein,

8.1.2 on delivery to any other warehouse or place of storage, whether prior to or at the destination named herein, which the Assured elect to use either

8.1.2.1 for storage other than in the ordinary course of transit or

8.1.2.2 for allocation or distribution, or

8.1.3 on the expiry of 60 days after completion of discharge overside of the goods hereby insured from the oversea vessel at the final port of discharge, whichever shall first occur.

8.2 If, after discharge overside from the oversea vessel at the final port of discharge, but prior to termination of this insurance, the goods are to be forwarded to a destination other than that to which they are insured hereunder, this insurance, whilst remaining subject to termination as provided for above, shall not extend beyond the commencement of transit to such other destination.

8.3 This, insurance shall remain in force (subject to termination as provided for above and to the provisions of Clause 9 below) during delay beyond the control of the Assured, any deviation, forced discharge, reshipment or transshipment and during any variation of the adventure arising from the exercise of a liberty granted to shipowners or charterers under the contract of affreightment.

9. 운송계약종료약관(Termination of Contract of Carriage Clause) : 이 약관은 보험계약자 측[13]의 영향력이 미치지 못하는 사정에 의하여 목적지에 도착

---

13) 보험계약자측으로 표기한 것은 영해법(MIA)법이나 협회적하약관에서 피보험자로 나타내지만(영국에서는 Policyholder 와 Insured, 즉 보험계약자와 피보험자를 동의어로 사용) 우

하기 전에 항해가 종료되는 경우 보험기간을 연장하여 계속 담보하기 위한 약관이다. 불가항력으로 항해가 중단되는 경우에는 보험계약자 측은 그러한 사태에 관한 정보를 입수한 즉시 보험자에게 통지하고 추가보험료를 납부하는 것을 조건부로 보험기간의 연장이 가능하다.

"9. 피보험자가 좌우할 수 없는 사정에 의하여 운송계약이 그 계약서에 기재된 목적지 이외의 항구 또는 지역에서 종료되거나 또는 기타의 사정으로 상기 제8조에 규정된 화물의 인도이전에 운송이 종료될 경우에는 이 보험도 또한 종료됨.

단, 보험자에게 지체없이 그 취지를 통지하고 담보의 계속을 요청할 경우에 보험자의 요구가 있으면 추가보험료를 지급하는 조건으로 이 보험은 다음의 시점까지 유효하게 계속됨.

9.1 화물이 상기의 항구 또는 지역에서 매각된 후 인도될 때 또는 별도의 합의가 없는 한 그러한 항구 또는 지역에 피보험화물의 도착 후 60일이 경과한 때 중 어느 한쪽이 먼저 생길 때까지 또는

9.2 만약 화물이 상기 60일의 기간(또는 합의하에 60일의 기간을 연장한 기간) 내에 이 보험증권에 기재된 목적지 또는 기타의 목적지에 계반될 경우에는 상기 제8조의 규정에 따라 보험이 종료될 때까지."

10. **항해변경약관**(Change of Voyage Clause)

보험의 개시 후 목적지가 보험계약자 측에 의하여 변경된 경우에는 보험자에게 지체없이 통지할 것을 조건으로 추후에 협정하여야 할 보험료 및 보험조건에 의하여 담보가 계속되어진다는 규정을 한 조항이다.

11. **피보험이익약관**(Insurable Interest Clause)

보험에서 보상을 받기 위해서는 피보험자는 손해발생 시에 보험의 목적에 대한 피보험이익을 갖고 있지 않으면 안 되고, 피보험손해가 보험계약체결 이전에 발생하였을지라도 피보험자가 그 손해의 발생사실을 알고 보험자가 몰랐을 경우를 제외하고는 피보험자는 보험의 담보기간 중에 생긴 피보험손해에 대하여 보상을 받을 권리가 있음을 규정한 조항이다.

리나라에서는 보험계약자와 피보험자를 엄격하게 구분하고 있다. 사실상 우리나라 상법에서는 보험계약성립전에 보험계약자 측(보험계약자, 피보험자, 대리인)이 부담하는 고지의무와 보험계약성립후 보험계약자측이 부담하는 통지의무는 피보험자 단독이 부담하는 의무가 아니라 보험계약자측 모두에게 있기 때문에 이렇게 표현하였다.

12. **계반비용약관**(Forwarding Charge Clause)

이 약관의 담보위험으로 중간항에서 화물을 양륙할 경우 여기에 소요되는 하역비용, 창고보관료, 재포장비, 재선적비, 처음 약정된 목적지까지의 운반비용 등을 보험자가 보상한다는 내용이다.

13. **추정전손약관**(Constructive Total Loss Clause)

추정전손은 현실전손이 불가피하다고 인정되거나 또는 회복비용 및 화물을 도착지까지 운송하는 비용이 도착후의 보험가액을 초과하는 경우에 보험목적물을 위부(委付)함으로써만 추정전손이 성립되도록 규정하고 있는 조항이다.

14. **증액약관**(Increased Value Clause)

증액약관이 새로 규정된 것은 증액보험에 관한 종래의 시장관행을 바꾸기 위한 것인데, 종래의 증액보험은 실무에서 원보험(原保險)과 증액보험을 각각 별개의 피보험이익에 대한 보험계약으로 취급하였지만, 새로 설정된 증액약관에서는 원보험과 증액보험이 각각 일부보험이 되고 양자 합산하여 전부보험이 되도록 규정하였다.

15. **보험이익불공여약관**(Not to Insure Clause)

이 약관은 운송인이나 기타 해상사업에 관련 있는 수탁자에게 보험계약이 체결되어 있다는 이유로 어떤 이익이나 혜택을 주어서는 안 된다는 사실을 명기시킨 조항이다.

16. **피보험자의무약관**(Duty of Assured Clause)

보험계약자 측의 손해방지활동과 운송인, 수탁자 또는 기타 제3자에 대한 손해배상청구권을 확보할 것을 피보험자의 의무로서 규정한 조항이다.

17. **포기약관**(Waiver Clause)

추정전손이 발생하여 피보험자가 위부통지를 하면 피보험자는 보험자가 위부를 승낙해 주길 바란다. 그런데 보험자가 위부를 수락하려면 손해가 확대되어 현실전손에 가까워야 하기 때문에 피보험자는 위부통지를 하면서 손해방지활동을 하지 않으려는 심리가 작용한다. 또한 피보험자가 위부통지를 하고 동시에 손해방지활동을 할 경우 보험자는 이를 피보험자의 위부포기로 착각할 수 있기 때문에 피보험자는 위부통지를 할 때 손해방지활동을 하지 않으려는 경향이 있다. 한편 보험자가 위부의 통지를 받고서 손해방지활동을 하면 피보험자(보험계약자측)는 이러한 보험자의 행동을 보고 위부의 승낙으로 간주할 수 가 있다. 이로 인하여 보험계약자 측이나 보험자는 서로 손해방지행위를 미룰 수 있다. 포기약관은 이를 방지하기 위해 양측이 서로 지연시키지 않고 손해방지행위를 성실히 이행할 것을 규정한 조항이다.

18. **신속조치약관**(Reasonable Despatch Clause)

이 약관은 지연으로 보험자가 피해 보는 것을 방지하기 위하여 보험계약자 측으로 하여금 신속하게 행동하여 조치할 것을 규정한 조항이다.

19. **영국법률 및 관례약관**(English Law and Practice)

보험계약자 측[14)]이 선택한 보험계약조항(약관의 선택)과 관련하여 보험자의 보험금지급·피보험자의 보험금수령과 관련하여 문제가 발생하면 영국의 법률과 관례에 따라 해결할 것을 규정한 조항이다.

☞ 일반적인 해상보험에서는 담보되지 않는 책임을 보상하기 위하여 선주책임상호보험(Protection & Indemnity Insurance, P&I)이라는 것이 있다. 선주책임상호보험은 전통적인 선박보험이 부보하지 않는 위험을 보상할 목적으로 설립된 선주들의 자주적이며 비영리적인 단체로서 책임보험의 일종이다. 선주책임상호보험에 의해 담보되는 책임은 해상보험과는 차이가 있으며, 대체로 선원에 대한 책임, 충돌배상책임, 적하손해에 대한 책임(불내항성에 의한 것도 포함), 예선(曳船)사용계약에 따른 책임, 공동해손, 유탁(油濁)오염 등에 의한 책임을 담보하고 있다.

(6) 신·구 협회적하약관의 비교

개정된 신 적하보험약관은 종래의 협회적하보험약관 중 전위험담보(A/R)가 ICC(A)로, 적하보험약관 분손담보(WA)가 ICC(B)로, 그리고 적하보험약관 분손부담보약관(FPA)이 ICC(C)로 각각 명칭이 변경, 간소화되었다. 그 내용도 획일성 있게 정비되었으며 종전에 면책위험이 불분명하던 것을 개정약관에서는 담보범위를 명확히 하고 있다. 그러나 보험자의 보상범위나 기타의 담보(warranties)에 대한 근본적인 조항들은 거의 변동이 없다.

---

14) 우리나라에서 보험계약을 체결하고 보험료 납입의 의무를 지는 자는 보험계약자이기 때문에 이렇게 표현하였다.

표 4-6 / 신 · 구협회적하약관의 비교(1)

구분	약관 번호	신협회적하약관[I.C.C(A)]	구협회적하약관 [I.C.C(A/R)]			
		약 관 명	약관 번호	동일 표현	표현 변경	신설 약관
담보위험 (Risks Covered)	1	위험약관(Risks Clause)	5		○	
	2	공동해손약관(General Average Clause)	5		○	
	3	쌍방과실충돌약관(Both to Blame Collision Clause)	11	○		
면책조항 (Exclusion)	4	일반면책약관(General Exclusions Clause)	5		○	
	5	불내항성 및 부적합면책약관(Unseaworthiness and Unfitness Exclusion Clause)	8		○	
	6	전쟁면책약관(War Exclusion Clause)	12		○	
	7	동맹파업면책약관(Strikes Exclusion Clause)	13		○	
보험기간 (Duration)	8	운송약관(Transit Clause)	1	○		
	9	운송계약종료약관(Termination of Contract of Carriage Clause)	2		○	
	10	항해변경약관(Change of Voyage Clause)	4		○	
손해사정 · 보험금청구 (Claims)	11	피보험이익약관(Insurable Interest Clause)				○
	12	계반비용약관(Forwarding Charge Clause)				○
	13	추정전손약관(Constructive Total Loss Clause)	6	○		
	14	증액약관(Increased Value Clause)				○
보험이익 (Benefit Insurance)	15	보험이익불공여약관(Not to Insure Clause)	10	○		
손해경감 (Minimizing Losses)	16	피보험자의무약관(Duty of Assured Clause)	9		○	
	17	포기약관(Waiver Clause)				○
지연방지 (Avoidance of Delay)	18	신속조치약관(Reasonable Despatch Clause)	14	○		
법률 · 관례 (Law and Practice)	19	영국법률 및 관례약관(English Law and Practice)				○

표 4-7 / 구협회약관과 신협회약관의 비교(2)

	구약관	신약관
명칭	· Lloyd's S.G. Policy · ICC(A/R) · ICC(W.A) · ICC(F.P.A)	· New Lloyd's Policy · ICC(A) · ICC(B) · ICC(C)
구성 체계	① 보험증권 중심(보험증권은 본문약관, 이태리서체 약관, 난외약관으로 구성됨) ② 협회적하약관은 보험증권의 보완적인 역할, 14개 약관) ③ 영해법(MIA)은 보험증권 문헌에 대한 판례를 집합한 것으로 증권해석의 기준이 됨 ④ 담보의 기준이 손해 ⑤ 협회전쟁약관 및 협회스트라이크약관은 보험증권의 본문약관이나 난외약관을 보완함	① 보험증권(보험계약체결에 대한 사실 확인, 증거증권성) ② 협회적하약관이 중심(보험증권의 본문약관, MIA 주요조항을 수용, 19개 약관) ③ MIA(보험증권의 본문약관의 폐지로 인해 참고자료의 역할 수준이 됨) ④ 담보의 기준이 위험 ⑤ 협회전쟁약관 및 협회스트라이크약관은 보험증권이나 협회적하약관으로부터 독립됨
담보위험 및 성격	① ICC(W.A.)와 ICC(F.P.A)의 담보 범위가 비슷함 ② 담보하는 손해에 관하여 규정함. 담보위험이 불명확하여 보험분쟁의 여지가 많음 ③ "해상고유의 위험(Perils of the Sea)" 및 "모든 기타 위험(All Other Perils)"을 규정함 ④ 해적(Piracy)위험을 전쟁위험의 하나로 함 ⑤ 담보기간(보험기간)이 "Port to Port"를 원칙으로 함 ⑥ 면책률약관(Memorandum Clause)이 있어 소손해(小損害)에 대하여 면책	① ICC(B)와 ICC(C)의 담보범위의 격차를 둠 ② 담보위험을 제1조에서 열거하고 면책위험은 제4조에서 열거하여 담보위험 및 면책위험이 명확해 짐 ③ "해상고유의 위험(Perils of the Sea)" 및 "모든 기타 위험(All Other Perils)"을 삭제하고 구체적인 위험을 열거함 ④ 해적(Piracy)위험을 전쟁위험으로부터 제외하고 담보위험에 포함시킴 ⑤ 담보기간(보험기간)이 "Warehouse to Warehouse"를 원칙으로 함 ⑥ 면책률약관(Memorandum Clause)이 삭제됨

표 4-8 / 신 · 구협회적하약관의 보험조건별 담보범위 비교(3)

위험의 종류	구 ICC			신 ICC		
	FPA	WA	A/R	A	B	C
화재, 폭발	○	○	○	○	○	○
좌초, 교사(膠沙), 침몰, 전복	○	○	○	○	○	○
육상운송용구의 탈선, 전복	○	○	○	○	○	○
충돌, 운송용구와 물 이외의 타물체와의 접촉	○	○	○	○	○	○
피난항에서 화물의 하역	○	○	○	○	○	○
공동해손, 희생해손	○	○	○	○	○	○
투하	○	○	○	○	○	○
선적, 하역작업 중 포장 당 전손	○	○	○	○	○	×
해상에서 점유탈취(전쟁위험 제외)	○	○	○	○	×	×
선박외부로부터 해수침손 1)전손	○	○	○	○	○	×
선박외부로부터 해수침손 1)분손	×	○	○	○	○	×
선박외부로부터 강 · 호수물의 침입 1)전손	○	○	○	○	○	×
선박외부로부터 강 · 호수물의 침입 1)분손	×	○	○	○	○	×
갑판유실	×	○	○	○	○	×
지진, 분화, 낙뢰	×	×	○	○	○	×
도난(theft), 발화(pilferage), 불착(non-delivery) T.P.N.D	×	×	○	○	×	×
선원의 악행	×	×	○	○	×	×
해적행위	×	×	×	○	×	×
선주의 파산	×	×	○	×	×	×
타화물, 기름과 접촉	×	×	○	○	×	×
선박내의 오수(汚水)와 접촉	×	×	○	○	×	×
Rough Handling	×	×	○	○	×	×
빗물	×	×	○	○	×	×
SWEAT 1) 악천후로 인한 SWEAT 2) 적도항해에 따른 온도차이로 인한 땀손 3) 화물자체의 성질에 기인한 SWEAT	 × × ×	 ○ × ×	 ○ × ×	 ○ × ×	 × × ×	 × × ×
지연	×	×	×	×	×	×
포장불량 잠재적 하자	×	×	×	×	×	×
물건의 성질, 통상적인 손실	×	×	×	×	×	×

☆ sweat damage : 선창내의 온기가 응축됨으로써 입는 손해이다. 선창내 공기에는 해상의 공기로부터 들어오는 수증기가 포함되어 있으며, 그 외에도 곡물 등과 같이 수분을 많이 함유한 화물이 항상 증기를 발산하여 실내온도를 높게하고 있다. 항해 중 기후가 맑았다가 흐려지고, 밤낮이 바뀌고, 수온이 높아졌다가 낮아지는 등의 원인으로 선창내의 온도가 내

려가게 되면 선창내의 수증기가 응축되어 천정에 부착되었다가 떨어져서 화물에 손해를 입힌다. 오늘날에는 선창내에 에어컨 장치를 한 선박이 늘어나고 있어 어느 정도 이 문제를 해결하고 있다.

☆ FPA조건과 ICC(C) 조건 : ICC(C)조건은 구 협회적하약관 FPA조건과 거의 동일한 조건으로 신 협회적하약관에서 가장 담보범위가 작은 조건이다. FPA조건과 다른 점은 FPA에서는 선적, 환적 또는 하역작업 중 화물의 포장당 전손은 보상되나 ICC(C)조건에서는 보상되지 않는다.

☆ WA조건과 ICC(B)조건 : ICC(B)조건은 구협회적하약관 WA조건과 거의 동일한 조건이나, WA조건에서는 보상하지 않는 지진, 화산의 분화, 낙뢰로 인한 손해를 보상한다.

☆ A/R조건과 ICC(A)조건 : ICC(A)조건은 구 협회적하약관 A/R조건과 거의 동일한 조건이나 해적위험(piracy)은 A/R조건에서는 전쟁위험의 일종으로 보험자의 면책위험이나 ICC(A)조건에서는 보상되어진다. 또한 두 조건의 담보범위는 모든 외부적으로 야기되는 우발적인 손해를 보상하는 것으로서 동일하다. 그러나 신 협회적하약관의 ICC(A)조건은 A/R조건보다 면책위험을 보다 구체적으로 명시하고 있는데 이 점이 A/R조건과 다른 점이라고 볼 수 있다. 구약관에서는 면책규정을 법률과 관습에 의한다고 하고 구체적으로 명시하지 않아 보험자가 면책하는 위험이 무엇인지 분명하지 않았다.

• 로이즈(Lloyd's of London)

영국은 개인보험업자들에 의해 해상보험이 발전되어 왔기 때문에 전통적으로 개인보험업자를 허용하고 있다. 따라서 영국에서는 보험계약을 체결할 수 있는 재력만 있으면 누구든지 보험업자가 될 수 있다. 이 개인보험업자들의 집합체를 통칭하여 『Lloyd's』라고 표현하고 있다. 따라서 로이즈는 우리나라의 경우처럼 보험회사(주로 주식회사의 형태)가 아니라 개인보험업자들의 모임단체이다. 로이즈는 1871년 로이즈 법에 의해 외견상으로 법인격을 가진 로이즈 조합이 되었다. 로이즈 보험증권의 약관을 서로 구분하기 위해 보험증권이 제정될 당시부터 있었던 약관을 본문약관(Body Clause)이라 하고, 그 후에 제정된 약관 중 본문약관과 구분하기 위하여 이탤릭서체로 인쇄된 약관을 이탤릭서체약관이라 하였다. 또한 본문 약관이 인쇄되고 남은 여백에도 새로운 약관을 표시했는데 이를 여백약관 또는 난외약관(Marginal Clause)이라 하였다.

• Lloyd's coffeehouse

Lloyd's has an interesting history. In 1688 Edward Lloyd kept a coffeehouse in Tower street. There, as in other similar houses, merchants, bankers and seafarers assembled to drink coffee and transact business informally. The coffee house was also the popular meeting place for underwriters-those who would accept insurance on ships for the payment of a premium- and over the years it became recognized by seekers of insurance cover as the most likely place where a number of underwriters could be found. From this informal beginning Lloyd's gradually grew in repute and influence. It had been the practice of Edeward Lloyd to supply his customers with shipping information obtained from the docks by runners and from other sources, and in 1696 he published for a short period Lloyd's News, giving details of shipping movements and other matters of interest; this was the forerunner of Lloyd's List, first published in 1734. Lloyd died in 1713 but his coffeehouse, then situated in Lombard street, retained his name and survived two and a half centuries of subsequent development. In 1774 under the guidance of John Julius Angerstein, perhaps the most outstanding personality who has appeared in its history, Lloyd's moved to the Royal Exchange encyclopaedia britannica volume 14, P.172).

• 로이즈의 특성 및 성격

① 1771년 보험거래조직으로 발족하였고 그 이전까지는 개인자격의 보험업자가 에드워드 로이드(Edeward Lloyd)가 운영하는 coffeehouse에 모여 보험거래를 하였다.

② 로이즈는 2만명 이상의 무한책임을 지는 개인자격의 보험업자가 모여 만든 조직이다.

③ 로이즈 자체가 보험금을 지급하는 것이 아니라(보험회사가 아니라), 보험거래를 할 수 있는 장소를 제공하고, 보험거래에 관한 여러 가지 규칙을 제정하여 보험거래활동을 원활하게 함과 동시에 각종 거래에 관한 편의를 제공하는 보험거래소와 같은 역할을 한다.

④ 로이즈는 각 보험종목별로 전문보험업자가 모여 신디케이트(syndicate)를 구성하는데 주로 해상, 항공, 자동차, 배상책임, 인보험, 특종보험 등을 거래한다.

⑤ 로이즈의 구성원이 되기 위해서는 상당액의 보증금을 납입하여야 하고 대단히 엄격한 지불능력(재력 또는 재무상태)을 조사받게 된다.

⑥ 로이즈와의 보험거래는 보험중개인을 통해서만 이루어진다.

⑦ 로이즈는 원보험도 거래하지만, 대부분 전세계에서 가입해오는 재보험을 주로 취급한다.

12) 해상적하보험계약의 체결

(1) 보험계약의 청약

해상적하보험계약은 실무적으로 손해보험회사가 만든 정형화된 보험계약청약서양식을 사용하여 여기에 보험자가 서면으로 질문한 사항을 기재하여 제출하고, 보험회사가 이를 승낙하면 보험계약이 성립하게 된다. 이를 간략하게 도해하면 다음과 같다.

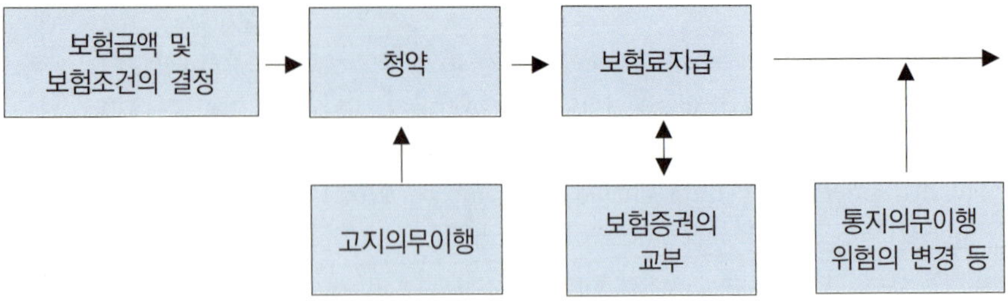

보험청약서에 의한 보험계약의 체결

Incoterms 2010에서 무역계약조건에 따라 매도자(수출업자) 또는 매입자(수입업자)가 보험계약을 체결하여야 한다. 예를 들어 CIF 또는 CIP 계약조건인 경우에는 수출업자가 부보하여야 한다. 해상보험계약을 체결하고자 할 때에는 보험회사에서 제공되는 소정의 보험청약서 양식에 해당사항을 기재하여(고지의무의 이행) 소정의 보험료를 지불하고 보험회사가 이를 승낙함으로써 비로소 보험계약이 성립된다. 즉, 보험계약은 법률상 낙성계약이므로 계약자의 청약에 따른 보험회사의 승낙이 있어야만 계약이 성립된다.

(2) 보험금액의 결정

원칙적으로 적하보험에 있어서의 보험금액은 화물의 가액한도 내에서 보험자와 피보험자가 상호 협의하여 정하도록 되어 있다. 그러나 실무적으로는 INCOTERMS 2010에서 희망이익(송장가액의 10%)을 가산한 금액을 보험금액으로 정하고 있다. 따라서 FOB나 CFR의 경우에는 운임이나 보험료를 가산하여 보험금액을 정하는 것이 보험사고 시에 충분한 보상을 받을 수가 있다. 한편, 화물의 보험사고 시에 이미 지급한 관세도 보상받고자 할 때에는 관세에 해당하는 금액에 대하여 별도로 보험에 가입하여야 한다.

Incoterms 2010에서 해상적하보험에 관한 규칙

국가 간 상거래 시에 보험계약은 필수적인 사항이며, 보험증권은 국제대금결제과정에서 운송서류를 구성하는 중요한 요소이다. 국제매매계약의 과정은 다면적인 계약체계로 구성되어 있으며 그 한 요소 중에 Incoterms가 있으며, 여기에 보험과 관련한 계약조항이 있다. 보험계약에 관한 Incoterms 2010 규칙은 2009년 개정 협회적하약관(Institute Cargo Clauses)을 반영한 최초의 개정판이며, 1982년의 신 협회적하약관이 2009년에

LMA[15]/ IUA에 의하여 개정됨으로써 Incoterms 2010 규칙은2009년 개정협회적하약관(Institute Cargo Clauses)을 반영하였을 뿐만 아니라, 각각의 규칙의 매도인의 의무(A)와 매수인의 의무(B)에서 보험계약 관련 규정인 A3 b)/B3 b)에서 보험에 관한 정보제공의무를 규정하였다.

즉, 각 규칙에서 "매도인(매수인)은 매수인(매도인)의 요청이 있을 경우 보험을 취득하는데 필요한 위험 및 비용에 관련된 정보를 제공하여야 한다."고 매도인(매수인)의 보험관련 정보제공의무를 두고 있다. 가령 CIP규칙(D그룹 포함)은 매도인이 부보의무가 있으므로 매수인의 정보제공의무가 있으며, 나머지 규칙들은 매도인의 정보제공의무가 있다. Incoterms 2010 규칙은 운송계약과 보험계약과 관련된 보험정보의무를 A3/B3조에 규정하였다.

표 4-9 / Contract of insurance의 내용

		2010
EXW · FCA · FOB · FAS	매도인의 의무	The seller has no obligation to the buyer to make a contract of insurance. However, the seller must provide the buyer, at the buyer's request, risk and expense(if any), with information that the buyer needs for obtaining insurance.
	매수인의 의무	The buyer has no obligation to the seller to make a contract of insurance.
CIP · CIF	매도인의 의무	The seller must obtain at its own expense cargo insurance complying at least with the minimum cover as provided by Clauses (C) of the Institute Cargo Clauses(LMA/IUA) or any similar clauses. The insurance shall be contracted with underwriters or an insurance company of good repute and entitle the buyer, or any other person having an insurable interest in the goods, to claim directly from the insurer. When required by the buyer, the seller shall, subject to the buyer providing any necessary information requested by the seller, provide at the buyer's expense any additional cover, if procurable, such as cover as provided by Clauses (A) or (B) of the Institute Cargo Clauses (LMA/IUA) or any similar clauses, and/or cover complying with the Institute War Clauses and/or Institute Strikes Clauses (LMA/IUA) or any similar clauses. The insurance shall cover, at a minimum, the price provided in the contract plus 10%(i.e., 110%) and shall be in the currency of the contract. The insurance shall cover the goods from the point of delivery set out in A4 and A5 to at least the named place of destination. The seller must provide the buyer with the insurance policy or other evidence of insurance cover. Moreover, the seller must provide the buyer, at the buyer's request, risk, and expense(if any), with information that the buyer needs to procure any additional insurance.

15) 로이즈보험자들을 위하여 1909년 설립된 로이즈보험자협회(Lloyd's Underwriters Association)는 로이즈시장협회(LMA)로 개편되었다.

		2010
	매수인의 의무	The buyer has no obligation to the seller to make a contract of insurance. However, the buyer must provide the seller, upon request, with any information necessary for the seller to procure any additional insurance requested by the buyer as envisaged in A3 b).
DAT · DAP · DDP · CFR · CPT	매도인의 의무	The seller has no obligation to the buyer to make a contract of insurance. However, the seller must provide the buyer, at the buyer's request, risk and expense(if any), with information that the buyer needs for obtaining insurance.
	매수인의 의무	The buyer has no obligation to the seller to make a contract of insurance. However, the buyer must provide the seller, upon request, with the necessary information for obtaining insurance.

매도인과 매수인의 의무

보험계약과 관련하여 Incoterms 2000에서는 EXW, FCA, FOB, FAS, DAT, DAP, DDP, CFR, CPT 규칙에서는 보험계약에 관한 사항을 "해당의무없음"(No obligation)으로 간단하게 표기하였으나 Incoterms 2010에서는 보험계약과 관련한 사항을 좀 더 구체적으로 명기하고 있다. 보험계약조건을 비교적 구체적으로 명기한 CIP · CIF조항에서 "매도인은 자신의 비용으로 적어도(로이즈시장협회/국제언더라이팅협회) 협회적하약관의 C약관이나 그와 유사한 약관에서 제공하는 최소담보조건에 따른 적하보험을 취득하여야 한다. 보험계약은 평판이 양호한 보험인수업자나 보험회사와 체결하여야 하고, 보험은 매수인이나 물품에 피보험이익을 가지는 제3자가 보험자에 대하여 직접 청구를 할 수 있도록 하는 것이어야 한다. 매수인의 요청이 있는 경우에, 매도인은 자신이 요청하는 필요한 정보를 매수인이 제공하는 것을 조건으로, 매수인의 비용으로, 가능하다면(로이즈시장협회/국제언더라이팅협회) 협회적하약관의 A 또는 B약관이나 그와 유사한 약관 및/ 또는 (로이즈시장협회/국제언더라이팅협회) 협회전쟁약관 및/ 또는 협회동맹파업약관 기타 그와 유사한 약관에 의하여 부보하는 등의 추가보험을 제공하여야 한다.[16] 보험금액은 최소한 매매계약에서 약정된 대금에 10%를 더한 금액(즉, 매매대금의 110%)이어야 하고, 보험의 통화는 매매계약의 통화와 같아야 한다. 보험구간은 A4 및 A5에 규정된 인도지점으로부터 적어도 지정 목적항까지 물품을 보호하는 것이어야 한다. 매도인은 매수인에게 보험증권이나 기타 부보의 증거를 제공하여야 한다. 또한 매도인은 매수인에게 매수인의 요청에 따라 매수인의 위험과 비용(있는 경우)으로 매수인이 추가보험을 드는 데 필요한 정보를 제공하여야 한다."고 하여 개정된 협회적하약관을 반영시키고 있다. 그리고 매수인에 대하여는 "매수인은 매도인에 대하여 보험계약을 체결할 의무가 없다. 그러나 매수인은 요청이 있는 때에는 매도인이 A3 b)에 상정된 바에 따라 매수인이 요청하는 추가보험을 제공하는 데 필요한 정보를 제공하여야 한다."고 하여 정보제공에 대한 사항을 명시하고 있다.

16) ICC(1982)가 도입된 지 25년이 경과한 2006년에 런던의 국제언더라이팅협회(IUA)와 로이

(Insurance Document and Coverage)

b. 잠정적 보험영수증(cover notes)은 수리되지 않는다.

※ 보험증권과 구별해야 할 것으로 커버 노트(cover note)라는 것이 있다. 커버 노트란 손해보험의 실무에서 공통된 양식으로 인쇄되어 보통 보험회사를 위하여 대리점이 계약의 조건 또는 보험증권의 표시를 하여 청약자에게 교부하고 계약이 성립된 후 보험증권과 대체되는 것으로서, 보험계약자가 보험료 지급 등의 조건을 이행한 때에는 그 커버 노트에 기재된 내용대로 계약의 이행에 대한 권리를 가지는 등의 효력이 인정된다.

(3) 보험조건의 선택

적하보험계약을 체결하려는 보험계약자는 구협회적하약관 또는 신협회적하약관 A, B, C 중 하나를 먼저 선정하고, 이 조건 중 하나로 위험을 충분하게 담보할 수 없다고 판단되면 부가조건을 별도로 추가하여 보험계약을 체결하여야 한다. 보험조건을 선정할 때에는 거래조건, 위험담보의 범위, 보험료, 화물의 성질, 포장상태, 전부보험이 될 수 있는지의 여부 등 여러 가지 상황을 종합적으로 고려하여야 한다.[17)]

(4) 보험계약의 변경 및 배서(背書)

보험계약성립 후 계약내용에 변동이 발생할 경우에는 보험계약의 원내용을

즈시장협회(LMA)의 합동적하위원회(Joint Cargo Committee: JCC)는 1982년 협회적하약관(ICC)의 개정을 검토하기로 결정하여 3년 동안의 준비과정과 세계적인 자문을 거쳐 2009년 1월1일자 ICC(A), (B), (C) 및 그에 부수하는 전쟁약관과 스트라이크약관을 공표하였다.

17) 적하보험의 대상이 되는 화물은 다양하기 때문에 어느 특정한 손해가 발생하는 위험도 일률적으로는 예측되지 않고 그 화물의 종류, 성질에 따라 달라지게 된다. 예를 들면 유리제품이나 정밀기계 등은 일반 화물에 비해 수송 중의 충격에 약하기 때문에 파손이 일어날 가능성이 크다고 할 수 있고, 철광석은 비에 젖어도 거기에 따른 손해는 거의 없는데 비해 설탕의 경우 비에 젖으면 큰 손해를 입게 된다(화물의 종류, 성질). 산적(散積)된 화학비료는 밀봉된 경우에 비해 부족손해가 생기기 쉽다. 같은 밀봉화물이라도 2~3중의 종이봉지에 넣는 것과 4~5중의 종이 봉지에 넣은 다음 다시 폴리에치렌 포장을 하는 것은 포장의 파손에 의한 부족손의 정도가 상당히 달라지기 때문에 포장상태의 정도도 주요한 요율산정요소가 된다(포장상태). 그리고 갑판적인 화학약품이나 목재 등의 화물은 악천후 조우시에 파도에 휩쓸릴 위험이 있고 항상 풍우에 노출되어 있기 때문에 일반적으로 선창내에 선적된 화물보다도 인수조건이 좁고 요율도 높게 된다. 선창내에 선적된 경우라도 적부방법이 부적절하면 무너지기 쉽고 인접한 적부화물이 새기 쉬운 액체화물인 경우에는 오손을 입을 위험이 커진다(적부방법).

배서를 하여 수정하는 것이 요구된다.

① **계약의 취소** : 수출입계약의 취소, 무역거래조건의 변경 등에 의해 발생되어진다. 이 경우 납입한 보험료는 환급된다.

② **보험금액의 증가 또는 감소** : offer sheet 상의 수량 또는 금액보다 많아지거나 감소한 경우 변경된 금액에 맞추어 보험증권의 배서가 필요하다.

③ **품목 및 수량의 변경** : 보험금액의 변경에 준하여 처리한다.

④ **운송용구의 변경** : 청약 당시 운송방법이 해상 혹은 항공운송 중 결정되지 않은 상태에서 A/R · A or A/R · A(air)로 보험계약을 체결하고 이후 최종적으로 항공운송을 통해 화물이 반입된 경우 수출입면장 또는 항공면장을 근거로 제출하여 증권에 배서한다.

⑤ Assured **변경** : 금융계약당사자의 변경임으로 실명확인 날인이 필요하다.

(5) 보험금의 청구

보험사고가 발생하였을 경우, 피보험자 혹은 그 대리인은 이 사실을 즉시 보험자에 통지하여야 하며 동시에 손해의 방지 및 경감을 위하여 합리적 조치를 취하고 손해를 야기한 제3자에 대한 권리를 확보하여야 한다. 이를 충분히 이행하지 않을 시에는 불이익을 받을 수가 있다. 보험사고 시 피보험자가 취하여야 할 혹은 유의하여야 할 사항은 다음과 같다. 피보험자 및 그 대리인은 어떤 경우에도 손해의 방지 및 경감을 위해 적절한 조치를 취하고, 또한 운송인, 수탁인 혹은 기타 제3자를 상대로 한 모든 권리를 보존, 행사하게끔 확보해 두는 것이 의무이며, 특히 다음과 같은 사항들을 이행하여 불이익을 당하지 않도록 하여야 한다.

손해발생시의 유의사항

① 운송인, 항만당국 혹은 기타 수탁자에게 어떤 유실물에 대하여 즉시 보상청구를 해야 한다.

② 해난보고서가 발급된 경우를 제외하고는 어느 경우에도 화물이 손상된 상태에 있으면 "무사고수령증"을 교부해서는 안 된다.

③ 컨테이너에 의하여 화물이 인도된 경우, 피보험자 또는 대리인이나 책임 있는 직원이 즉시 컨테이너 및 봉인을 검사해야 한다.

④ 과실 및 손상이 명백할 경우, 운송인이나 기타 수탁자의 대리인들에게 검정을 의뢰하고, 동 검정 시 밝혀진 실질적인 과실 및 손상에 대하여 운송인이나 기타 수탁자에게 보상을 청구해야 한다.
⑤ 화물을 인수할 당시에 과실이나 손상이 명백히 나타나지 않았으면, 인수 후 3일 이내에 운송인이나 기타 수탁자에게 서면으로 통지해야 한다.

(6) 위부와 대위권

보험금의 청구와 관련해서는 보험위부와 대위권의 개념이 관계되어진다. 보험위부(abandonment)는 보험의 목적이 전부 멸실한 것과 동일시할 수 있는 일정한 사유가 있는 경우에, 피보험자가 그 보험의 목적에 대한 모든 권리를 보험자에게 위부하고 보험자에 대하여 보험금액의 전부를 청구할 수 있는 해상보험상의 특유한 제도이다. 피보험자가 보험자에게 피보험목적물과 관련한 손해를 추정전손 등의 사유로 전손에 대한 보험금을 청구하기 위하여 잔존물의 소유권과 제3자에 대한 구상권 등을 보험자에게 양도하게 된다. 위부는 대부분 추정전손의 경우에 이루어지나 현실전손의 경우에도 전손에 대한 판정이 지연되기 때문에 피보험자가 보험금을 신속히 수령하기 위하여 위부의 절차를 취하게 된다. 대위권(代位權, right of subrogation)은 보험자가 보험의 목적물에 대하여 피보험자에게 보험금을 지급한 경우에는 보험의 목적에 잔존하는 피보험자가 가지는 이익이나 손해발생에 대한 과실이 있는 제3자에게 대한 구상권(求償權) 등을 승계하는 것을 말하는데, 해상보험계약은 실손보상(實損補償)의 원칙에 근거하기 때문에 손해를 입은 피보험자는 실손 이상의 보상을 받을 수 없도록 하기 위한 개념이다. 즉, 이것은 손해보험의 중심이론인 '이득금지의 원칙'에 근거한다.

(7) 보험금 청구절차

사고발생 시 클레임을 신속하게 처리하기 위해서는 아래 서류를 구비하여 지체없이 보험회사에 제출하여야 한다(구비서류는 당해 보험자가 요구하는 서류를 구비하면 된다).

① 보험금청구서
② 보험증권 원본 또는 부본

③ 상업송장(서명된 사본)

④ 선하증권 사본(단, 전송인 경우에는 원본)

⑤ 선박회사 또는 기타 수탁자에 대한 구상장 및 이에 대한 회신

⑥ 검정보고서 또는 기타 손해입증서류(화물인도협정서, 입고확인서, 해난보고서 등)

⑦ 기타 제비용을 증빙하는 서류

13) 보험사고 발생시 적하보험 사고처리 절차

(1) 수출클레임(보험회사의 업무처리 과정)

그림 4.1 | 적하보험 보험사고 처리절차(수출클레임)

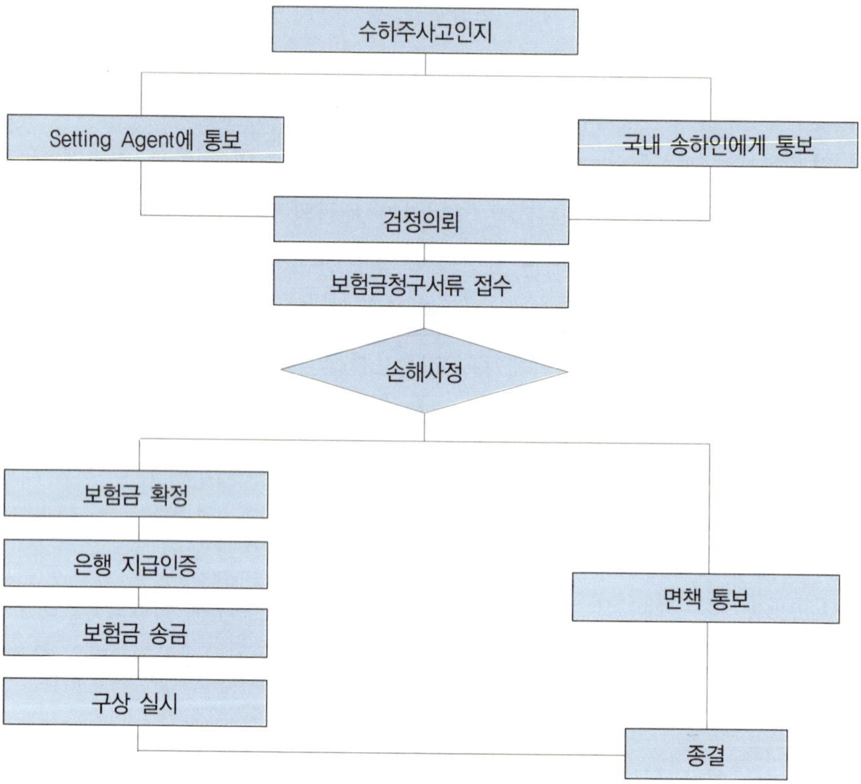

(2) 수입클레임(보험회사의 업무처리 과정)

그림 4.2 | 적하보험 보험사고 처리절차(수입클레임)

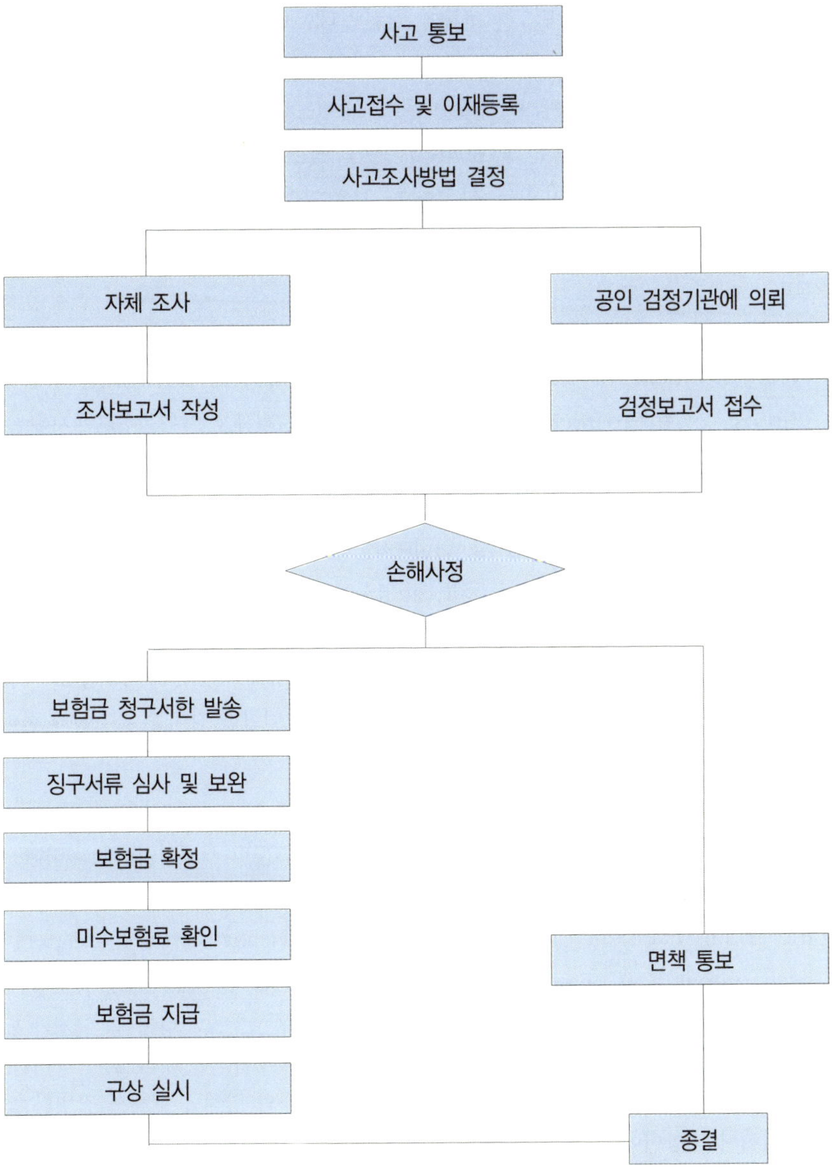

14) 주요용어의 해설

- **묵시담보**(黙示擔保, implied warranty)

영국해상보험법상에 있어서 해상보험계약이 유효한 계약이 되기 위해서는 사전에 구비하지 않으면 안 되는 조건인데, 이 조건은 계약상 명시되지 않더라도(당사자의 의사와는 관계없이) 당연히 보험계약의 내용을 이루는 것으로서, 선박의 내항성담보(동법 제39조, 제40조제2항) 및 해상사업의 적법성담보(동법 제41조)가 있다. 담보의 위반이 있으면, 묵시담보든 명시담보든 그 위반이 발생한 날 이후의 사고에는 보험자가 면책된다(동법 제33조제3항).

The Marine Insurance Act 1906, 제39조 Warranty of seaworthiness of ship

① In a voyage policy, there is an implied warranty that at the commencement of the voyage the ship shall be seaworthy for the purpose of the particular adventure insured.(항해보험에서 항해개시에 있어서 선박이 특정의 피보험항해의 수행을 위하여 내항성이 있어야 한다는 묵시담보가 있다.)

② Where the policy attaches while the ship is in port, there is also an implied warranty that she shall, at the commencement of the risk, be reasonably fit to encounter the ordinary perils of the port. (선박이 항내에 있는 동안에 보험기간이 시작할 때에는 전항에서 규정하는 것에 추가하여 선박이 보험개시에 있어서 항내의 통상적 위험에 대항하는데 적합한 장비를 갖추어야 한다는 묵시담보가 있다.)

③ Where the policy relates to a voyage which is performed in different stages, during which the ship requires different kinds of further preparation or equipment, there is an implied warranty that at the commencement of each stage the ship is seaworthy in respect of such preparation or equipment for the purpose of that stage.(보험이 여러 단계로 나뉘어져서 수행되는 항해에 관한 것일 경우 또는 그 항해 중 단계가 달라짐에 따라 선박이 다른 종류의 준비 또는 장비나 또는 추가적인 준비 또는 장비를 요할 경우에는 선박은 각 단계의 개시의 시기에 그 단계의 항해를 위해서 장비와 의장에 있어서 내항이어야 한다는 묵시담보가 있다.)

- **명시담보**(明示擔保, express warranty)

담보는 영국해상보험상의 개념이다. 일반적으로 당사자가 계약의 주되는 목적에 부수하여 특정한 사항을 약정하는 경우를 말한다. 보험계약에서 보험증권 또는 첨부서류에 기재되지 않더라도 법규에 의하여 계약의 내용으로 해석되는 묵시담보(implied warranty)에 대하여 보험증권에 기재되거나 또는 보험증권의 일부를 이루는 첨부서류에 명시됨으로써 비로소 효과가 생기는 종류의 담보이다. 영국 해상보험법 제35조 제3항에서는 명시담보는 묵시담보와 저촉되지 않는 한 묵시담보를 배제하는 것이 아니라는 것을 규정하고 있다. 이것은 결국 명시담보와 묵시담보가 저촉되는 경우에는 명시담보가 우선한다는 것을 나타내는 것이다. 명시담보의 표시는 담보의 의사를 추정하기에 족하면 되고 특별한 형식을 요하지 않는다.

The Marine Insurance Act 1906, 제35조

① An express warranty may be in any form of words from which the intention to warrant is to be inferred.(명시담보는 담보할 의사가 추정되는 것이라면, 어떠한 용어를 사용하여도 무방하다.)

② An express warranty must be included in, or written upon, the policy, or must be contained in some document incorporated by reference into the policy.(명시담보는 보험증권에 삽입되든가 혹은 기재되든가 또는 보험증권의 일부로 명기된 서류 중에 기재되어야 한다.)

③ An express warranty does not exclude an implied warranty, unless it be inconsistent therewith.(명시담보는 이것이 묵시담보에 저촉되지 않는 한 묵시담보를 배제하지 않는다.)

- **COOC**(Contact with Oil and/ or Other Cargo)

유류 및 타화물과의 접촉위험, 부가약관의 하나로, 오일, 니토, 산 등의 주로 선내의 청소 불충분으로 인하여 오손 및 타화물과의 접촉으로 인한 손해가 이 약관으로 담보된다. 선적된 다른 화물과의 접촉은 적부(stowage) 불량 또는 항해 중 선박의 심한 흔들림으로 인해 발생되는 경우가 있다.

- **Hook and Hole**(H/H)

갈고리에 의한 손해이다. 화물을 선적하고 양하할 때 하역인부가 사용하는 갈고리에 의해서 화물에 구멍이 생기는 손해이다. 부가약관의 하나로,

하역작업 중 갈고리에 의한 손해를 담보하는 조건으로 섬유류, 잡화 등에 추가로 담보된다. 즉, 특약에 의해서만 보상되는 부가위험이다.

- **Sweat and/or Heating**

선창, 컨테이너 내벽에 응결한 수분에 접촉함으로써 일어난 손해(Ship's sweat)로 직접 화물의 표면에 응결한 수분에 의한 손해(Cargo sweat) 및 이상온도의 상승에 의하여 화물이 입은 손해(Heat Damage)를 담보하는 부가약관의 하나이다. 이러한 위험은 양파, 소맥분 등의 농산물이나 원피, 골분 등의 축산물과 어분 등의 수산물에 발생하는 경우가 많다. 화물 자체의 고유한 성질 또는 하자에 의해서도 발생하는 경우가 있다. 이 경우 보험자가 보상하지 않는다. 특약에 의해서만 보상한다.

- **Shortage 위험**(short-weight)**[감손, 부족손]**

① 운송보험 또는 적하보험의 경우에 있어서 손해의 한 형태로 부족이라고도 한다. 주로 액체, 분말 등의 화물에 관한 손해의 형태이다. 보통 특약에 의하여 부가위험(附加危險)으로 담보한다.

② 불착위험(non delivery)은 포장된 화물의 한 단위가 도착되지 않는 것을 의미하는데, 산적화물의 일부가 불착되거나 포장화물의 내용물 부족, 특히 액체, 분말 화물의 부족을 부족손이라고 한다.

- **예정보험계약**

보험계약의 청약은 위험이 개시되기 전에 행하는 것이 원칙이다. 그러나 위험이 개시되기 전 보험계약을 청약하려고 해도 화물의 수량, 보험가입금액, 적재선박 등 보험계약내용이 미정인 경우가 많으므로 사후에 기재사항이 확정되는 대로 지체없이 보험자에게 통보할 것을 조건으로 보험계약이 체결되는데, 이를 예정보험이라고 한다. 예정보험은 개별예정보험과 포괄예정보험으로 구분된다.

- **개별예정보험**(Provisional Insurance)

수입화물을 부보할 경우에는 수출업자로부터 선적완료통지를 받은 후에야 모든 사항이 확정되므로 이런 경우 수량·금액 등에 대해서는 약정된 금액으로 하고 선박명은 미정인 채로 우선 개별예정보험계약을 체결한다.

개별예정보험계약은 개개의 선적마다 체결되어도 괜찮지만 여러 번에 분할해서 선적되는 매매계약에 대해서는 그 여러 선적을 하나의 개별예정보험계약으로 체결할 수도 있다. 개별예정보험의 청약이 있으면 보험자는 개별예정보험증권(Provisional Insurance)을 발행한다. 개별예정보험증권은 통상 적재선박명이 미상인 채로 발행되기 때문에 선명미상보험증권(floating policy)이 된다. 개별예정보험계약을 체결했을 경우에는 그 후 미상인 사항이 확정되면 반드시 확정된 사항을 통지하여 보험자의 배서(endorsement)를 받아야 한다.

- **포괄예정보험**(Open cover)

장기간에 걸쳐 수출 또는 수입하는 무역상사의 경우에는 예정보험을 청약해야 하는 사정이 계속 발생하기 때문에 매 건마다 개별적으로 보험계약을 체결하지 않고 미리 이들 모두를 포함하는 포괄예정보험계약을 체결할 수 있다. 이때 발행되는 보험증권을 포괄보험증권(open policy)이라 하며, 이 포괄보험증권의 원본에 의해서 개개의 화물이 부보되어 있음을 증명하는 약식 보험서류를 보험증명서(insurance certificate)라 한다. 포괄예정보험계약을 체결하려면 먼저 화물의 종류, 운송용구, 보험가액 및 보험가입금액의 산정기준, 보험조건, 보험요율 등을 결정해야 한다. 그리고 보험계약자는 약정된 범위에 속하는 모든 선적에 대해 빠짐없이 보험계약을 체결할 것을 약속하고 매 선적 시 화물의 명세, 운송용구 등 필요한 사항을 통지해야 한다. 포괄예정보험계약이 체결되어 있는 경우에는 만일 청약이 누락되거나 지연이 있어도 그것이 보험계약자의 고의 또는 중대한 과실에 의한 것이 아님이 입증되면 보험자는 손해보상의 책임을 진다. 반대로 청약이 누락되어 있는 화물이 무사고로 도착되었을 경우에는 피보험자가 반드시 확정통지를 하고 그에 해당하는 보험료를 지불할 의무가 있다. 포괄예정보험계약을 체결하면 보험계약자는 매 선적 시 마다 보험계약을 체결해야 하는 불편을 덜 수 있고 계약체결이 누락되는 것도 방지할 수 있다.

- **희망이익**(anticipated or imaginary profit)

화물이 목적지에 무사히 도착하면 매각, 중개 등에 의하여 얻을 수 있을 것으로 기대되는 이익을 말한다. 하주의 희망이익은 화물 자체의 보험과 일괄하여 적하보험으로 부보되는 일이 많다. 통상적으로 송장가격(운임과

보험료가 포함되지 않을 경우에는 이를 가산한다.)의 10%에 상당하는 금액을 송장가격에 포함시켜 화물의 협정보험가액으로 한다. 착선인도가격의 조건에서 화물의 매수인이 이익을 붙여 전매하는 계약을 하고 있는 경우, 만약 화물이 도착하지 않거나 손상을 입고 도착하면 그 전매에 의한 이익의 전부 또는 일부를 잃게 되므로, 그러한 희망이익에 대하여 단독으로 부보할 필요가 있다. 매매계약이 중개의 보수에 관한 이익의 경우에도 마찬가지이며 이를 보험계약의 목적으로 하는 손해보험을 희망이익보험이라고 한다.

- **위부**(委付, abandonment)

추정전손이 발생한 경우 피보험자는 보험의 목적에 대하여 가지는 일체의 권리를 보험자에게 이전하고 보험금액의 전액을 청구할 수 있는 해상보험에 있는 특유한 개념이며, 제도이다.

- **bulk cargo**(무포장화물)

대량의 곡물, 광석류, 목재와 같이 포장하지 않고 노출된 채로 운송하는 무포장화물을 말한다.

- **보험증명서**(certificate of insurance)

포괄예정보험의 경우, 개개의 수출화물에 대하여 보험계약자가 보험자에게 확정통지를 할 때에 보험계약자의 요구에 의하여 화물이 부보된 것을 입증하는 서류로서 보험자에 의해 발행・교부된다.

- **추정전손**(推定全損, constructive total loss)

보험의 목적의 현실전손이 불가피하다고 인정되는 경우 또는 보험의 목적의 가액을 초과하는 비용을 지출하지 않으면 보험의 목적의 현실전손을 면할 수 없으므로, 보험의 목적을 위부함이 타당할 경우 추정전손이 인정된다. 화물손해의 경우에는 손해수리 및 화물을 목적지까지 수송하는 비용이 도착 후의 가액을 초과하는 경우이다(MIA 제60조 참조).

- **면책위험**(免責危險, excepted or excluded perils)

면책위험이란 보험자가 그 위험에 의해 발생한 손해를 보상할 책임을 지지 않는 위험 또는 사고를 말하며, 담보위험에 대립되는 개념이다.

- **선명미상보험증권**(floating policy)

영국의 해상보험법(MIA) 제29조 제1항에서 "선명미상보험증권이란 총괄적 문구로 보험계약을 표시하고 선명 및 기타의 명세는 추후의 확정통지에 의해서 확정되는 보험증권을 말한다"(A floating policy is a policy which describes the insurance in general terms, and leaves the name of the ship or ships and other particulars to be defined by subsequent declaration).고 규정되어 있다. 실질적으로는 예정보험계약, 예정보험증권을 말하며, 개별예정보험증권, 포괄예정보험증권을 포함한다.

- **franchise**(소손해면책)

해상보험계약에 의해 보험자가 부담하는 위험에 의해 발생한 손해이지만, 일정비율 이하의 소손해(小損害)는 보상하지 않는 것을 말한다. 그러나 면책비율을 초과하면 손해액 전부가 지급된다.

- **피보험이익**(insurable interest)

보험의 목적에 해상위험이 발생함으로써 손해를 입을 우려가 있다고 하는 경우, 즉 경제적 이해관계가 존재할 때 피보험자와 보험의 목적(물)과의 관계를 말한다.

- **subject-matter insured**(보험의 목적)

해상보험의 대상이 되는 것으로 적하 · 선박 · 운임 · 희망이익 등이 있다.

- **subrogation**(대위)

손해보험에서만의 개념으로 보험자가 피보험자에게 보험금을 지급한 때에는 보험자가 피보험자가 갖는 보험의 목적물에 대한 피보험이익에 관계된 권리를 지급한 보험금의 범위 내에서 취득하는 것을 말한다.

- **TPND**(theft, pilferage and non-delivery-도난 · 발하 · 불착의 위험)

theft는 포장물 전체가 은밀히 도둑맞는 것을 말하며, pilferage는 좀도둑에 의해 포장내용물의 일부가 없어지는 것이다. non-delivery는 화물이 도착하지 않는 것을 의미한다.

- **RFWD**(Rain&Fresh Water Damage, 빗물 및 담수의 위험)
  화물이 운송 · 보관 · 하역 중의 경우에 빗물 · 담수(淡水)에 의하여 발생되는 위험을 말한다.

- **WAIOP**(With Average Irrespective of Percentage, 면책비율 비적용 분손담보조건)
  WAIOP조건으로 부보할 경우에는 보험자의 면책비율이 적용되지 아니하고 적은 분손이라도 보험자가 보상해야 하는 조건을 말한다.

- **Contamination**(오염위험)
  부가약관의 하나로, 다른 화물 또는 잡물과의 혼합이나 타 화물과의 접촉으로 발생하는 외견상의 더럽힘 · 흠 · 악취의 흡입 등으로 인한 손해를 담보하는 조건이다.

- **Contamination Damage**(오염손해)
  보험에 부보된 화물이 타 화물이나 외부로부터 유입된 다른 물질(빗물, 담수, 해수 등)과의 접촉으로 변질되거나 못 쓰게 되어 손해를 입는 것을 말한다.

- **breakage**(파손)
  화물의 파괴로 인한 손상을 말한다. 파손되기 쉬운 물품에 대한 위험을 포함시키기 위해서는 높은 보험요율이 보험자에 의하여 부과된다.

Ⅱ. 수출보험

무역은 자국 내의 거래가 아닌 국가를 달리하는 상대방과의 상거래이기 때문에 무역업자가 상거래 도중 겪을 수 있는 위험은 여러 가지가 있다. 수출보험제도는 이러한 무역에 관한 거래 중에서 일반적으로 수출진흥을 돕기 위한 목적으로 하는 보험제도이기 때문에 민영보험에서 구제할 수 없는 위험, 즉 수입자 파산의 경우 등에 나타나는 신용위험, 상대방 정부의 자금동결이나 전쟁 등에 의한 비상위험, 무역거래의 예측을 잘못한 상업위험 등에서 무역업자를 보호하기 위한 정책적인 보험이다.

1. 수출보험의 의의

수출보험은 수출거래에 수반되는 여러가지 위험 중 해상적하보험과 같은 통상의 손해보험으로는 구제될 수 없는 위험, 즉 수입자의 계약파기, 파산, 대금지급지연 또는 거절 등의 신용위험(commercial risk)[18]과 수입국에서의 전쟁, 내란 또는 환거래 제한 등의 비상위험(political risk)[19] 등으로 수출자 또는 수출금융을 제공한 금융기관이 입게되는 손실을 보상함으로써, 궁극적으로 수출의 진흥을 진작하기 위한 제도적 보호장치가 되는 비영리정책보험이다. 수출보험이 정책보험으로 운영되는 것은 상품성격상 민간의 사보험(私保險)에서 취급이 곤란하며, 특히 사업의 수지 cycle이 장기적이므로 국가가 정책적으로 운영해야 하는 불가피성이 있다.[20] 수출보험은 WTO체제하에서 용인되는 간접 수출지원제도로서 정부의 수출진흥정책 및 산업지원정책 수단으로 활용되고 있다.

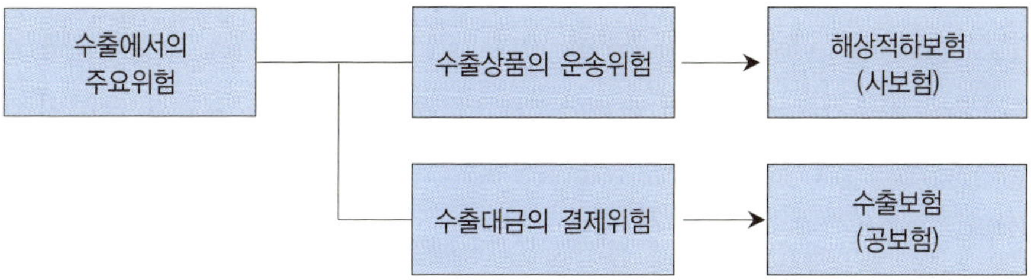

18) 수입자에 관련된 위험으로 수입자 또는 L/C개설은행의 파산, 지급불능, 지급거절, 지급지체 등으로 인한 수출대금 미회수위험을 지칭한다.

19) 수입국에 관련된 위험으로 전쟁, 내란, 혁명, 환거래제한 또는 모라토리움 선언 등으로 인한 수출불능 또는 수출대금 회수불능의 위험을 지칭한다.

20) 우리나라는 정부기관(한국무역보험공사)에서 운영하지만 프랑스, 독일, 네덜란드, 오스트리아 등의 국가에서는 민간대행체제로 운영되고 있다.

2. 수출보험의 기능

1) 수출상의 불안제거 기능

수출보험은 수입국에서 발생하는 비상위험 또는 신용위험 등으로 인한 수출불능 또는 수출화물의 대금회수 불능으로부터 수출업자나 생산자가 입는 손실을 보상해 줌으로써 수출무역에 따르는 불안을 제거할 수 있기 때문에 결과적으로 무역거래의 환경조건을 국내거래의 환경조건과 동일한 정도로 유리하게 만드는 기능을 하고 있다. 즉, 수출업자는 수출보험제도를 적절하게 활용함으로써 사보험(私保險)에서 담보하지 않는 위험을 수출보험에 부보하여 무역거래상 발생할 수 있는 위험을 회피할 수 있다.

2) 금융의 보완적 기능

수출보험은 수출상품대금의 미회수위험을 담보로 하므로 금융기관의 수출지원금융을 용이하게 해줄 수 있도록 하고, 보험사고가 발생할 경우 수출관련기업이 보상을 받아 자금면의 유동성이 조속하게 회복되어 사업을 계속할 수 있으므로 신용수단으로서 활용되어 진다. 즉, 수출금융에서는 수출대금의 회수가능성 여부가 대출심사의 중요한 기준이 된다. 이를 수출보험에 의하여 해결할 수 있으므로 금융기관은 수출업자에게 담보요건 등에서 보다 유리한 조건으로 수출자금을 공급할 수 있게 된다.

3) 수출진흥정책수단으로서의 기능

수출보험은 보험의 인수조건, 즉 담보하는 위험의 범위와 손실 등에 대한 보상비율 그리고 보험요율 등을 조정함으로써 금융면에서 수출업자의 수출활동을 촉진할 수 있고 또한 제한을 할 수도 있다. 또한 무역관리 및 지원정책수단으로서의 대외무역법・관세법・외국환거래법 등에 의한 직접통제방식과 수출보험을 여타 금융기관과 관련시켜 무역관리 및 지원제도로서 활용함으로써[21] 간접적 통제방식으로서 중요한 기능도 한다. 즉, 수출보험은 정부의 수출진흥정책에 따라 실시하게 되므로 수출업자는 저렴한 보험료의 부담으로 보험사고 시에 적정한 손실보상을 받을 수 있게 된다. 이것은 수출경쟁력의 강화에 도움을 주게 되므로 결과적으로 수출진흥의 기능도 하게 된다.

4) 해외수입상에 대한 신용조사 기능

수출보험은 효율적인 인수 및 관리가 가능하도록 사전에 보험사고를 방지하기 위해 노력한다. 즉, 다각적으로 해외수입업자의 신용상태와 수입국의 정치・경제상황에 관한 조사활동을 하게되며, 이러한 해외수입상 및 수입국가에 관한 신용정보를 제공하며 수출업자로 하여금 이를 효과적으로 활용할 수 있도록 한다. 이를 통하여 수출업자의 새로운 수출거래처 확보와 수출거래확대에 기여함과 동시에 건전한 수출거래를 유도하는 부수적 기능도 한다.

3. 수출보험에서 담보하는 위험

1) 신용위험

신용위험은 계약의 상대방이 매매계약상 당연히 이행해야 할 채무를 이행하지 않아서 손해를 입게 될 위험이다. 신용위험은 정부가 관여하지 않는 상태에서 수입자가 대금을 지급하지 않는 위험이다.

21) 수출보험제도는 공익적 특수성으로 인하여 위험의 측정이나 보험료의 결정 등이 사보험에서 이루어지는 '대수의 법칙'에 의하여 이루어지기 보다는 수출 등 무역거래에 대한 지원필요성에 따라 이루어지고 있다. 한국무역보험공사는 특별법에 의하여 설립된 특수법인으로서 영리를 목적으로 하지 않는다.

2) 비상위험

비상위험이란 무역거래당사자의 책임이 아닌 불가항력적인 사유로 인하여 무역계약의 이행이 불가능하게 되는 위험이다. 즉, 비상위험은 정부의 조치로 인한 예금봉쇄, 무역제한, 물품압수, 국유화, 전쟁 등의 경제정책 또는 정치적 위험과 태풍, 지진 등과 같은 천재지변에 의해서 수입업자가 물품대금을 지불하지 못하게 되는 위험이다. 무역거래에서 존재하는 비상위험은 수출자와 수입자가 자가보험으로 또는 민영의 보험자가 담보할 수 없는 위험이다. 즉, 수출자와 수입자가 지배할 수 없는 위험이다.

표 4-10 / 신용위험과 비상위험의 요약

종 류	내 용
신용위험	수입자의 파산 약정금액의 지불지체 무역계약이행불가
비상위험	수입국정부에 의한 대외부채의 지불연기 외환규제 전쟁, 기타 정치적 사건 무역당사국의 수출입 규제 등

3) 상업위험

상업위험이란 무역거래에 대한 예측과 판단이 실제결과와 일치하지 않음으로 인하여 발생하는 위험이다. 국가 간 상거래를 하다 보면 예측을 잘못하였거나 판단을 잘못해도 큰 손해를 입게된다. 이러한 위험은 크게 두 가지로 분류하여 볼 수 있다. 하나는 무역거래조건에 대한 교섭의 실패이다. 가격조건, 품질조건, 수량조건 등의 교섭에 실패하는 경우이다. 이러한 상황의 발생은 판단을 잘못하는 등 여러 가지 경우가 있을 수 있다. 또 다른 하나는 예측의 잘못이다. 예를 들어 현지시장에서 상품가격의 하락, 환율변동으로 인한 손실의 발생, 판매가 증가하리라고 예상했는데 줄어드는 경우 등이다. 이러한 예측에 관한 위험은 손실의 가능성과 이익의 가능성이 병존하는 투기적 위험에 속한다.

표 4-11 / 수출보험의 담보위험과 관련된 보험상품

<table>
<tr><th rowspan="5">담보위험</th><th colspan="2">위험의 종류</th><th>수출보험상품의 예</th></tr>
<tr><td>비상위험</td><td>수출불능
대금회수불능</td><td rowspan="2">단기수출보험
중장기수출보험
수출보증보험</td></tr>
<tr><td colspan="2">신용위험</td></tr>
<tr><td rowspan="2">예측 실패에 기인하는 위험</td><td>가격변동</td><td>농수산물수출보험
원자재가격변동보험</td></tr>
<tr><td>판매부진 등 기타위험</td><td>농수산물수출패키지보험</td></tr>
</table>

4. 수출보험의 성격

1) 물적 손해 불담보의 원칙

수출보험에서는 물품을 운송하는 도중에 화물 자체가 입는 손상이나 멸실에 대한 손해는 담보하지 않는다. 이것이 일반적인 손해보험과 비교해서 다른 점이다. 수출물품의 운송 중에 발생한 손해는 민영보험사의 적하보험에서 담보한다.

2) 유상 · 쌍무의 낙성계약

수출보험계약은 한국무역보험공사에서 운영하는 공적인 보험이나 수출보험계약의 성격은 보험자(한국무역보험공사)와 보험계약자(수출자) 사이에서 약정된 계약조건에 따라 성립하는 사법(私法)상의 계약이다. 즉, 보험자는 보험계약자와의 사이에 서로 간에 권리와 의무를 갖는 유상 · 쌍무계약의 당사자가 된다. 이 계약은 당사자의 의사가 합치되면 성립하는 낙성계약이다.

3) 공적 기관에 의한 운영

보험상품의 성격상 민영보험에서 판매가 어려우므로(대규모 손해의 가능성과 영업적 이익획득의 어려움, 수출의 장려 및 촉진 등), 수출보험상품은 공적 기관에서 직접판매 또는 위탁판매하는 형식을 취한다.

5. 수출보험상품의 주요 내용

1) 수출보험의 종류

(1) 단기성 종목

결제기간 2년 이내의 수출거래를 대상으로 하는 상품으로 단기수출보험, 수출신용보증(선적전 · 선적후), 농수산물수출보험, 해외마케팅보험 등이 있다.

① 단기수출보험

결제기간이 2년 이내의 단기수출계약을 체결한 후 수출대금을 받을 수 없게 된 때에 입게 되는 손실을 보상하는 보험이다(당해 물품에 발생한 손실은 제외).

단기수출보험약관(선적전)

제1조(약관의 내용) : 이 약관은 한국무역보험공사(이하 "공사"라 함)가 보험증권에 기재된 수출계약과 관련하여 국내에 주소를 둔 수출자(이하 "보험계약자"라 함)가 당해 수출계약에 따라 물품을 수출할 수 없게 된 경우(이하 "수출불능"이라 함)에 입게 되는 손실을 보상하는 단기수출보험계약의 내용을 정하는 보험약관이다.

제2조(적용대상거래) : 이 약관은 보험계약자가 체결한 수출대금 또는 임대료(이하 "수출대금"이라 함)의 결제기간이 선적후 또는 일람후 2년 이내인 다음 각호의 1에 해당하는 수출계약에 대하여 적용한다.

1. 국내에서 생산 · 가공 또는 집하된 물품을 수출하는 계약
2. 국내기업의 해외현지법인이 생산 · 가공한 물품 또는 국내기업이 위탁하여 외국에서 가공한 물품을 수출하는 계약
3. 제1호 또는 제2호의 물품을 자기의 해외지사 등에 수출하고 동 해외지사 등이 당해 물품을 동 해외지사 등이 소재하는 국가 또는 제3국으로 재판매하는 계약

단기수출보험약관(선적후-일반수출거래 등)

제1조(약관의 내용) : 이 약관은 한국무역보험공사(이하 "공사"라 함)가 보험증권에 기재된 수출계약과 관련하여 국내에 주소를 둔 수출자(이하 "보험계약자"라 함)가 당해 수출물품의 대금을 회수할 수 없게 된 경우(이하 "대금회수불능"이라 함)에 입게 되는 손실을 보상하는 단기수출보험계약의 내용을 정하는 보험약관이다.

제2조(적용대상거래) : ① 이 약관은 보험계약자가 체결한 수출대금 또는 임대료(이하 "수출대금"이라 함)의 결제기간이 선적후 또는 일람후 2년 이내인 다음 각호의 1에 해당하는 수출계약에 대하여 적용한다.

1. 국내에서 생산·가공 또는 집하된 물품을 수출하는 계약
2. 국내기업의 해외현지법인이 생산·가공한 물품 또는 국내기업이 위탁하여 외국에서 가공한 물품을 수출하는 계약
3. 수출을 목적으로 물품을 수입하여 제3국으로 수출하는 계약

② 제1항의 수출계약은 다음 각호의 1에 해당하지 않아야 한다.

1. 신용장방식 수출거래에서 신용장조건으로 명시된 서류가 당해 신용장조건에 일치하더라도 그와 별도로 신용장개설은행의 대금지급책임이 면제 또는 경감될 수 있는 내용을 포함하고 있는 경우
2. 무신용장방식 수출거래에서 수출계약 등에 의하여 수출계약 상대방의 대금지급책임을 면제 또는 경감한다는 내용을 약정하고 있는 경우

표 4-12 / 담보위험의 분류

담보위험	선적 전	신용위험	선적 불능(수출계약이행불능)
		비상위험	
	선적 후	신용위험	대금회수불능
		비상위험	

② 수출신용보증

수출신용보증(선적전), 수출용원자재 수입신용보증제도란 수출기업이 수출계약에 따라 수출물품을 제조, 가공하거나 조달할 수 있도록 외국환은행 또는 수출유관기관 등(은행 등)이 수출신용보증서를 담보로 대출 또는 지급보증(수출용원자재수입신용장개설포함)을 실행함에 따라 기업이 은행에 대하여 부담하게 되는 상환채무를 한국무역보험공사가 연대보증하는 제도이다.

③ 농수산물수출패키지보험

단일한 보험종목으로 농수산물을 수출하는 수출업자가 수출에서 발생할 수

있는 대금미수위험, 가격상승위험, 수입국 검역위험, 클레임비용위험, 해외마케팅비용위험 등 주요위험 5가지를 한데 묶어 All-Risk를 보장하는 보험이다.

④ 농수산물수출보험

농수산물의 수출계약을 체결한 후 수출이 불가능하게 되거나 수출대금을 받지 못하게 된 경우 또는 당해 농수산물의 국내가격 변동으로 당해 수출계약의 이행에 따라 입게 되는 손실을 보상하는 보험이다.

⑤ 해외마케팅보험

수출기업이 해외시장 개척을 위해 해외마케팅 비용을 지출하고 신규 수출계약을 체결한 경우 지출된 마케팅 비용을 실비로 보상하는 보험이다. 수출계약 체결 및 물품선적 후 수출계약서, B/L 서류, Invoice 등을 구비하여, 보험금 지급사유 발생 시 한국무역보험공사에 보험금지급 청구를 한다.

(2) 중장기성 종목[22)]

결제기간 2년 초과 수출거래를 대상으로 하는 보험으로서, 중장기수출보험(선적전, 공급자신용, 구매자신용), 해외사업금융보험, 해외투자보험(주식, 대출금, 보증채무, 부동산에 대한 권리), 해외자원개발펀드보험, 해외공사보험, 수출보증보험, 이자율변동보험, 서비스종합보험(기성고・연불방식) 등이 있다.

① 중장기수출보험

수출대금의 결제기간이 2년을 초과하는 중장기 수출계약을 체결한 후 수출이 불가능하게 되거나 수출대금을 받을 수 없게 된 경우 또는 수출대금 금융계약을 체결한 후 대출원리금을 받을 수 없게 됨으로써 입게 되는 손실을 보상하는 보험이다. 중장기수출보험약관에서 담보하고 있는 위험은 비상위험(수입국 정부의 모라토리움 선언, 전쟁, 내란, 혁명, 원자력 사고 등)과 신용위험으로서 수출계약상대방의 파산, 수입국 법원에 의한 수출계약상대방의 채무동결 또는 채권자의 개별적인 채권집행을 금지하는 공식적인 조치 등이 있다.

---

22) 해외투자보험(주식, 대출금, 보증채무, 투자금융, 부동산에 대한 권리), 해외자원개발펀드보험, 해외공사보험, 수출보증보험은 결제기간에 대한 제한이 없으나 통상 중장기거래와 관련하여 이용되는 경우가 많다.

■ 중장기수출보험(선적전)

1. 상품개요

수출대금 결제기간이 2년을 초과하는 중장기 수출계약에서 수출 또는 결제자금 인출불능으로 인한 수출기업의 손실을 담보하는 상품이다. 자본재상품 수출을 위한 중장기 수출계약 시 상품의 제작기간 중 발생하는 신용위험 및 비상위험으로 인하여 수출 자체가 불가능하게 되거나 수출을 이행하였으나 수입자가 금융계약서상의 인출선행조건을 충족하지 못하여 수출대금을 지급할 수 없어, 수출업자가 손실을 입을 우려가 있다. 이 경우에 있어서 중장기수출보험(선적전)은 수출대금의 결제기간(신용기산점~최종결제기일)이 2년을 초과하는 중장기수출계약의 경우, 수출 또는 결제자금 인출불능 위험발생으로부터 수출자의 손실을 담보함으로써 수출자의 위험을 제거시킬 수 있는 상품이다.

※ **신용기산점** : ① 자체 사용가능한 개별품목은 수입자의 물리적 소유일 ② 수출자의 가동책임 없는 계약은 공사완료일 ③ 수출자의 가동책임 있는 계약은 시운전 완료일이다.

2. 담보위험

- **신용위험** : 수입자의 파산, 수입국 법원의 채무동결 또는 채권단과의 채무조정협약으로 인한 수입자의 지급불능
- **비상위험** : 전쟁, 혁명, 수입국의 모라토리움 선언, 송금지연조치, 공공수입자의 일방적인 계약파기 또는 특별한 사유로 인한 계약해제 · 해지 등

※ **특별한 사유** : ① 수입자의 무리한 계약조건 변경 요구 ② 수입자의 1년 이상의 결제기일 또는 선적기일 연장신청 ③ 선적전 결제금액의 1년 이상 지연 등

3. 보험계약의 내용

구 분	내 용
보험가액	수출계약금액에서 선수금을 제한(-) 잔액
보험가입금액(보험금액)	보험가액×부보율(대기업 90%이내/중소기업 95% 이내)
지급보험금	손실액×90/100≤보험금액(중소기업은 95/100 적용)

4. 보험기간(보험책임 개시일)의 개시

일정한 선행조건 충족 시 보험계약체결일과 수출계약(공급계약 및 신용공여계약 포함)효력 발생일 중 늦은 날에 보험기간이 개시된다.

※ 일정한 선행조건
- 수출계약 및 위험담보장치(위험담보장치란 제3자의 지급보증 등 인적담보, 물적담보 및 역외계정, 장기구매계약 등의 기타 담보장치를 말한다.)의 효력발생
- 보험계약자 및 수입자의 수출계약체결일 현재 관계법령에 의하여 요구되는 인·허가의 취득

5. 보험료

보험가입금액에 수입국 등급 및 보험료 기간에 따른 보험요율을 적용하여 결정한다.

■ 중장기수출보험(공급자신용)

1. 상품개요

수출대금 결제기간이 2년을 초과하는 중장기 수출계약에서 수출기업의 대금미회수 위험을 담보하는 상품이다. 즉, 산업설비, 선박, 플랜트 등 자본재상품 수출의 경우 통상 계약금액이 거액이고 대금의 상환기간이 장기이다. 또한 수입국이 대부분 정치·경제적으로 불안정한 개발도상국이라는 점에서 수출대금의 미회수위험이 상존한다. 중장기수출보험(공급자신용)은 수출자가 결제기간 2년을 초과하는 중장기 연불조건으로 자본재상품 등을 수출하는 경우 수입국 비상위험 및 수입자 신용위험으로 인한 수출자의 대금미회수위험을 회피시킬 수 있는 상품이다.

※ **공급자신용** : 수입자에 대한 신용공여 주체가 수출자로서 수출자가 보험계약자가 되는 구조이다.

※ **연불조건** : 수출목적물의 선적, 인도 또는 어음의 발생, 제시 등 일정시점을 기산점으로 하여 일정기간 경과 후에 대금을 일시에 지불하거나 분할하여 지급하는 방식이다.

표 4-13 / 보험계약 형태의 요약(공급자신용)

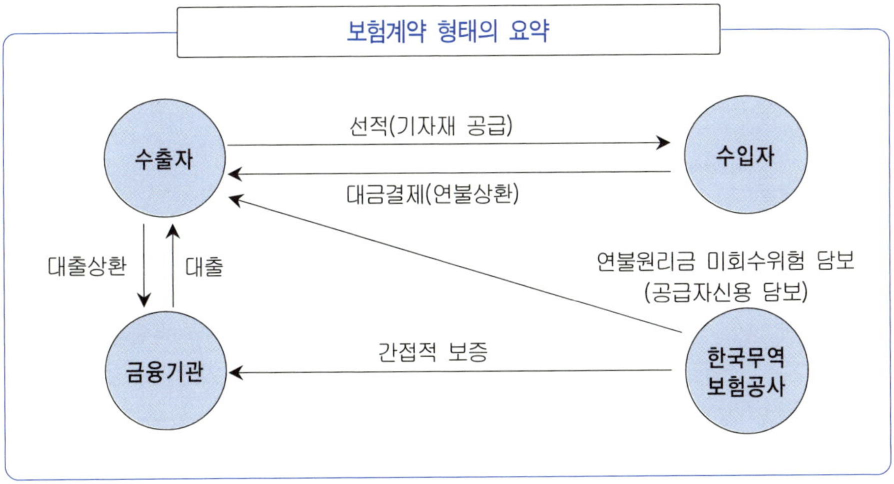

2. 담보위험

신용위험	비상위험
· 수입자의 파산 · 수입국 법원의 채무동결 또는 채권단과의 채무 조정 협약으로 인한 수입자의 지급불능 · 수입자의 결제기일 이후 2개월 이상의 지급지체	· OECD 가이드라인 상의 국가신용위험 (Country Credit Risk) · 기타 대한민국 밖에서 발생한 사유로서, 계약당사자에게 귀책사유가 없는 경우

※ **OECD 가이드라인** : 정부의 보조금 또는 유리한 공적금융 지원조건에 의한 수출경쟁을 지양하고 상품의 가격과 질을 통한 공정경쟁을 유도하기 위한 협약이다.

※ **국가신용위험**(Country Credit Risk) : 모라토리움 선언, 송금지연조치, 현지통화 예치 시 상환의무 면제, 여타 상환제한조치, 불가항력 등

3. 보험계약의 내용

구 분	내 용
보험가액	연불원리금(단 2회 이상 분할결제시 각 결제기간별 연불원리금의 합계)
보험가입금액(보험금액)	보험가액×부보율(95%이내)
지급보험금	손실액×부보율

4. 보험기간(보험책임 개시일)의 개시

일정한 선행조건 충족 시 보험계약체결일과 수출계약(공급계약 및 신용공여계약 포함)효력 발생일 중 늦은 날에 보험기간이 개시된다(일정한 선행조건은 중장기수출보험-선적전과 동일).

5. 보험료

연불원금에 수입국 등급 및 보험료 기간에 따른 OECD 최저기준 보험요율(MPR : Minimum premium rate)을 적용한다. 다만, 최저기준 보험료에 대하여 수입자 형태 또는 프로젝트 위험평가에 따른 할증율과 특정 담보위험 배제 또는 경감정도를 감안한 할인율 적용이 가능하다. 납부 보험료가 미화 2백만달러 이상인 경우 분할납부가 가능하다.

■ 중장기수출보험(구매자신용)

1. 상품개요

수출대금 결제기간이 2년을 초과하는 중장기 수출거래에서 금융기관의 대출원리금 회수불능위험을 담보하는 상품이다. 자본재상품 등 중장기수출과 관련하여 국내외 금융기관이 수입자 또는 수입국 은행 앞 결제기간 2년을 초과하는 연불금융을 제공하는 구매자신용방식에 대하여 대출원리금 회수불능위험을 담보한다. 단일(하나의)의 국내외 금융기관이 신용을 제공하는 Single Loan과 다수의 국내외 금융기관들이 대주은행단을 구성하는 경우 전체 자금공여금액을 담보대상으로 1개 은행을 보험계약자로 지정하는 Syndicated Loan으로 구분된다.

표 4-14 / 보험계약의 형태의 요약(구매자신용)

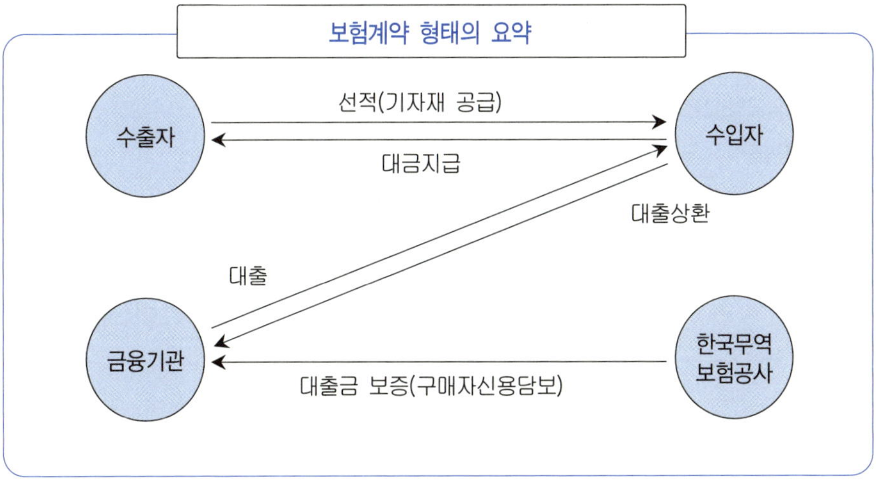

2. 담보위험

신용위험	비상위험
· 수입자의 파산 · 수입국 법원의 채무동결 또는 채권단과의 채무조정 협약으로 인한 수입자의 지급불능 · 수입자의 결제기일 이후 2개월 이상의 지급지체	· OECD 가이드라인 상의 국가신용위험 (Country Credit Risk) · 기타 대한민국 밖에서 발생한 사유로서, 계약당사자에게 귀책사유가 없는 경우

※ **담보위험** : 구매자신용의 경우 공급자신용의 내용에서 수입국・수입자는 차주국・차주로, 수출계약은 금융계약으로 대치된다.

※ **OECD 가이드라인** : 정부의 보조금 또는 유리한 공적금융 지원조건에 의한 수출경쟁을 지양하고 상품의 가격과 질을 통한 공정경쟁을 유도하기 위한 협약이다.

※ **국가신용위험**(Country Credit Risk) : 모라토리움 선언, 송금지연조치, 현지통화 예치시 상환의무 면제, 여타 상환제한조치, 불가항력 등

3. 보험계약의 내용

구 분	내 용
보험가액	연불원리금(단 2회 이상 분할결제시 각 결제단계별 연불원리금의 합계)
보험가입금액(보험금액)	보험가액×부보율(100%이내에서 한국무역보험공사가 정함)
지급보험금	손실액×부보율

4. 보험기간(보험책임 개시일)의 개시

일정한 선행조건 충족 후 금융계약에 따라 자금이 인출된 날에 보험책임이 개시된다(일정한 선행조건은 중장기수출보험-선적전과 동일).

5. 보험료

연불원금에 수입국 등급 및 보험료 기간에 따른 OECD 최저기준 보험요율(MPR : Minimum premium rate)을 적용한다. 다만, 최저기준 보험료에 대하여 수입자 형태 또는 프로젝트 위험평가에 따른 할증률과 특정 담보위험 배제 또는 경감정도를 감안한 할인율 적용이 가능하다. 납부 보험료가 미화 2백만달러 이상인 경우 분할납부가 가능하다.

■ 수출보증보험

1. 상품개요

금융기관이 수출거래와 관련하여 수출보증서를 발행한 후 수입자(발주자)로부터 보증채무 이행청구를 받아 이를 이행함으로써 입게 되는 금융기관의 손실을 보상하는 상품이다. 국제거래 시 수입자는 자신의 대금결제에 대한 담보로서 신용장을 제공하고 반대로 수입자는 수출자의 수출이행에 대한 담보로서 수출자로 하여금 금융기관의 수출보증서를 제출하도록 요구하게 된다. 수출보증보험은 수출보증서를 발행한 금융기관이 보증수익자(수입자 또는 발주자)로부터 보증채무이행청구(Bond-Calling)을 받아 대지급하는 경우에 입게 되는 손실을 보상함으로써 수출자가 수출보증서를 용이하게 발급받을 수 있게 하는 수출지원제도이다.

수출보증서의 종류

구 분	내 용
입찰보증 (Bid Bond)	입찰방식 거래에 있어서 입찰자가 낙찰된 후 계약체결에 응하지 않거나 계약체결 후 일정기간 내에 계약이행보증서를 제출하지 못하는 경우 발주자가 지급청구를 할 수 있도록 하는 보증서이다.
계약이행보증 (Performance Bond)	산업설비수출계약이나 해외건설공사계약을 체결한 수출자가 계약상의 의무이행을 하지 않음으로써 발주자가 입게 되는 손해를 보상받기 위해 발행하는 보증서이다.
선수금환급보증 (Advanced Payment Bond)	수출자가 선수금 수령 후 수출이행을 하지 않는 경우에 동 선수금에 대한 반환청구를 할 수 있는 보증서이다.
유보금환급보증 (Retention Bond)	기성고방식의 수출거래에 있어서 수입자는 각 기성단계별 기성대금 중 일부를 수출자의 완공불능위험에 대비하기 위해 유보하게 되는데, 수출자가 동 유보금에 해당하는 금액을 결제받기 위해서 제출하는 보증서이다.
하자보수보증 (Maintenance Bond)	산업설비의 설치 또는 해외건설공사 완료 후, 일정기간 완공설비나 건물 등에서 발생하는 하자 발생에 따른 손실을 담보하기 위해 발행하는 보증서이다.

※ **수출보증서** : 수출거래와 관련하여 발행되는 보증서로서 수익자가 수출보증서에 기재된 대금결제에 관한 계약조건에 따라 단순히 지급을 요청하면 보증서 발행기관은 보증서에 정해진 금액을 수출계약과 독립적으로 지급을 하게 된다.

※ **기성고방식** : 계약상의 의무이행 기간 중에 공사의 진척도를 확인하고 공사가 이행된 정도에 따라 공사대금을 지급하는 방식이다.

2. 운영방식

1) **금융기관용** : 보험계약자가 금융기관인 경우

표 4-15 / 계약내용 요약(금융기관용)

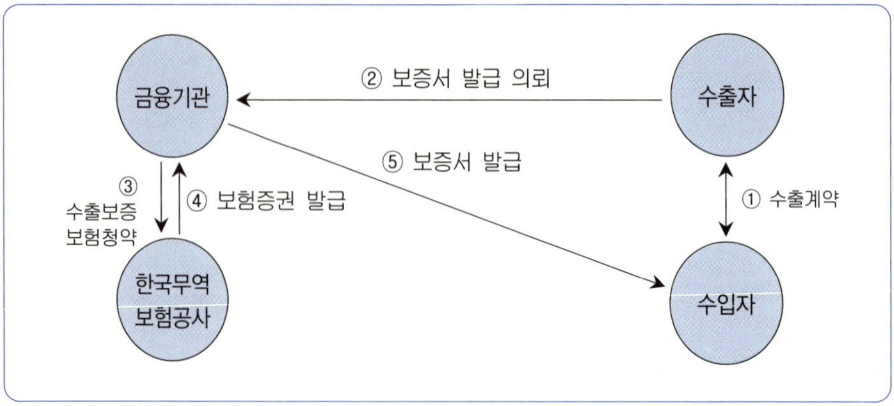

2) **수출자용** : 보험계약자가 수출기업인 경우[수출자용은 금융기관을 피보험자(보험수익자)로 하는 타인을 위한 보험계약이다.]

표 4-16 / 계약내용 요약(수출자용)

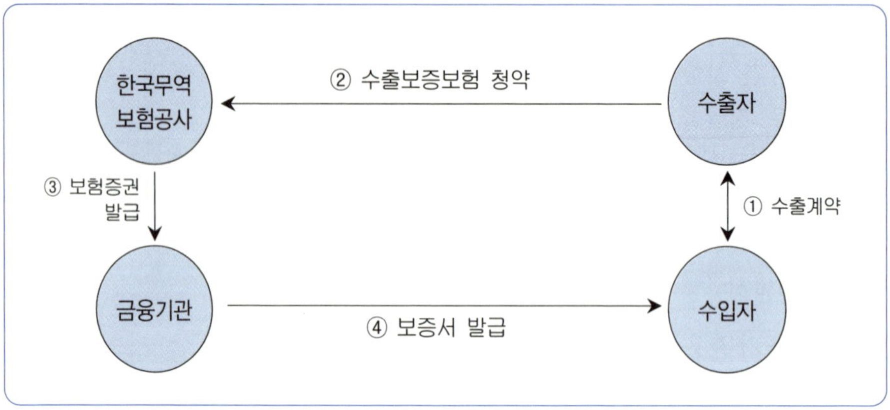

3. 적용대상 무역거래

- 해외건설촉진법의 규정에 의한 해외공사
- 대외무역법에서 정한 수출(단, 중계무역과 외국인도 수출은 제외)
- 기타 서비스·용역 수출

4. 담보하는 위험

1) **정당한 보증채무이행청구**(Fair Calling) : 보증채무이행청구의 사유가 수출자의 채무불이행에 근거한 경우

2) **부당한 보증채무이행청구**(Unfair Calling) : 보증채무이행청구가 다음의 하나에 해당하는 경우

- 수출자가 수출계약상 채무를 이행한 경우
- 수출자에게 책임을 지울 수 없는 사유로 인해 수출자가 수출계약상 채무의 내용에 따른 이행을 하지 않거나 또는 이행할 수 없는 경우로서 수출계약 자체에서 그로 인한 채무 불이행의 책임을 수출자가 부담하지 않기로 정한 경우

5. 보험계약 내용

구 분	내 용
보험가액	수출보증서상에 표시된 보증금액
보험금액	보험가액 × 부보율
지급보험금	손실액 × 부보율

6. **보험료** : 보험료는 보험금액에 수출자 등급 및 보험기간에 따라 결정된다.

■ 이자율변동보험

1. 상품개요

상환기간 2년 이상의 수출금융을 제공하고 한국무역보험공사의 중장기수출보험(구매자신용)에 부보한 금융기관이 이자율 변동에 따라 입게 되는 손실을 보상하고 이익을 환수하는 상품이다. 우리나라 기업이 석유화학설비, 발전설비 등 중장기연불수출거래에 대한 수주능력을 제고하기 위해서는 경쟁력 있는 수출상품의 가격과 품질 그리고 보다 나은 대출조건의 금융기관이 거래에 참여하여야 한다. OECD는 국제경쟁입찰에서 회원국 간의 과당경쟁을 방지하기 위해 발주자에게 제공할 수 있는 최저금리는 CIRR로 한다는 원칙을 정해 놓고 있다. 문제는 CIRR[23] 조건으로 수출금융을 제공할 수 있는 금융기관은 한

23) Commercial Interest Reference Rates(상업참고금리) : OECD 참여국이 과당경쟁을 방지

정되어 있고, 여기에서 발주자는 고정금리 대출을 선호하는 반면 참여하는 은행은 변동금리를 선호한다. 이러한 금융계약 관련 당사자들의 이해차이를 해소하고 기업이 수출금융을 원활히 이용할 수 있도록 설계된 상품이다.

2. 지원요건

· 중장기수출보험(구매자신용)에 부보된(또는 부보예정인)거래
· 구매자신용방식 금융에 적용

3. 기본 계약구조

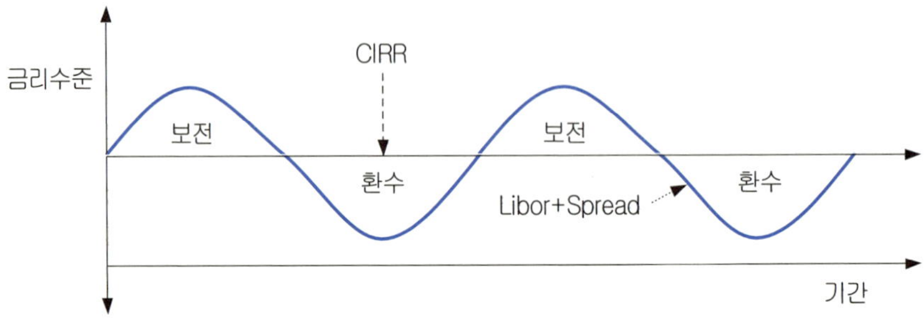

※대출금리(CIRR) < 변동금리(Libor + Spread) : 금리차 보전(보험금 지급)
※대출금리(CIRR) > 변동금리(Libor + Spread) : 금리차 환수(이익금 환수)

4. 이자율변동보험의 효과

· 수입자(차주)는 OECD 협약이 허용하는 최저고정금리인 CIRR로 차입가능
· 금융기관(대주)은 변동금리 차입, 고정금리 대출로 인한 이자율 위험을 헤지하면서 한국무역보험공사가 보장하는 Spread에 대한 이익을 안정적으로 향유

하고자 자국 내 기업에게 공적 수출금융지원 시 적용할 수 있는 최저금리를 말한다.

표 4-17 / 계약내용 요약

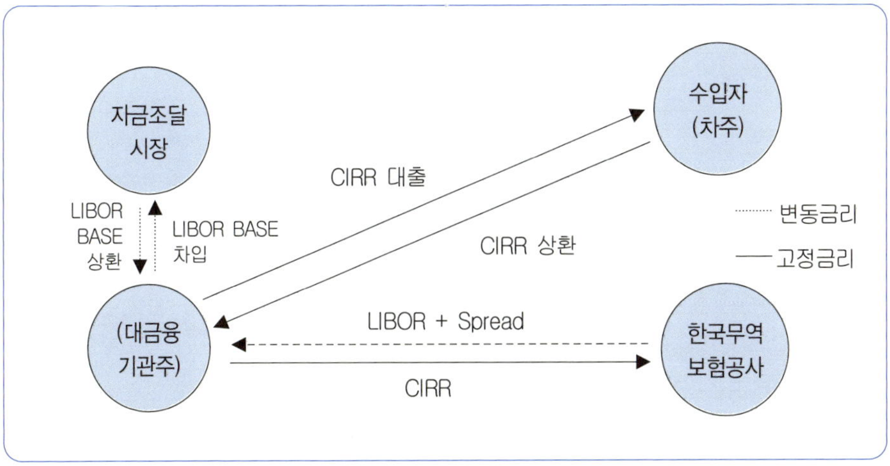

5. 금리차액 정산방법

· **정산시기** : 이자지급일 익영업일

· **정산방법** : ① + ② (한국무역보험공사기준)

① 직전 이자지급일 기준 대출원금잔액에 대한 정산금액

=직전 이자지급일 기준 대출원금잔액×[CIRR - (Libor + Spread)]×(경과일수/365)

② 당해 이자기간 중 신규 대출금액에 대한 정산금액

=당해 이자기간 중 신규 대출금액×[CIRR - (Libor + Spread)]×(경과일수/365)

■ 서비스종합보험(기성고 · 연불방식)

1. 상품개요

국내 수출업체가 시스템통합수출(SI), 기술서비스, 컨텐츠, 해외엔지니어링 등의 서비스거래를 수출하고 이에 따른 지출비용 또는 대가로 확인된 금액(확인대가)을 회수하지 못함으로써 입게 되는 손실을 보상 받을 수 있는 상품이다.

2. 적용대상 거래

수출상품	내 용
시스템통합수출	정보시스템을 구축하고 유지·보수하는 종합서비스로 관련 하드웨어, 소프트웨어, 통신망, 전산인력 등을 포함
기술수출	산업재산권, 노하우, 기술서비스
컨텐츠	온라인 및 모바일 게임, 영화, 캐릭터, 애니메이션, 방송 등
해외엔지니어링 활동	과학기술의 지식을 응용하여 사업 및 시설물에 관한 연구·기획·타당성 조사·설계·분석·구매·조달·시험·감리·시운전·평가·자문·지도 등의 활동

3. 담보위험 : 비상위험 및 신용위험(수입자 채무불이행)

4. 보험계약 내용

구 분	내 용
보험가액	기성단계별 또는 수출완료 후 대가로 확인된 금액(확인대가)
	수출계약 이행을 위해 지출한 비용(시스템통합 수출의 경우에만 인정)
보험가입금액(보험금액)	보험가액×부보율(대기업 95%, 중소기업 97.5%)
지급보험금	확인대가 미회수금액×부보율
	(수출계약 이행을 위해 지출한 비용-확인대가)×부보율(시스템통합 수출의 경우에만 인정)

5. 보험료 : 보험금액에 국별 등급, 보험기간에 따라 결정한다.

■ 환변동보험(입찰방식)

1. 상품개요

수출기업이 플랜트, 선박 등에 대한 국제입찰 참가 시, 입찰 또는 가격교섭단계, 즉 수출계약체결여부가 불확실한 상태에서 수출계약체결 시 환율하락위험에 대비할 수 있는 상품이다. 수출자가 국제입찰에 참가 시, 입찰건의 낙찰가능성은 전적으로 발주자의 결정에 따르므로 수주여부의 불확실성 때문에 외환시장을 통한 헤지가 사실상 어렵거나 높은 헤지비용을 부담하게 된다. 환변동보험(입찰방식)은 국제입찰에 참가하는 수출기업이 저렴한 비용으로 입찰기간 환위험을 효과적으로 헤지할 수 있도록 설계한 상품이다.

2. 대상통화

미화(US$), 엔화, 유로화 등 3개 통화(선물환방식과 동일)

3. 적용대상이 되는 수출거래

1) 보험계약체결일로부터 청약 시 정한 입찰예정기간까지 기간이 9개월 이하인 거래

2) 보험부보 청약액이 미화 5천만 달러 이하인 수출거래

4. 기본 계약구조

1) 수출계약체결 이전 수주 여부가 불확실한 상황에서 보험청약

- 보험청약 시의 통화 및 금액으로 보험계약관계 확정
- 청약시점에서 한국무역보험공사는 청약일로부터 향후 5년 동안 매월별로 보장환율을 제공하며, 수출자는 입찰기간별 0.13%~0.83%의 보험료 납부

2) 수출계약체결 또는 수주실패의 경우 3영업일 이내 한국무역보험공사에 통지

- 보험증권발급일로부터 청약 시 정한 입찰예상기간까지 수출계약이 체결되지 않을 경우, 보험계약은 효력 상실된다.
- 수주에 성공하여 수출계약이 체결될 경우 보험관계는 확정적으로 유효한 것으로 되며, 수출계약체결일 익월 20일까지 확정보험료 납부

3) 결제환율과 보장환율을 서로 비교하여 차액정산

- 환차익이 발생한 경우 한국무역보험공사가 전액 환수하고, 환차손이 발생할 경우 한국무역보험공사가 전액 보험금으로 지급한다.

5. 주요 계약내용

1) **보장환율** : 선물환방식과 동일하다. 보장환율 가산없이, 최초 보험증권 발급 시 환율로 보험증권상 환율표에서 입금예정일이 속한 월의 환율로 결정

된다.

2) 결제환율 : 손실액과 이익금을 산정하는 날의 환율

- 보험계약자의 결제신청이 있는 경우 : 결제신청일 다음날 영업일에 한국무역보험공사가 고시하는 환율 중 입금예정일이 속한 월의 환율
- 보험계약자의 결제신청이 없는 경우 : 결제환율은 입금예정일에 한국무역보험공사가 고시하는 환율 중 입금예정일이 속한 월의 환율

3) 보험금지급 및 이익금 환수

- 보장환율〈결제환율 : 이익금 환수
- 보장환율〉결제환율 : 보험금 지급

4) 기타 보험종목 및 서비스

문화수출보험, 신뢰성보험, 수입자신용조사서비스, 해외채권추심대행서비스, 원자재가격변동보험 등이 있다.

■ 신뢰성보험

신뢰성보험은 국내 부품소재산업의 국제경쟁력을 제고하고 부품소재의 해외의존도 심화를 개선하기 위해 도입된 정책보험으로서 부품소재전문기업이 생산·판매·제조한 물품이 제3자에게 양도된 후 그 제조물의 결함발생으로 부품소재기업이 부담하여야 하는 법률상 배상책임을 담보하는 손해보험의 일종이다. 이 보험은 중소기업이 생산한 부품·소재의 신뢰성을 보장하여 동 제품을 사용하는 수요기업이 안심하고 사용할 수 있도록 제조물의 결함으로 인한 인적·물적 피해를 담보한다.

■ 해외채권추심대행서비스

수출 및 기타 대외거래에서 발생한 국내기업의 대외채권이 수출계약서 등 약정서상 변제기일 내에 변제되지 않는 경우 한국무역보험공사가 국내기업으로부터 채권추심 권한을 위임 받아 채권회수를 대행하는 제도이다.

■ 원자재가격변동보험

수출기업이 수출용원자재 구매에 따른 가격변동위험을 최소화하여 구매가격을 안정화할 수 있도록 지원하는 보험이다.

2) 수출단계별 수출보험의 부보

수출단계	수출자의 위험	수출보험
수출상담 수출계약	수입국의 무역환경 및 수입자의 신용도 문제	국가별 정보제공 및 국외기업신용조사
	생산제품(부품 · 소재)에 대한 신뢰성 문제	신뢰성 보험
	입찰시점과 낙찰시점 또는 낙찰 후 대금회수 시점까지의 환율변동으로 인한 환손실 위험	환변동보험(입찰방식)
	비상위험, 수입자 파산 등으로 인한 수출불능 위험	단기(선적전), 중장기(선적전)
	해외마케팅 실시에 따른 손실발생 위험	해외마케팅보험
원자재조달 물품제조단계	수출계약 체결 후 원자재, 완제품 및 수출물품 생산을 위한 자금조달 문제	수출신용보증(선적전), 문화수출보험(대출보증), 원자재가격변동보험
수출금융 이용단계	수출이행 및 수출경쟁력 강화를 위한 수출금융 이용문제	단기(구매자신용), 중장기(구매자신용), 해외사업 금융보험, 수출보증보험, 해외투자보험, 이자율 변동보험, 해외자원개발펀드보험
선적후 단계	수출후 수입자로부터의 대금 미회수 위험	단기수출보험, 중장기(공급자신용), 농수산물수출보험, 해외공사보험, 서비스종합보험
	외상거래의 경우 수출 후 대금회수기간 동안의 자금회전문제	수출신용보증(선적후, NEGO), 단기(EFF), 단기(본 · 지사금융)
	대금회수시까지 환율 변동으로 인한 환손실 위험	환변동보험(선물환방식)
손실발생 채권추심	사고발생에 따른 손실발생 및 미회수 채권의 회수	보험사고 손실보전(보상), 채권추심대행서비스

3) 수출보험의 주요 용어

(1) 보험계약의 당사자

① 보험자란 계약조건에 따라 위험의 담보를 약속하는 자(위험을 인수하는 자), 한국무역보험공사를 말한다.

② 보험계약자란 보험자와 보험계약체결의 당사자가 되는 자로서 보험료의 납부의무가 있는 자(수출업자, 생산자, 금융기관)를 말한다.

③ 피보험자란 보험사고가 발생하였을 경우 보험금을 지급받는 자이며 수출보험에서는 보험계약자와 피보험자가 통상 동일하다.

(2) 보험가액, 보험금액 및 보험금

① 보험가액이란 보험목적물의 평가액으로서 보험에 부보할 수 있는 최대금액을 뜻한다. 보험계약 당시에 실제의 보험가액 여하와 관계없이 당사자 간에 일정한 금액으로서 보험가액을 약정할 수 있다. 당사자가 계약당시에 약정하는 보험가액을 협정보험가액이라고 한다.

② 보험금액이란 보험계약자와 보험자 간의 계약에 의하여 부보한 금액으로 보험사고 발생 시 지급받을 수 있는 보험금의 최대금액을 말한다.

③ 보험금이란 보험계약에서 정한 보험사고로 인해 손해가 발생한 경우 보험자가 지급하는 보상액을 말한다.

※ 부보율(percentage of cover)이란 보험가액에 대한 보험금액의 비율을 뜻한다. 보험금액은 (보험가액 × 부보율)로 산정되어진다.

(3) 보험기간 및 보험료

① 보험기간(위험기간 또는 책임기간)이란 보험계약에 의해 특정 보험사고에 대해 보험자가 보험사고 발생 시 보험금지급의 책임을 담보하는 일정기간을 뜻한다.

② 보험료란 보험계약자가 보험계약내용에 따라 보험자에게 위험담보의 반대급부로서 지급하는 금액이다.

※ 보험요율(Premium)이란 보험금액에 대한 보험료의 비율이며 보험료는 (보험금액×보험요율)로 산정되어진다.

☆아래는 무역보험법 중 일부조문은 생략하고 수록하였다.

■ 무역보험법[시행 2017.9.22.][법률 제14667호, 2017,3,21 일부개정]

제1장 총　칙〈개정 2007.12.27〉

제1조(목적) 이 법은 무역이나 그 밖의 대외거래와 관련하여 발생하는 위험을 담보하기 위한 무역보험제도를 효율적으로 운영함으로써 무역과 해외투자를 촉진하여 국가경쟁력을 강화하고 국민경제의 발전에 이바지함을 목적으로 한다. [전문개정 2010.4.5]

제2조(정의) 이 법에서 사용하는 용어의 뜻은 다음과 같다.

1. "무역"이란 [대외무역법] 제2조 제1호에 따른 수출과 수입을 말한다. 다만, 수입은 국민경제에 중요한 자원 및 물품의 수입에 한한다.
2. "그 밖의 대외거래"란 다음 각 목의 어느 하나에 해당하는 거래를 말한다.

가. 해외투자

나. 해외자원 확보를 위한 거래

다. 무역보험/수출신용보증 등을 통하여 수출기반의 조성, 외화획득의 효과나 그 밖의 무역증진이 예상되는 거래로서 제37조에 따른 한국무역보험공사(이하 "공사"라 한다)가 인정한 거래.[전문개정 2010.4.5]

제3조(무역보험의 종류) 무역보험의 종류는 공사가 산업통상자원부장관의 승인을 받아 정한다. 〈개정 2008.2.29, 2010.4.5, 2013.3.23〉[전문개정 2007.12.27] [제목개정 2010.4.5]

제3조의 2(공동보험 및 재보험) 공사는 무역보험을 효율적으로 운영하고 위험을 적절하게 분산시키기 위하여 필요하다고 인정하면 공동보험[24]이나 재보험(再保險)을 행할 수 있다.〈개정 2010.4.5〉[전문개정 2007.12.27]

제4조(보험료율) 무역보험의 보험료율은 무역보험사업의 수입과 지출의 균형이 유지되도록 공사가 산업통상자원부장관의 승인을 받아 정한다.〈개정 2008.2.29, 2010.4.5, 2013.3.23〉[전문개정 2007.12.27]

제5조(계약의 해지 등) 공사는 무역보험의 보험계약자나 피보험자가 이 법 또는 이 법에 따른 명령을 위반한 경우에는 다음 각 호의 조치를 할 수 있다.〈개정 2010.4.5〉[전문개정 2007.12.27]

---

24) co-insurance, 복수의 보험자가 보험계약자의 위험을 분담·공동인수하는 경우를 말한다. 보통의 형태로는 개개의 공동보험자는 보험증권상에 확인된 자기인수부분 이상의 책임을 질 수가 없으므로 보험자 중 어느 한 회사가 지급불능이 된 경우에도 다른 공동보험자는 그 지급불능이 된 부분에 대한 책임을 지지 않는다.

1. 보험계약에 따른 보험금의 지급 거절
2. 지급한 보험금의 전부 또는 일부의 회수
3. 보험계약의 해제 또는 해지

제5조의 2(보험금 등의 지급) 공사는 보험사고 또는 신용보증사고가 발생한 때에는 보험금의 지급 청구나 보증채무의 이행청구에 따라 보험금 또는 대위변제금을 지급하여야 한다. [본조신설 2010.4.5][종전 제5조의2는 제5조의3으로 이동〈2010.4.5〉]

제5조3(보험대위 등) ① 공사가 보험금을 지급한 경우에는 그 보험의 목적 또는 무역보험의 보험계약자나 피보험자가 제3자에 대하여 가지는 권리의 전부 또는 일부를 취득할 수 있다.〈개정 2010.4.5〉

② 보험금을 지급받은 보험계약자나 피보험자는 그 무역보험계약에서 정하는 바에 따라 해당 채권을 회수하도록 노력하여야 한다.〈개정 2010.4.5〉[전문개정 2007.12.27][제5조의2에서 이동〈2010.4.5〉

제6조(보험관계 성립의 제한) ① 공사는 무역이나 그 밖의 대외거래에서 위험이 커졌거나 그 밖에 무역보험사업의 운영상 필요하다고 인정하면 이미 체결된 무역보험 예정보험계약에 의한 무역보험관계를 장래에 향하여 성립시키지 아니할 수 있다.〈개정 2010.4.5〉

② 공사는 제1항에 따른 조치를 하려면 미리 그 뜻을 보험계약자에게 알려야 한다.[전문개정 2007.12.27]

제7조(보험사고의 역선택 방지) 공사는 무역보험의 보험계약자나 피보험자에 의한 보험사고의 역선택(逆選擇)을 방지하기 위하여 필요하다고 인정되면 다음 각 호의 조치를 할 수 있다.〈개정 2010.4.5〉[전문개정 2007.12.27]

1. 보험기간의 제한
2. 보험책임 시기(始期)의 제한

제7조의 2(포괄보험의 실시) 공사는 무역보험의 위험을 효율적으로 분산시키거나 보험료를 평준화하기 위하여 필요하다고 인정하면 상품별/업체별/조합별/금융기관별 또는 수입국별 포괄보험을 실시할 수 있다.〈개정2010.4.5〉 [전문개정 2007.12.27]

제8조(계약체결 한도) ① 산업통상자원부장관은 매년 무역보험계약 체결(제53조 제1항 제2호에 따른 수출신용보증계약 및 수출용 원자재 수입신용보증계약의 체결과 같은 조 제2항에 따른 부품, 소재신뢰성보험계약의 체결을 포함한다. 이하 이 조에서 같다)의 한도를 정한다. 다만, 대금결제기간이 2년을 초과하는 중장기연불(中長期延拂) 수출거래를 대상으로 하는 무역보험은 무역보험계약 체결 한도의 범위에서 그 한도를 따로 정하여야 한다.〈개정 2008.2.29, 2010.

4.5, 2013.3.23〉

② 제1항에도 불구하고 제53조 제1항 제1호에 따른 무역보험 중 환율변동의 위험을 담보하는 보험으로서 수출실적 등을 기준으로 운영하는 선물환(先物換) 방식의 보험은 무역보험계약 체결 한도를 정하지 아니할 수 있다.〈개정 2010.4.5〉

③ 산업통상자원부장관은 무역보험사업을 원활하게 운영하기 위하여 필요하면 매년 제1항에 따른 무역보험계약 체결의 한도에 추가하여 무역보험계약 체결의 예비한도를 따로 정할 수 있다.〈개정 2008.2.29, 2010.4.5, 2013.3.23〉

④ 산업통상자원부장관은 제1항에 따른 무역보험계약 체결의 한도와 제3항에 따른 무역보험계약 체결의 예비한도를 정할 때에는 국무회의의 심의를 거쳐 미리 국회의 의결을 받아야 한다.〈개정 2008.2.29, 2010.4.5, 2013. 3.23〉[전문개정 2007.12.27]

제8조의3(중소 · 중견기업의 우대) 공사는 중소기업의 무역이나 그 밖의 대외거래를 지원하기 위하여 다음 각 호의 어느 하나에 해당하는 자에게 보험료율이나 보험금 지급시기 등을 우대할 수 있다.〈개정 2010.4.5.〉[전문개정 2007.12.27.][제목개정 2016.1.27.]

1. 「중소기업기본법」 제2조에 따른 중소기업자
2. 제1호의 중소기업자의 무역을 대행하는 자 중 대통령령으로 정하는 자
3. 「중견기업 성장촉진 및 경쟁력 강화에 관한 특별법」제2조에 따른 중견 기업자

제7장 무역보험기금〈개정 2010.4.5.〉

제30조(기금의 설치)무역보험사업의 목적을 효율적으로 달성하기 위하여 무역보험기금(이하 "기금"이라 한다)을 설치한다.〈개정 2010.4.5.〉

제8장 한국무역보험공사〈개정 2010.4.5.〉

제53조(업무) ① 공사는 무역보험사업의 목적을 달성하기 위하여 다음 각 호의 업무를 수행한다.〈개정 2010.4.5.〉

1. 무역보험(환율변동과 이자율 변동의 위험을 담보하는 보험을 포함한다)
2. 수출신용보증 및 수출용 원자재 수입신용보증
3. 기금의 관리 및 운용
4. 신용조사 및 신용정보의 관리
5. 제1호 부터 제4호까지의 업무에 딸린 업무
6. 그 밖에 정부가 위탁하는 업무

② 공사는 신뢰성 보장사업으로서 부품 · 소재의 신뢰성 상실위험을 담보하는 보험(이하 이 조에서 "부품 · 소재신뢰성보험"이라 한다)에 관한 업무를 수행할 수 있다.

③ 공사는 수출(무역보험계약이 체결된 수출은 제외한다)이나 그 밖의 대외거래에서 발생한 수출자 등의 대외채권에 대한 추심(推尋)업무를 그 수출자 등으로부터 위임받은 경우에는 「신용정보의 이용 및 보호에 관한 법률」 제4조제2항 및 제5조제1항에도 불구하고 같은 법 제4조제1항제3호에 따른 채권추심업무를 할 수 있다. 〈개정 2009.4.1., 2010.4.5.〉

④ 제1항제1호에 따른 무역보험 중 이자율 변동의 위험을 담보하는 보험의 적용대상은 산업통상부장관이 기획재정부장관과 협의하여 정한다. 〈개정 2008.2.29., 2010.4.5., 2013.,〉

⑤ 공사는 제1항제1호에 따른 무역보험 중 이자율 변동의 위험을 담보하는 보험이 재정지원을 받지 아니하고 중장기적으로 수입과 지출의 균형이 이루어질 수 있도록 하여야 한다. 〈개정 2010.4.5.〉

⑥ 제1항제2호에 따른 수출신용보증 및 수출용 원자재 수입신용보증과 제2항에 따른 부품 · 소재신뢰성보험의 운영에 관하여는 무역보험에 관한 규정을 준용한다. 〈개정 2010.4.5.〉[전문개정 2007.12.27.]

참고문헌

강원희 · 양희산, 손해보험론, 보험연수원, 1997.

고평석, 책임보험계약법론, 삼지원, 1990.

구종순, 제4판 해상보험, 박영사, 2010.

권오 · 이시환 공저, 전정판 보험학 개론, 신양사, 1996.

김기현, 재보험실무, 보험연수원, 1996.

김동훈, 보험론, 학현사, 1993.

김동훈, 보험론, 학현사, 2011.

김억헌, 보험의 이론과 실제, 삼영사, 2002.

김주동 · 이원근, 보험학원론, 형설출판사, 1996.

박수이 · 진성구 공저, 해상보험실무요론, 학문사, 1998.

박용섭, 해상보험법, 효성출판사, 1999.

박은회 · 정동영 공저, 리스크 관리론, 보험연수원, 1995.

방갑수, 제4전정판 최신보험학, 박영사, 1996.

보험경영연구회 지음, 전정판 보험과 위험관리, 문영사, 2000.

보험법연구회 편, 보험법 연구1, 삼지원, 1995.

보험법연구회 편, 보험법 연구5, 삼지원, 2003.

송채헌 외 3인, 제2개정판 무역보험론, 삼영사, 2008.

양승규, 보험법 제4판, 삼지원, 2002.

양승규, 판례교재, 보험법 · 해상법

이경룡, 보험학원론, 영지문화사, 2002.

이기수, 제4판 보험법, 박영사, 1998.

이기태, 해상보험, 법문사, 1986.

이명주, 보험수학개론, 도서출판, 경문사, 1991.

이시환, 신무역보험론, 대왕사, 1998.

이원근 · 김주동, 보험학 원론, 형설출판사, 1996.

이은섭, 보험론, 삼영사, 1996.

이준구 · 이창용, 제3판 경제학원론, 법문사, 2006.

전창원, 무역보험실무, 일신사, 1994.

정홍주, 생활속의 보험에세이, 21세기북스, 1994.

한국보험학회 편, 보험사전, 보험학회, 1997.

한동호, 보험학, 박영사, 1983.
황남일 · 이홍무 공저, 무역보험의 이론과 실제, 무역경영사, 1997.
주요국 소송 및 파산제도, 한국무역보험공사, 2010.

[외국문헌(일본)]

손해보험사업연구소, 손해보험연구, 1981-1992.
일본보험학회, 보험학잡지(保險學雜誌), 1983-1992.
야마나카 히로시엮음, 설이병 옮김, 생명보험의 이론과 실제, (주)범양사 출판부, 1990.
保險とリスクマネジメントの理論, 龜井利明編, 法律文化史, 1992.
現代保險の課題と展望, 庭田範秋, 慶應通信, 昭和63年11月30日 8版.
近代保險の生成, 水島一也 著, 千倉書房, 昭和60年7月1日 2刷.
保險經濟學序說, 庭田範秋 著, 慶應通信 刊, 昭和52年6月10日 5版.
保險經營學, 庭田範秋 編, 有斐閣, 1992.
現代保險論入門, 前川 寬, 中央經濟社, 1996.
新保險學總論, 庭田範秋 著, 慶應義塾大學出版會株式會社, 平成昭7年9月10日.

[외국문헌(서양)]

피터 드러커의 미래기업 피터 F. 드러커, 고병국 역, 한국경제신문사
Heinrich Braun 저, 류성경 · 신동호 번역, 생명보험사, 생명보험사회공헌위원회, 2010.
J. E. BANNISTER · P.A〉 BAWCUTT, 조병갑 譯, 위험관리의 이론과 실무, 범론사, 1985.

한글색인

ㄱ

ㄴ

ㄷ

ㄹ

ㅁ

ㅂ

ㅇ

영문색인

A

B

C

D

R

S

T

U

V

W

저자약력

■ 김희길

동아대학교 법경대학 경제학과 졸업
동아대학교 대학원 경제행정학과 졸업
동아대학교 대학원 무역학과 수료(경제학 박사)
FALIA(일본 · 동경)과정 수료
전, 동명대학교 경영대학 국제통상학과 교수

[주요 저서 및 논문]

국제무역관계법(삼영사), 2007년 11월
제2판 국제무역관계법(삼영사), 2009년 8월
무역업무-이론과 실제-(삼영사), 2009년 8월
무역관계법규(탑북스), 2011년 9월
무역상무론(탑북스), 2011년 9월
중국산 도자기질 타일 반덤핑관세부과 사례에 관한 연구(한국무역상무학회), 2009년 5월
해상적하보험에서 통지의무의 문제점에 관한 고찰(한국무역상무학회), 2010년 5월
중국의 반덤핑관세부과 사례연구-OPTOMAGIC 광섬유 재심사를 중심으로-(한국국제상학회), 2010년 6월
보험계약상 피보험자와 관련한 보험용어상의 문제점에 관한 고찰(한국국제상학회), 2010년 12월
소급보험에 관한 연구(한국무역상무학회), 2011년 5월
Incoterms R 2010의 보험계약조항에 관한 고찰(한국무역상무학회), 2012년 2월
EU의 세계화조정기금 연구(국제지역학회), 2012년 3월

■ 이기환

성균관대학교 대학원 무역학과 졸업(경제학 박사)
동명대학교 교양교육원장
동명대학교 교무처장 역임
현재 동명대학교 경영대학 국제통상학과 교수

[주요 저서 및 논문]

〈논문〉
OECD회원국의 보험산업 국제경쟁력에 관한 실증연구
손해보험산업의 국제경쟁력 결정요인에 관한 연구
방카슈랑스 도입에 따른 대응방안에 관한 연구
무역조정지원 사례에 관한 연구,
농어업분야의 무역조정지원 프로그램과 절차에 관한 연구-한국, 미국 및 대만을 중심으로-
한국과 미국의 농어업분야 무역조정지원에 관한 연구
미국의 제조업분야 무역조정지원에 관한 연구
중국의 반덤핑관세부과 사례 연구
경제전문용어의 이해가능성에 관한 실증적 연구
EU의 세계화조정기금 연구
무역용어의 이해가능성에 관한 실증적 연구
미국과 EU의 무역조정지원 사례 연구 및 시사점 외 다수

〈저서〉
비즈니스의 이해
FTA(자유무역협정)
글로벌 비즈니스 매너의 이해와 활용
국제 비즈니스 매너 외 다수

저자와의
협의하에
인지생략

보 험 론
-이론과 실제-

2018년 8월 20일 1판 1쇄 인쇄
2018년 8월 30일 1판 1쇄 발행

공저자 김 희 길 · 이 기 환
발행인 김 광 식
조 판 아 람 기 획

07285
발행처 서울특별시 영등포구 선유로3길 10, 617호
도서출판 **탑 북 스**
등 록 2009.12.21 제 2016-000101 호
전 화 02)365-2223 팩스 02)365-2224

정가 22,000 원

ISBN 979-11-87343-92-9-93320